온라인에서 팔아라

The New Rules of Marketing and PR: How to Use Releases, Blogs,
Podcasting, Viral Marketing and Online Media to Reach Buyers directly
by
David Meerman Scott

Copyright ⓒ by David Meerman Scott 2007
All rights reserved.
published by John Wiley & Sons, Inc., Hoboken, New Jersey

Korean Translation Copyright ⓒ 2008 E-shil MBA Publishing Co.
Korean edition is published by arrangement with John Wiley & Sons, Inc.
through Corea Literary Agency, Seoul.

이 책의 한국어판 저작권은 Corea 에이전시를 통한 John Wiley & Sons, Inc와의 독점계약으로
도서출판 E-shil MBA에 있습니다.
신저작권법에 의해 한국 내에서 보호를 받는 저작물이므로 무단 전재와 복제를 금합니다.

온라인에서 팔아라

지은이 | 데이비드 미어먼 스코트
옮긴이 | 김영배
처음 찍은날 | 2008년 3월 10일
처음 펴낸날 | 2008년 3월 15일
펴낸곳 | 이론과실천
펴낸이 | 김인미
등록 | 제10-1291호
주소 | 121-856 서울시 마포구 신수동 448-6 한국출판협동조합 내
전화 | 02-714-9800
팩시밀리 | 02-702-6655
전자우편 | e-shil@hanmail.net
값 | 13,000원
ISBN 978-89-313-4002-0 03320

*잘못 만들어진 책은 바꿔 드립니다.

세계적인 온라인 마케팅 전략가가 공개하는 **마케팅·홍보의 새로운 원칙들**

작게 시작해서 크게 성공하려면...

@온라인에서 팔아라

데이비드 미어먼 스코트 지음 · 김영배 옮김

이실MBA

머리말 >>>

●● 활자와 온라인, 그 사이에서

닷컴 붐의 절정기에 나는 온라인 뉴스 배급사인 '뉴스에지' 마케팅 담당 부사장이었다. 뉴스에지는 연간 7,000만 달러 이상의 수입을 거두며 나스닥에서 거래되었다. 수백만 달러 규모의 마케팅 예산에는 매달 수만 달러에 달하는 홍보 대행비, 연간 수십만 달러에 이르는 인쇄 광고는 물론 부수적인 광고비, 그리고 매년 10여 개 전시회에 참여하는 데 따른 비용이 포함되어 있었다. 우리 팀은 이런 것들을 마케팅 필수 항목에 올리고, 그것을 실행하기 위해 필사적으로 일했으며, 많은 돈을 들였다. 그것이 마케팅과 홍보 담당자들이 전통적으로 해온 일이기도 했다. 이런 노력에 우리는 보람을 느꼈다. 하지만 그런 노력은 측정할 수 없었고, 중요한 결과로 이어지지 않았다.

비슷한 시기에 나는 세계적인 신문사인 '나이트-리더'의 온라인 부서에서 아시아 지역 마케팅 담당 이사로 일했다. 이때 쌓은 경험을 기초로 우리 팀은 콘텐츠에 근거한 '선도 역량'이라는 마케팅·홍보 계획을 수립했다. 보도 자료는 신문만을 위해서라고 주장하던 홍보 담당 전문가들의 충고와는 반대로 우리는 발표 자료 10여 개를 스스로 써서 보냈다. 우리가 발표 자료 하나를 보낼 때마다 그것은 야후를 비롯한 온라인 서비스에 나타나 매출 증가로 이어졌다.

'경쟁자들이 그것을 훔칠 수 있는 곳'에 귀중한 정보를 놓아두지 말라는 광고 대행사의 충고에도 불구하고, 우리는 급변하는 디지털 정보를 다루는 〈디 에지〉라는 뉴스레터를 매달 만들었고, 누구나 우리 웹사이트의 홈페이지에서 그것을 자유롭게 활용할 수 있도록 했다. 왜냐하면 그것은 고객, 미디어, 애널리스트들의 관심을 끌었기 때문이다.

웹 마케팅·홍보가 걸음마 단계였던 1990년대로 돌아가 보면, 우리 팀과 나는 예전의 원칙들을 무시했다. 대신에 온라인 출판사에서 일했던 내 경험을 기초로, 웹에서 고객들에게 직접 다가가기 위해 온라인 콘텐츠를 이용하는 마케팅 전략을 수립했다. 사실상 아무런 비용도 들이지 않고 우리가 집에서 손수 만든 프로그램들은 검증을 거친 고객, 언론, 애널리스트들로부터 더 많은 관심을 꾸준하게 이끌어냈다. 이는 더 많은 매출로 이어졌다. '전문가들'이 우리를 위해 운영하던, 큰돈을 들인 프로그램들보다 효과적이었다. 전혀 모르는 사람들이 검색 엔진들을 통해 우리를 찾았다. 나는 고객들에게 가까이 다가갈 수 있는 더 좋은 길을 우연히 발견했다.

2002년, 뉴스에지가 톰슨이라는 회사에 팔린 뒤 나는 내 생각을 가다듬고, 엄선한 고객들과 더불어 연구하며, 글쓰기와 말하기 및 기업들을 위한 세미나를 주재하면서 다른 이들을 가르치기 위해 내 나름의 사업

을 시작했다. 이 모든 작업은 웹 콘텐츠와 함께 고객들에게 직접 다가가는 것이 목적이었다. 그 이후 블로그, 팟캐스트, 비디오, 가상 커뮤니티를 포함해 온라인 미디어의 새로운 형태들이 많이 나타났다. 하지만 모든 새로운 웹 도구나 기술들은 공통적으로 시장과 직접 소통하는 가장 좋은 방법이라는 특징을 지니고 있다.

●● 블로그, 세상을 새롭게 열다

실제로 이 책은 내 블로그에서 웹 마케팅과 홍보 프로그램으로 시작되었다. 2006년 1월, 나는 〈새로운 홍보 원칙들〉이라는 전자책을 출간했고, 이는 곧 세계 곳곳의 마케팅 담당자들과 사업가들로부터 열광적인 반응과 많은 논쟁을 불러일으켰다. 그 전자책은 출간 이후 20만 번 이상 다운로드되었고, 독자들 수천 명이 댓글과 논평을 달았으며, 이 글들은 수많은 블로그에 쏟아졌다. 그 전자책을 읽고 공유했던 이들에게 감사드린다. 하지만 이 책은 그 전자책을 단지 연장한 것에서 훨씬 더 앞으로 나아간다. 왜냐하면 나는 주제를 단순한 홍보 대신 마케팅과 홍보로 삼았고, 온라인 미디어의 많은 형태들을 포함시켰으며, 1년 이상 추가적인 연구 활동을 이어왔기 때문이다.

내가 이 책을 쓸 때 부문별로 블로그에 올렸기 때문에 여기에는 내 생각뿐 아니라 그보다 훨씬 더 많은 것이 담겨 있다. 수천 명이 나를 뒤따라 왔고, 많은 이들이 내 블로그와 이메일로 의견을 보내줌으로써 책 쓰기 과정에 참여했다. 아이디어를 보낸 이들께 감사드린다. 그리고 내가 궤도를 벗어날 때마다 반론을 펴준 데에도 감사드린다. 그들의 열정이 나 홀로 쓸 때보다 이 책을 더 좋게 만들었다.

웹은 마케팅과 홍보 법칙들뿐 아니라 비즈니스 서적의 모델을 바꾸었으며, 이 책은 그런 흥미로운 사례 중 하나이다. 온라인 콘텐츠―전자책과 블로그―에 자극받아 나는 책을 출간하게 되었다. 나는 운 좋게 샌프란시스코 회의에서 조 위카트를 만났다. 그는 '존 윌리 & 선스' 출판사의 부사장이자 전문가·거래 부문의 중역 출판업자였으며, 빼어난 블로그 '퍼블리싱 2020'의 운영자이기도 했다. 그와 나는 제휴했고, 서로의 블로그에 대해 논평했다. 내가 그 출판사를 찾는 데 도움을 준 그에게 감사를 표하며, 이는 당신이 지금 읽고 있는 이 책의 출간으로 이어졌다. 나는 또한 내 블로그에 이 책의 부문별 초안을 발간했다. 만일 한 저자가 아이디어를 구하기 위해 그의 집필 원고 일부를 온라인에, 그것도 공짜로 게재하고자 할 때 여느 출판사들이라면 흥분했을지도 모른다. 하지만 그 출판사는 오히려 그렇게 하도록 재촉했다. 사실 내가 좋아하는 여러 책들이 블로그에서 진화했다. 로버터 스코블과 셀 이스라엘의《솔직한 대화》, 크리스 앤더슨의《롱 테일 경제학》, 그리고 더없이 훌륭한 세스 고딘의《작은 것이 위대하다》등이 그런 예이다.

그 길로 이끌어준 이들에게 감사드린다.

●● 우리가 알아야 할 새로운 원칙들

이 책에 관한 흥미로운 논의들 중 하나는 제목에 관한 것이다. 많은 사람들이 이 책을 좋아하는 이유로 제목을 꼽는다. 이 제목이 이 책에서 무엇을 얻을지 잘 알 수 있게 해주기 때문이라고 말한다. 하지만 다른 이들은 '새로운 원칙들'이란 틀림없이 과장 광고라고 지적한다. 브라이언 클라크가 자신의 빼어난 '카피 블로그'에 실은 논평처럼, '새로운 사업 구상들'을 만들어냈다는 사람들은 수백 년 동안 변하지 않은 사업과 소통의 기초를 외면하는 잘못을 저지를 뿐이라는 의견도 있다.

　인터넷 서점 아마존에서 '새로운 원칙들'을 검색하면 같은 책 제목이 수천 가지 나오는 것도 사실이다. 그럼에도 불구하고 인터넷 웹은 정말로 마케팅 담당자들에게 일을 추진하는 새로운 방법을 제공해준다. 나는 이 책의 제목에 확신을 갖고 있다. 왜냐하면 웹에서 당신의 조직을 알리는 유일한 방법은 광고를 하거나 언론인으로 하여금 당신에 관한 기사를 쓰도록 설득하는 것이기 때문이다. 웹을 매개로 당신의 조직에 대해 직접적으로 이야기를 전하는 것은 새로운 방식이다. 지금까지 비싼 돈을 들여 광고하거나 언론 매체에 보도되는 일 없이는 잠재 고객 수백만 명에게 결코 접근할 수 없었다.

　하지만 '새로운 방법'에도 문제는 있다. 인터넷 웹이라는 새로운 매체에 여전히 옛날의 광고 원칙과 낡은 매체 관계를 적용하고 그 결과 실패하는 사람들이 많다. 우리는 현재 새로운 원칙에 지배받는 환경에 처해 있다. 이 책은 그런 온라인 세계로 당신을 안내하는 길잡이가 되리라 굳게 확신한다.

●● 블로그처럼 생각하고 작성하기

　인터넷 웹에서 마케팅과 홍보의 경계선은 불분명해져 실제로는 잘 알 수 없다. 이 때문에 예전과 달리 가장 효과적인 미디어를 선택하기가 쉽지 않다. 나는 블로그 · 팟캐스트 · 온라인 포럼 · 소셜 네트워킹 등을 포함한 다양한 온라인 매체들을 각각 따로 다루는 방식을 택했다. 하지만 사실 이들 도구와 기술은 상호 교차하고 서로가 서로를 보완한다. 어떤 것들은 특정한 내용에 배치하기 어려웠다. 맞춤형 정보 구독(RSS)에 관한 논의가 그런 예이다. 나는 그 부분을 13장에 배치하기 전에 네 번이나 여기저기로 옮겨야만 했다.

이들 온라인 매체는 매우 빠르게 진화하고 있다. 따라서 사람들이 이 글들을 읽을 때면 이 책에서 다루어졌어야 마땅하다고 여길 새로운 기술을 만날지도 모른다. 동시에 나는 근본이 중요하다는 점에 동의한다. 10장에서 실질적이고 상식적인 사고를 깊이 있게 다룬 것은 그 때문이다. 거기서 당신은 당신 나름의 온라인 마케팅과 홍보 계획을 키울 수 있을 것이다.

이 책은 크게 보면 세 부분으로 이루어져 있다. 1장부터 3장까지는 웹이 마케팅과 홍보의 원칙을 어떻게 변화시켰는지에 관한 개략적인 그림이다. 4장에서 6장을 포함한 2부에는 다양한 매체들에 대한 세부 사항을 소개한다. 그리고 나머지 장에는 새로운 원칙들이 당신의 조직을 위해 작동하도록 돕는 상세한 정보와 실행 계획이 담겨 있다.

이렇게 짠 순서가 내 의도를 잘 설명하는 가장 논리적인 길이라고 생각한다. 하지만 자신이 좋아하는 순서에 따라 이 장에서 저 장으로 건너뛰어도 좋다. 추리 소설과 달리, 여기저기 오가더라도 당신은 그 속에서 길을 잃지 않을 것이다. 그리고 나는 당신이 시간을 낭비하지 않기를 바란다. 책을 쓰면서 나는 블로그 속에서처럼 당신이 한 곳에서 또 다른 곳으로 순차적으로 이어가기를 바란다. 그렇지만 인쇄된 책은 그것을 허용하지 않는다. 그래서 앞으로 건너뛰거나 특정 주제에 관해서는 뒤로 돌아가 복습해도 좋을 부분에 관한 제안들을 담아 놓았다. 비슷하게 나는 URL 수백 개를 포함시켜 당신의 흥미를 불러일으키는 블로그와

웹사이트, 그리고 논의 대상으로 삼은 다른 온라인 매체들을 선택해 방문할 수 있도록 해놓았다. 또 이 책은 다른 비즈니스 서적들처럼 공식적이고 딱딱한 방식에서 벗어나 되도록 친근하고 편한 문체로 썼다. 그것이 독자들에게 효과적이라고 생각한다.

이 책 전반에 걸쳐 '회사'와 '조직'이라는 용어를 사용할 때 나는 모든 형태의 조직과 개인을 포함시켰다. 비영리 조직, 정부 기구, 정치 후보자, 종교 단체, 학교, 스포츠 팀, 전문 봉사자 또는 당신의 마음속에서 회사나 조직으로 여기는 다른 존재들을 자유롭게 대입해보라. 이와 비슷하게 내가 '고객'이라는 말을 사용할 때 이는 기부자, 유권자, 자원봉사자, 지원자, 후원자들을 또한 의미한다. 새로운 원칙들은 이 모든 그룹에 다가가는 데 효과적이기 때문이다. 당신은 기부금을 늘리기 원하는 비영리 조직에서 일하는가? 새로운 원칙들은 기업체에 적합한 것처럼 당신에게도 들어맞는다. 표를 얻기 위한 선거 운동, 지원자를 늘려야 하는 대학교, 사업을 모색하는 컨설턴트, 새로운 신도들을 찾는 종교 단체도 마찬가지이다.

이 책은 새로운 원칙과 그것을 적용하는 방법을 보여줄 것이다. 웹에서 상호 작용하는 모든 이들에게 마케팅과 홍보의 옛 원칙은 이제 제대로 작동하지 않는다. 오늘날 온갖 종류의 조직들은 온라인에서 고객들과 직접 소통한다. 미국의 인터넷 이용자 조사 기관인 '퓨 인터넷 & 아메리칸 라이프 프로젝트'에 따르면 미국 성인들 중 73퍼센트에 이르는 1억 4,700만 명이 인터넷을 사용하고 있다. 현명한 마케팅 담당자들은 자신의 조직에 흥미를 보이는 온라인상의 개인들을 위해 마케팅·홍보에 관한 사고방식을 완전히 바꾸었다.

●● **세상을 바꾼 사람들에게 배우자**

　이 책은 웹에서 성공적인 마케팅과 홍보 프로그램을 구축한 혁신적인 마케팅 담당자들의 좋은 사례를 보여주고 있다. 이것은 이 책의 가장 흥미로운 점이다. 이 책에는 50명에 이르는 인물 프로필이 소개되어 있다. 당신은 《포춘》이 선정한 500대 기업에서 일하는 이들뿐 아니라 소규모 회사의 사람들로부터도 무엇인가 배울 것이다. 이들 업체는 경주용 자전거에서 제트 헬리콥터까지, 컴퓨터 소프트웨어에서 장난감에 걸친 다양한 제품을 만들고 있다. 어떤 조직은 대중에게 잘 알려져 있는 반면 다른 조직들은 틈새시장에서만 유명할 뿐이다. 나는 비영리 조직, 정치 후원 그룹, 잠재 후보를 지지하는 사람들의 면면을 소개할 것이다. 독립적인 컨설턴트, 종교 단체, 록 밴드, 변호사들의 사례도 다룬다. 이들은 모두 표적으로 삼는 고객들에게 가까이 다가가기 위해 웹을 매우 효과적으로 활용한다. 전화로 또는 나와 직접 만나 시간을 할애해준 이들에게 무한한 감사의 뜻을 전한다. 그들이야말로 이 책의 진정한 주인공들이다.

　성공적인 마케팅 담당자들의 이야기를 읽을 때 반드시 명심할 점이 있다. 그들이 당신과 동떨어진 시장, 분야, 조직에 속해 있는 경우에 오히려 배울 것이 많다는 사실이다. 비영리 조직은 기업체의 경험에서 배울 수 있다. 컨설턴트는 록 밴드의 성공에서 통찰력을 얻을 수 있다. 사실 매우 가까이 붙어 있는 경쟁자들의 모습을 베끼기보다는 멀리 있는 성공 사례들을 열심히 따라 함으로써 더 많이 배울 수 있으리라 확신한다. 반드시 명심하라. 당신의 경쟁자들은 아직까지 새로운 원칙들을 잘 모르고 있다.

• 차례 •

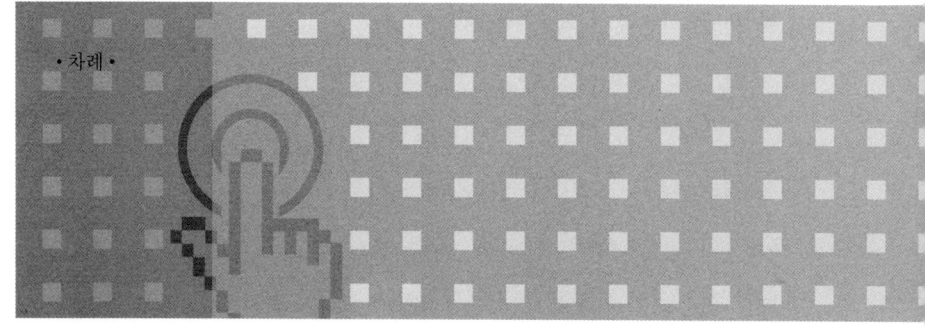

머리말

1. 웹은 세상을 어떻게 바꾸었는가?

1장 | 아직도 과거의 영광을 꿈꾸는가?   16
2장 | 마케팅과 홍보의 새로운 원칙들   31
3장 | 고객이 원하는 바로 그것   47

2. 웹으로 고객에게 직접 다가가라

4장 | 블로그, 복음 전도사들과 소통하기   64
5장 | 뉴스 발표의 새로운 원칙들   87
6장 | 팟캐스트를 통한 음성 콘텐츠 전달   97

3. 그들과 함께 느끼고 즐겨라

7장 | 포럼, 위키, 그리고 고객들   108
8장 | 모두를 춤추게 하고 싶다면   126
9장 | 웹사이트, 콘텐츠로 승부하라   139

4 고객을 위한 콘텐츠를 개발하라

10장 | 마케팅·홍보 계획 세우기   152
11장 | 온라인에서 조직을 부각시키는 선도 역량   178
12장 | 고객을 모으는 효과적인 글쓰기   190
13장 | 웹 콘텐츠가 구매에 미치는 영향   200

5 나를 세상에 알리는 다양한 방법들

14장 | 고객에게 직접 다가가는 발표 자료 사용법   222
15장 | 언론 매체보다 효과적인 온라인 미디어 룸   236
16장 | 언론 홍보를 위한 새로운 원칙들   250

6 온라인 마케팅, 이렇게 하라

17장 | 세상과 하나 되는 블로그 활동   262
18장 | 팟캐스트와 비디오, 쉽고 잘 만들려면   282
19장 | 소셜 네트워킹 사이트와 마케팅   296
20장 | 주목받는 검색 엔진 마케팅   310
21장 | 지금 당장 시작하라   325

주석
감사의 말
옮긴이의 말

1부
웹은 세상을 어떻게 바꾸었는가?

1장
아직도 과거의 영광을 꿈꾸는가?

>> **광고할 것인가? 정보를 줄 것인가?**

2006년 여름, 나는 새 자동차를 사려고 했다. 구매를 고려할 때 우선적인 정보 원천은 수많은 고객을 확보한 인터넷 웹이다. 때문에 먼저 컴퓨터 앞에 앉아 여기저기 둘러보았다. 시작은 3대 자동차 업체의 인터넷 사이트였다. 그곳이 자동차 관련 정보를 가장 잘 모아놓은 장소라고 여겼다. 그러나 그것은 큰 실수였다. 세 군데 모두에서 '광고'라는 장벽에 시달렸다. 그리고 모든 메시지들은 가격에 집중되었다. "신제품 염가 판매! 무이자 융자! 배기가스 0!" 포드 홈페이지[1]에 실려 있는 정보의 제목은 비명을 지르는 듯했다. 크라이슬러[2] 사정도 비슷했다. "직원 가격에 무이자 융자!" 제너럴모터스[3]는 그 이상이어서 "72시간 세일!"을 내걸었다. 고마운 말이지만, 72시간 안에 차를 살 생각이 없었다. 심지어 72일 안에 구입하지 않을지도 모르는 일이다. 이들 사이트는 내가

'지금 바로' 자동차를 살 것으로 가정하고 있다. 그러나 나는 '정보'를 알고 싶을 뿐이었다.

어렴풋이나마 나는 스포츠형 다목적 차량에 관심을 두었다. 오직 제너럴모터스만이 모든 회사의 관련 모델들을 한 자리에서 점검할 수 있도록 해놓았다. 포드의 모든 제품을 알기 위해서는 포드 홈페이지에서 머큐리, 랜드로버, 볼보 사이트에 따로 들어가야만 했다. 이들 브랜드는 모두 포드 것임에도 불구하고. 이들 개별 사이트는 몇 달 뒤에 새 차를 사고자 하는 나 같은 이들에게는 별 도움이 되지 않았다. 물론 화려한 영상 광고, 예쁜 그림, 낮은 이자의 융자를 제안받기는 했다. 하지만 그 밖에 색다른 것은 없었다.

이들 사이트를 여기저기 살펴보던 중 크라이슬러 사이트에서 '닥터 Z에게 물어 보세요'[4]를 보자마자 흥분했다. Z박사가 누구지? 참신하다고 생각했고, 거기에 내가 원하는 콘텐츠가 있으리라 여겼다. 그러나 아니었다. 그것은 다임러 크라이슬러 회장인 디터 제체의 만화로, '인터넷 보조자'에 불과했다. 그것은 나를 TV 광고로 안내했다. 나는 만화를 찾는 것이 아니었으며, TV 광고를 보려고 한 것도 아니었다. "이 자동차 회사에는 내가 원하는 정보를 제공해줄 사람이 있는가?" 내가 정말 묻고 싶은 것은 이것이었다.

각 사이트에서 나는 호객 행위를 당하는 것처럼 느껴졌다. 진정성을 전혀 느낄 수 없었다. 내가 자동차 광고를 보려고 했다면 리모컨을 눌렀을 것이다. 매디슨 애비뉴—뉴욕시 맨해튼의 광고 거리로 유명한—광고 회사 담당자들이 3대 자동차 메이커의 사이트를 설계하고 만들었다는 사실에 기묘한 감정에 사로잡히기까지 했다. 이들 사이트는 내게 광고만 할 뿐 '관계'를 구축하지는 못했다. 그것들은 일방적인 메시지로 나를 유혹할 뿐 그 회사 제품과 관련된 정보나 지식을 주지는 못했다. 어떻게 생각하는가? 내가 한 사이트를 방문할 때 그 사이트는 내 시선을 끌 필요가 없다. 그것은 이미 이루어졌다!

여기에 한 가지 좋은 소식이 있다. 나는 인터넷 웹에서 스포츠형 다목적 차량에 관한 모든 것을 알 수 있는 훌륭한 장소를 찾아냈다. 내가 그토록 원하던 콘텐츠를 찾고, 그 차종의 장단점을 알았으며, 의견을 나눈 곳은 3대 자동차 업체 사이트가 아니었다. 에드먼즈(Edmunds)의 개인 홈페이지인 '카 스페이스'[5]만이 내가 원하는 바로 그것을 찾도록 도와주었다. 판매자의 강요에서 벗어나 소비자가 주도적인 역할을 하는 곳, 카 스페이스는 그런 관계망을 형성하는 곳이었다. 그곳에서 도요타가 생산한 'FJ 크루저'에 관한 2,000개 이상의 메시지를 읽었다. 아울러 그 차량을 운전하는 이들의 페이지들도 보았다. 내가 그 차를 사기로 결정한 것은 거대 자동차 회사의 사이트가 아니라 바로 이곳에서였다.

자동차 업체들의 사이트에서 느낀 점을 내 블로그에 올리자마자 많은 사람들이 곧바로 내게 댓글 또는 이메일을 보냈다. 그들 또한 자동차 업체의 웹사이트에서 비슷한 경험을 했다고 토로했다. 그처럼 구매를 결정하는 데 필요한 직접적인 정보를 관련 회사 사이트에서 찾을 수 없다니 여간 심각한 일이 아니다. 그리고 그것은 단지 자동차 회사들만의 문제가 아니다.

인터넷 웹 이전 시대에, 각 조직들은 사람들의 시선을 끄는 중요한 요소로 단 두 가지만 생각했다. 비싼 광고를 사거나 언론 매체에 기사가 실리는 것. 하지만 웹은 그 원칙을 바꾸어놓았다. 웹은 TV나 신문이 아니다. 마케팅과 홍보의 새로운 원칙을 깨달은 조직들은 당신과 나 같은 소비자들과 직접적인 관계를 형성한다.

>>광고는 자원을 낭비하는 돈구멍

예전에는 신문, 잡지, 라디오, TV, DM을 통한 전통적이고 무차별적인 광고만이 고객들에게 다가갈 수 있는 유일한 길이었다. 그러나 이들 매체로는 개별화된 메시지로 특정 고객을 끌어들이기가 몹시 어렵다. 그렇다. 광고는 단지 광범위한 접근성을 지닌 거대 브랜드들에만 사용되고, 일부 조직과 제품들을 위해서만 제한적으로 작동한다. 이 또한 예전처럼 효과적인 것도 아니다.

일반적으로 사람들은 맥주를 마시면서 축구나 야구 경기를 시청한다. 따라서 그 프로그램에 광고하는 것은 맥주 회사의 마케팅 담당자에게 큰 의미를 지닌다. 그러나 소규모 틈새 고객들을 상대하는 작은 양조장들에게는 그렇지 않다.

광고는 또한 대량으로 배포되는 간행물에 효과적이다. 당신의 회사가 바닥 밀폐제를 만든다면? 아마도 전문적인 구매자들에게 다가가기 위해 관련 잡지에 광고하고 싶을 것이다. 그러나 그것으로 손수 제작하는 DIY 시장에 접근할 수는 없다. 당신이 소규모 지역에서 부동산 중개 회사를 운영한다면? 그곳에 집이 있는 모든 이들에게 DM을 발송하는 것이 의미 있을 것이다. 그러나 그것은 그 지역에서 다른 곳으로 이사 가려는 이들에게는 효과적이지 않다.

전통적인 광고 기법은 수많은 조직들, 전문가, 음악가, 예술인, 비영리 조직은 물론 틈새 상품의 회사들에게는 너무나 광범위하기 때문에 비효율적이다. 거대 매체에 싣는 광고는 많은 대중들에게 호소하고 그만큼 광범위하게 쓰이는 제품에 효과적이다. 생활용품 회사인 P&G처럼 전국적인 체인점에서 취급하는 유명 브랜드가 그런 예이다. 스크린 수천 개에서 상영되는 파라마운트의 블록버스터 영화들 또한 그렇다. 미국 공화당 대통령 후보의 초대형 선거 전략 역시 광범위하고 전국적인 호소력을 지닌 메시지로 수많은 사람들에게 다가간다. 이는 틈새 상품, 특정 지역 서비스, 전문화된 비영리 조직들에게는 비효율적이다.

인터넷 웹은, 값비싼 광고가 잡아먹는 비용 중 일부만으로도 특정 메시지로 틈새 고객들에게 다가가는 엄청난 기회를 제공한다.

>>일방적인 마케팅 시대는 저물었다

세계적인 마케팅 전문가 세스 고딘(Seth Godin)이 'TV 산업의 콤플렉스'[6]라고 이름붙인 기법들 중 첫 번째가 '가로막기'이다. 광고 대행사의 기획자들은 세련된 의자에 앉아 그들이 만든 일방적인 메시지에 주의를 기울이도록 소비자들을 방해하는 방법만 생각한다. 예컨대 당신이 좋아하는 드라마를 보고 있다고 하자. 이때 광고주는 당신의 관심을 그 드라마에서 광고로 바꾸려고 노력한다. 그 드라마가 시작하기 전에 아이스크림 따위를 재빨리 집어 드는 것처럼. 당신이 잡지에서 흥미로운 기사를 읽을 때 광고물은 그 기사 대신 광고를 보도록 마구 흔들어야 한다. 또는 당신이 탄 비행기가 이륙한 후 20분쯤 지났을 때 그 비행기는 휴양지를 안내하는 광고로 노곤한 잠을 방해한다. 그 광고가 당신에게 더없이 중요한 일이라도 되는 것처럼. 이처럼 모든 형태의 광고는 전통적으로 소비자가 하는 일을 중단시킨 후 '메시지'에 시선을 집중시키려고 한다.

게다가 광고 메시지는 판매자 중심의 일방적인 강요일 뿐이다. 광고주들은 상호작용, 정보, 교육, 선택에 초점을 맞춘 인터넷 웹의 새로운 마케팅과 경쟁하도록 압박을 받고 있다. 따라서 그들은 자신의 훌륭한 제품에 침묵하는 방송으로는 더 이상 어려움을 헤쳐 나갈 수 없다. 사람들은 이제 더 이상 하루에도 수백 개씩 보는 판매자 위주의 광고 메시지를 믿지 않는다. 우리가 그 속에 숨어 있는 비밀을 알아차린다면 광고에 대한 흥미는 사라질 것이다.

웹은 다르다. 웹 마케팅은 일방적인 방해 대신 구매자가 원하는 바로 그 순간에 유용한 콘텐츠를 전달한다.

웹 이전 시대에, 광고를 잘하는 이들은 가로막기 기법을 통해 누구나 원하는 메시지들로 광범위한 시장에 다가가는 데 숙달되었다. 광고는 위대한 '독창적 작업'이었다. 이런 옛 방식에 뿌리를 둔 많은 회사들은 불행하게도 웹이 TV와 같기를 바란다. 왜냐하면 그들은 TV 광고가 어떻게 작동하는지 잘 알기 때문이다. 순진하게도 독창적인 TV 광고에 정통한 광고 대행사들은 그들의 기술을 웹에도 전수할 수 있다고 믿는다.

그러나 틀렸다. 그들은 여전히 낡은 원칙만 따를 뿐이다.

>> 우리가 버려야 할 낡은 마케팅 원칙들

- 마케팅은 단순히 광고와 브랜드를 부각시키는 것을 의미했다.
- 광고는 대중들에게 호소하는 것을 원했다.
- 광고는 어떤 메시지에 주의를 기울이도록 사람들을 가로막는 데 의존했다.
- 광고는 판매자에서 소비자로 가는 일방적인 통로였다.
- 광고는 상품 판매에만 초점을 맞추었다.
- 광고는 한정된 생명을 지닌 캠페인을 기초로 했다.
- 광고의 가장 중요한 요소는 독창성이라고 여겼다.
- 광고 대행사는 그들의 고객인 광고주가 새로운 소비자들을 확보하는 것보다 광고상을 받는 것이 훨씬 더 중요했다.
- 광고와 홍보는 다른 목표와 전략, 평가 기준을 갖고 있는 이들만 하는 분야였다.

> 이제는 더 이상 이것들 중 어느 것도 맞지 않는다. 웹은 그 원칙을 바꾸었다. 따라서 웹을 통해 가능성을 얻은 아이디어 시장에서 가장 좋은 결과를 이끌어내도록 마케팅 방식을 바꾸어야 한다.

>> 지금껏 홍보는 매체에만 관심을 두었다

나는 《E콘텐츠》라는 잡지의 편집장이다. 때문에 자사 제품과 관련된 기사를 실어 주기 바라는 홍보 담당자들로부터 매주 수백 통씩 무차별적으로 배포되는 이메일 보도 자료를 받는다. 당신이라면 이 보도 자료들을 어떻게 다루겠는가?

5년 동안 나는 결코 그런 식으로 내게 전달된 회사의 보도 자료 관련 기사를 쓰지 않았다. 누군가 내게 보낸 보도 자료는 표적도 없이 무차별적으로 뿌린 것이기 때문이다. 내게 전달된 자료 2만 5,000건은 아무런 파급 효과도 일으키지 못했다. 다른 분야에 있는 언론인들과 이야기 나눈 결과도 마찬가지였다. 호소력이 없는 보도 자료는 절대로 활용하지 않는다! 그것은 나만이 아니었다.

나는 칼럼이나 사설을 이끌 주제를 생각하고 블로그와 검색 엔진에서 자료를 찾아본다. 구글 뉴스 또는 한 회사의 온라인 미디어 룸에서 그 주제와 관련된 자료를 찾는다면, 최고이다! 그러나 보도 자료가 내게 오기까지 마냥 기다리지 않는다. 오히려 흥미로운 주제와 사람, 회사들을 찾아 나선다. 그리고 기사를 쓸 준비가 되었다는 확신이 설 때 우선 내 블로그에서 테스트해본다. 사람들이 그것을 어떻게 받아들이는지 살펴보기 위해서이다. 누가 댓글이나 논평을 다는가? 어떤 홍보 담당자들이 내게 이메일을 보내는가?

여기 놀라운 사실이 있다. 5년 동안 내가 잡지에 쓴 블로그 게재물 또는 글을 읽고 논평을 남겼거나 내게 연락한 홍보 담당자들은 극소수에 불과하다. 가까이 다가가려는 기자들의 블로그를 읽는 것이 그렇게도 어려울까? 그것은 무엇이 언론인들의 흥미를 끄는지 정확하게 알려준다. 쓸데없는 보도 자료를 마구 뿌리기보다는 기사로 쓰고자 하는 흥미로운 것들을 담아 이메일로 보내는 것이 좋다. 내가 시달리고 싶지 않을 때 보도 자료를 수백 건이나 받는다. 그러나 내가 진정 도움이나 대화를 원할 때는 침묵에 맞닥뜨린다. 무엇인가 잘못되었다.

기자와 편집자들은 흥미로운 이야기와 사람, 회사들을 찾기 위해 웹을 이용한다. 그들이 당신을 찾을 것인가?

>> 그들만의 리그를 위한 홍보와 기사

한때 홍보는 그들만의 리그였다. 홍보 담당자들은 그들만의 은어를 사용했고, 엄격한 원칙을 따랐다. 그래서 홍보 업무는 우주왕복선 조종사나 법원 속기사처럼 많은 훈련을 요하는 은밀하고 이해하기 어려운 것으로 여겼다. 홍보 담당자들은 기자와 편집자들에게만 초점을 맞춘 보도 자료를 쓰며, 그 기자나 편집자들과 잡담하며 시간을 보냈다. 그런 다음 그들은 언론 매체가 그들에게 지면이나 방송 시간대를 할애해주기를 희망했다. '제발 우리 기사를 실어주길……'

예전에 홍보의 궁극적인 목표는 보도 결과물이었다. 그것만이 홍보 담당자들이 업무를 잘 수행했음을 증명했다. 모름지기 뛰어난 홍보 담당자는 매체와 사적인 관계를 맺고, 한두 달 전 점심식사를 대접한 그 기자에게 전화를 걸어 기사거리를 줄 수 있어야만 했다. 1995년 이전에는 광고에 돈을 쓰거나 매체와 일을 벌이는 것 말고는 회사나 회사 제품을 세상에 알릴 중요한 수단이 없었다.

 이제는 더 이상 맞지 않다. 웹은 원칙을 변화시켰다. 오늘날 조직들은 고객들과 직접 의사소통하고 있다.

>>물론 언론 매체는 여전히 중요하다

주류 매체와 전문 매체는 여전히 거대한 홍보 수단이다. 내 블로그와 순회강연에서 나는 때때로 비난을 받는다. 내 발언이 언론 매체들은 더 이상 적합하지 않음을 암시했다는 이유에서였다.

내 입장은 그렇지 않다. 언론 매체는 많은 조직들에게 여전히 중요하다. '롤링 스톤' 기사는 한 록밴드의 명성을 드높였다. 《월스트리트 저널》 사설은 한 회사에 도박꾼 딱지를 붙인다. 〈투데이 쇼〉에서 다룬 상품은 유명세를 탄다. 전문 잡지와 정기간행물들은 관련 분야의 소비자들에게 많은 도움을 준다. 이들 매체는 전반적인 홍보 프로그램에서 매우 중요한 역할을 한다. 그럼에도 불구하고 고객들에게 가까이 다가갈 수 있는 더 쉽고 효과적인 길이 있다. 더없이 적절한 예가 여기에 있다. 만일 당신의 사연을 적절하게 직접 알릴 수 있다면 언론 매체들이 저절로 찾아올 것이다. 그런 뒤 그들은 당신에 관한 기사를 쓸 것이다!

홍보 업무는 바뀌었다. 이제 더 이상 홍보는 회사 간부에게 보여줄 작품을 만들기 위해 몇몇 기자들과 어울리는 은밀한 분야가 아니다. 이제 훌륭한 홍보는 고객들에게 직접 가까이 다가가는 프로그램을 포함한다. 웹은 고객들이 당신의 제품에 직접 접근하도록 하며, 뛰어난 회사일수록 이 경이로운 기회를 포착해 효과적으로 활용한다.

> 인터넷은 홍보를 공개적인 것으로 바꾸었다. 블로그와 온라인 보도 자료, 또 다른 형태의 웹 콘텐츠는 각 조직이 고객들과 직접 소통할 수 있도록 해준다.

>>블랙홀에 빠진 보도 자료와 언론 매체

예전의 보도 자료는 언론 매체에 실리는 것이 주된 일이었다. 그에 따라 이들 문서는 기자와 편집자들에게 '뉴스' 거리를 만들어 보내기 위해 내밀하고 일정한 틀에 맞추어 발전했다. 몇몇 기자와 편집자들을 제외하고는 어느 누구도 보도 자료를 보지 않는 것으로 여겼다. 이 때문에 이들 보도 자료는 기존 언론 매체들의 이해 수준에 맞추어 작성했다.

전형적인 경우로, 회사의 신제품 발표 시 소수 고객층과 이미 정해진 매체 관계자들만 모였고, 그들만이 그 정보를 공유했다. 기자와 편집자들은 틈새시장에 이미 숙달되어 있으므로 회사는 배경 정보를 거의 공급하지 않았다. 전문 용어가 만연했다. '무엇이 뉴스인가?' 언론인들은 보도 자료를 읽을 때 이렇게 생각한다. '여기 있네. 이 회사가 최고 기술을 자랑하는 신제품을 발표했군.' 그러나 이는 전문 잡지의 언론인들에게만 의미를 지닐 뿐, 나머지 사람들에게는 이해하기 어려운 딱딱한 표현에 지나지 않았다. 이제 보도 자료는 문제를 해결하기 위해 인터넷 웹을 뒤지는 수백만 명에게 선보인다. 이 때문에 이런 낡은 원칙은 쓸모가 없다.

>>우리가 버려야 할 낡은 홍보 원칙들

- 언론에 보도되는 유일한 길은 기존 매체들을 통해서였다.
- 회사는 보도 자료를 통해 언론인들과 소통했다.
- 몇몇 기자와 편집자들 외에는 아무도 보도 자료를 보지 않았다.
- 회사는 보도 자료를 쓰기 전에 중요한 기사거리를 지니고 있어야만 했다.
- 전문 용어를 사용해도 괜찮았다. 담당 언론인들이 모두 이해했기 때문이다.
- 보도 자료에 고객, 애널리스트, 전문가를 비롯해 제3자의 평을 함께 싣지 않는 것은 상상할 수 없었다.
- 고객들이 보도 자료 내용을 알 수 있는 유일한 길은 언론 매체들이 관련 기사를 쓸 때뿐이었다.
- 회사의 발표 내용을 다룬 언론 매체들의 '보도 결과 모음집'만이 보도 자료의 효과를 측정하는 유일한 길이었다.
- 홍보와 마케팅은 다른 목표, 전략, 측정 기법으로 극히 일부의 사람들만이 하는 분야였다.

이제는 더 이상 이 가운데 아무것도 맞지 않다. 인터넷 웹은 원칙을 바꾸었다. 따라서 웹에 열려 있는 아이디어 시장에서 정상에 오르려면 홍보 전략을 바꾸어야 한다.

대부분의 사람들이나 조직은 그들의 제품을 알리기 위해 주류 언론 매체에 곧바로 접근할 수 있는 통로를 확보하지 못했다. 따라서 당신이나 나 같은 사람들은 온라인에 열려 있는 아이디어 시장에서 눈에 띄도록 열심히 노력해야 한다. 홍보와 보도 자료의 역할이 어떻게 변했는지 이해함으로써 우리는 그 시장에서 우리 자신을 알릴 수 있다.

몇몇 예외는 있다. 대기업, 유명인, 정부는 언론 매체들을 독점적으로 활용하면서 여전히 일반인들을 속일 수 있다. 이런 유명 브랜드를 확보한 사람이나 회사는 이미 충분한 위치를 선점해서 별다른 노력 없이도 뉴스거리가 된다. 이 행운아들에게 언론 매체는 여전히 우선적인 대변자이다.

- 만약 당신이 《해리 포터》 작가인 조앤 K. 롤링이고, 마지막 책에서 해리 포터의 죽음과 관련된 보도 자료를 내놓았다면 언론 매체들은 그 뉴스를 낚아챌 것이다.
- 만약 애플컴퓨터의 최고경영자 스티브 잡스가 그 회사의 새로운 '아이폰'을 발표한다면 그 뉴스는 관련 매체들이 다룰 것이다.
- 만약 브래드 피트와 안젤리나 졸리가 그들의 귀여운 아기의 이름과 관련된 발표 자료를 내놓는다면 그 뉴스는 언론 매체들이 앞다투어 다룰 것이다.

사소하고 널리 알려지지 않았지만 흥미로운 이야깃거리를 갖고 있는가? 그렇다면 스스로 그것을 말해야 한다. 다행히 인터넷 웹은 그렇게 할 수 있는 가장 훌륭한 장소이다.

>>낡은 원칙에 얽매이지 말라

고객들에게 직접 접근하도록 웹을 활용하려면 낡은 원칙들을 무시해야 한다. 비록 기존 언론 매체들이 여전히 중요한 변수로 남아 있지만 홍보는 단지 언론 매체들을 통해 말하는 것일 뿐이다. 광고가 전반적인 전략의 한 부분일 수 있지만 마케팅은 일방적인 방송 광고가 아니다.

나는 마케팅·홍보 전문가들이 낡은 습관을 바꾸는 데 너무나 힘든 시간을 보내는 것을 지켜보았다. 이런 생각은 그들을 불편하게 한다. 내가 회의석상에서 말할 때 그들은 종종 방어자세로 팔짱을 낀 채 제 신발을 내려다본다. 예전 원칙들에 숙달한 마케팅·홍보 담당자들은 새로운 세계에 당연히 저항한다. 그러나 나는 또한 수많은 마케팅 간부, 최고경영자, 기업가, 비영리 조직 임원, 전문가들이 직접 자신들의 이야기를 전하기 위해 그 기회의 장에 뛰어드는 것을 지켜보았다. 이들은 고객과 직접 소통하는 새로운 방법을 좋아한다. 뛰어난 마케팅 담당자들은 인터넷 웹을 통해 날마다 고객들과 소통함으로써 조직에 성공을 안겨준다.

여기서 새로운 원칙이 당신에게 도움이 되는지 말하고자 한다. 마케팅과 홍보를 통해 소통하려는 당신의 목표를 생각해보자. 비싼 입장권을 구하려고 슈퍼볼 광고를 구매중인가? 당신의 광고 대행사가 광고상을 받도록 독창적인 잡지 광고를 구상하는가? 상사들에게 보여주기 위해 주류 언론 매체에서 뽑아낸 보도 결과 서류를 만들고 싶은가? TV에 출연하고 싶은가? 오프라 윈프리를 만나기 위해 홍보하는가? 답이 "예"라면 새로운 원칙 그리고 이 책은 당신을 위한 것이 아니다.

그러나 고객들과 직접 소통하려는 훌륭한 마케팅 담당자 수백만 명과 뜻을 같이한다면 계속 읽어라. 조직을 온라인에서 더 돋보이고자 한다면 계속 읽어라. 사람들을 판매 과정에 끌어들여 실제로 구매하도록, 지원하도록, 기부금을 내도록, 적극적으로 참여하도록 하려면 계속 읽어라. 나는 이들을 위해 이 책을 썼다.

2장
마케팅과 홍보의 새로운 원칙들

>> 세르벨로, 틈새를 공략하다

　제럴드 브루멘(Gerard Vroomen)은 자신은 엔지니어일 뿐 마케팅 담당자가 아니라고 말한다. 그가 공동 설립한 회사 '세르벨로 사일레스'[1]에는 마케팅 전문가가 없다고 말한다. 그러나 그 말은 틀렸다. 왜? 그는 그의 경주용 자전거를 애용하는 고객들과, 그들에게 제공한 기계공학적인 제품에 흠뻑 빠져 있기 때문이다. 그는 고객들이 경주에서 이기는 데 역점을 둔다. 그리고 그들은 경기에서 승리했다. 2005년, 세계적인 사이클 대회인 '투르 드 프랑스'에서 데이비드 자브리스키는 세르벨로 P3C를 타고 평균 시속 54.676킬로미터로 달렸다. 그 경기 역사상 가장 빠른 주파 기록이었다.

　브루멘은 또한 인터넷 웹을 활용하는 데 뛰어나다. 사이클 열광자들에게 필수적인 이야기를 풀어놓고, 그들을 가르치며, 대화에 참여시키고, 그들을 즐겁게 한다. 그는 흥미로운 방식으로 웹 콘텐츠를 활용하고, 그 과정에서 자전거를 많이 판매한다. 따라서 그는 뛰어난 마케팅 담당자이다.

세르벨로 사이트는 매우 효과적이다. 그것은 자전거를 사려는 방문자들과 단지 사이트만 구경하는 이들을 위해 완벽한 콘텐츠를 갖추고 있기 때문이다. 그 사이트의 내용들은 가치 있고 믿을 만하다. 따라서 경쟁 사이트들의 마케팅 메시지와 뚜렷하게 대비된다. 열광적인 팬들은 세르벨로 사이트에서 각 모델은 물론 3,000달러에서 5,000달러 또는 그 이상 되는 자전거들의 자세한 정보를 구한다. 온라인 박물관에는 그 회사의 초창기 제품 모델과 흥미로운 예전 모델들을 진열했다. 경주용 자전거에 심취한 이들은 사이트에 등록해 '이메일 뉴스레터'를 받아볼 수도 있다. 또는 세르벨로가 후원하는 CSC 팀으로부터 전문 경기자들의 인터뷰를 비롯한 오디오물을 내려 받거나 그 회사의 블로그를 살펴볼 수 있다. CSC 팀이 우승하면 세르벨로의 이 팀 페이지에서 경기 내용을 볼 수도 있다. 거기에는 뉴스와 경기 사진들이 실려 있다. 세르벨로는 최근에 제품 특징, 경기 리포트, 경주용 자전거를 즐기는 명사들의 인터뷰를 담은 온라인 채널 '세르벨로 TV'를 만들었다.

"우리 목표는 교육"이라고 브루멘은 말한다. "우리는 특수한 제품들을 보유하고 있고, 그 분야에서 기계공학에 가장 집중하는 회사이다. 자전거 회사들 대부분은 엔지니어를 한 명도 고용하지 않는다. 이에 비해 우리는 여덟 명을 두고 있다. 우리는 공학기술 콘텐츠를 갖추어 그 분야에서 돋보이기를 원한다. 우리는 최신 페인트 제품을 파는 것이 아니다. 그래서 그 사이트에서 시시한 이야기를 만드는 데 시간을 낭비하지 않는다. 그 대신 우리는 좋은 콘텐츠 조합을 갖고 있다."

리안 패치(Ryan Patch)는 세르벨로가 가까이 다가가고 싶어 하는 유형의 소비자이다. 보텍스 레이싱² 팀 소속의 아마추어 트라이애슬론 경기자인 그는 이렇게 말한다. "세르벨로 사이트에서 나는 CSC 팀의 보비 줄리히가 탔던 것과 똑같은 자전거가 내게 잘 맞는다는 사실을 깨달았다. 그것은 그냥 굴러가는 것이 아니라 아주 잘 굴러간다. 세르벨로 사이트에서는 '지로 디탈리아' 대회에서 CSC 팀의 누가 우승했는지 볼 수 있다. 그것은 나를 흥분시키며, 나는 프로 선수들이 타는 것과 똑같은 자전거를 가질 수 있다."

만약 새로운 자전거를 사고 싶다면, 당신이 핵심 소비자라면 세르벨로 사이트에서 그 자전거들의 기술, 구조, 명세서를 비롯한 세밀한 정보를 무수히 찾아볼 수 있다. 패치는 "내가 이 웹사이트를 더없이 좋아하는 이유는 시시한 이야기가 아닌, 모든 정보가 사실을 기초로 하고 있다는 점 때문"이라고 말한다.

브루멘은 세르벨로 사이트의 모든 콘텐츠를 스스로 만든다. 콘텐츠 관리 도구가 구축되어 있기 때문에 브루멘은 그 스스로 사이트를 업데이트할 수 있다. 환상적인 사이트로 불리지는 않을지라도 그것은 유효적절하게 작동한다. "웹 디자이너들은 우리 사이트를 부정적으로 바라본다"고 그는 말한다. "하지만 소비자들은 우리를 긍정적으로 대한다."

세르벨로에게 검색 엔진 마케팅은 중요하다. 이용 가능한, 키워드가 풍성한 콘텐츠 덕분에 이 사이트는 덩치가 훨씬 큰 자동화 회사 사이트들과 똑같은 양의 검색 엔진 트래픽(접속량)을 확보하고 있다. 세르벨로 사일레스는 아주 빠르게 성장하고 있다. 그러나 브루멘은 영리하게도 어떤 한 가지 결과 때문에 회사가 성장한 것이 아님을 잘 알고 있다. "마음에서 우러나는 신뢰를 얻기 위해 우리는 사람들이 우리 제품을 다양한 경로로 살펴본다는 점을 성경 구절처럼 가슴에 새긴다." 그는 한 가지 제품이라도 다양한 방식으로 사람들에게 노출된다고 확신한다. "예를 들어 사람들은 사이트에서, TV 앞에서, 판매점에서, 또 블로그에서 그 자전거를 볼 것"이라고 그는 말한다.

그는 세르벨로에서 웹 마케팅 체제를 구축하는 데 많은 시간을 들였다. 그러나 그것은 간단하고 비용 면에서 효과적이라고 말한다. "이것은 우리 같은 회사들에게 들어맞는 꿈같은 미래"라고 그는 말한다. "회사가 아무리 작고 틈새시장에 있더라도 제품을 온 세상에 팔 수 있다. 우리가 새로운 세계에 진입할 때 얻는 명성은 놀랄 정도이다. 인터넷은 예전에는 결코 누릴 수 없었던 기회를 제공한다. 그것은 로켓 과학이 아니다. 그것은 어린아이도 금방 이해할 수 있을 정도이다."

>> 열린 시장을 위한 롱 테일 마케팅

나는 크리스 앤더슨(Chris Anderson)과 그가 쓴 《롱 테일 경제학(The Long Tail)》에 흠뻑 빠진 팬이다. 그리고 나는 그의 책이 발간되기 전에 주류 시장으로부터 더 작은 틈새 제품과 서비스로 옮아가는 웹 경제의 이동을 바라보는 그의 구상들을 이해했다. 그것은 그의 블로그를 통해서였다. 이 책에 들어 있는 앤더슨의 주제는 마케팅 담당자들에게 매우 중요하다.

롱 테일 이론은 이렇다. 우리 문화와 경제는 수요곡선의 머리 부분에 있는, 상대적으로 적은 수의 '성공작들', 즉 주류 생산품과 주류 시장에 초점을 맞추던 데에서 꼬리 부분의 수많은 틈새로 이동하고 있다는 것이다. 생산·유통 비용이 하락함에 따라, 특히 온라인에서는 이제 무엇에나 들어맞는 컨테이너에 생산물과 소비자들을 끌어 모으지 않아도 된다. 물리적인 진열 공간이나 병목 현상이 없는 오늘날에는 세부적인 목표점을 지향하는 상품과 서비스가 주류 제품[3]만큼이나 경제적인 매력을 지닌다.

오늘날 성공한 인터넷 사업들은 롱 테일 이론을 뒷받침한다. 서비스를 제대로 받지 못하던 고객들에게 가까이 다가가고, 전통적인 상점에서는 찾을 수 없었던 제품에 대한 수요도 만족시킨다. 그런 사례로 온라인 서점인 '아마존'을 들 수 있다. 이는 지방 체인점에서는 구비하지 못한 수십만 권을 마우스 클릭 한 번으로 이용하도록 했다. 비주류 예술을 갈망하는 이들에게 레코드점에서는 구할 수 없는 틈새 음악을 합법적으로 들려주는 '아이튠즈'도 그런 예이다. 영화 DVD 온라인 대여업체인 '넷플릭스'도 그렇다. 넷플릭스는 블록버스터 히트작을 우선시하는 경쟁 업체들과는 달리 풍부하고 다양한 콘텐츠를 제공해서 크게 성공했다. 앤더슨은 롱 테일 사업이 얼마나 중요한지, 꼬리 끝에서 만들고 유통됨으로써 벌어들이는 돈이 얼마나 많은지 잘 보여준다. 물론 히트작은 여전히 중요하다. 그러나 상층부 사업들이 나타남에 따라 〈해리 포터〉, 〈그린 데이〉, 〈캐리비안의 해적들〉을 넘어 영화 바깥에서 버는 돈을 무시할 수 없다.

그러면 마케팅은 어떤가? 앤더슨은 상품의 유효성과 웹에서 제품을 판매하는 데 초점을 맞추었다. 그러나 그 개념은 다른 분야의 마케팅에도 적용된다. 기업, 비영리 조직, 종교 단체, 학교, 개인, 록 밴드 등 온갖 종류의 조직들이 만든 웹 콘텐츠가 있으며, 이를 활용해 고객들에게 직접 다가가 그들이 제품을 구입하고, 기부금을 내며, 활동에 참여하고, 원서를 내도록 하는 롱 테일 '시장'이 있다는 사실은 의심할 여지가 없다. 소비자들이 자신의 문제에 답을 얻기 위해 인터넷을 검색할 때, 아이디어를 찾으려고 블로그, 채팅 룸, 웹사이트를 이리저리 둘러볼 때 그들은 당신의 조직이 마땅히 그 해답을 제공하리라 기대한다. 주류 언론을 앞세운 가로막기 마케팅 법칙이 지배하던 시절과 달리 오늘날의 소비자들은 그들이 온라인에 있는 바로 그 순간에 그들의 욕망을 채워줄 바로 그 상품과 서비스를 찾고 있다.

마케팅 담당자들은 전략을 바꾸어야 한다. 웹을 활용해 자신의 관심을 주류 마케팅의 짧은 상층부로부터 제대로 대접받지 못한 많은 고객들을 목표로 삼아야 한다.

정확한 메시지로 수백만에 이르는 작은 시장들에 접근하는 공간이 인터넷 웹임을 이해할 때 마케팅 담당자들이 웹 콘텐츠를 만드는 방식 역시 극적으로 변한다. 거대 시장 메시지로 '무엇에나 들어맞는' 웹사이트 대신 다양한 소규모 사이트들을 만들어야 한다. 이들 사이트는 특정 목적을 위해 만든 '방문 페이지'와 그들에게 들어맞는 콘텐츠를 갖추고 있으며, 좁은 표적의 고객들을 겨냥한다. '마케팅' 사례 연구처럼 넷플릭스, 아마존, 아이튠즈 사례 또한 매혹적이다. 롱 테일 판매의 선도자들이 개발한 기법은 특정 관심사로 소비자들에게 가까이 다가가기 위한 것으로, 훌륭한 마케팅 사례이다.

▶▶제발 내가 모르는 것을 말해주시오

아마존은 브라우징, 즉 훑어보기를 위해 최적화되어 있다. 사람들이 웹 콘텐츠와 상호작용하는 데에는 대략 두 가지 방법이 있다. 그들은 검색하고 훑어본다. 조직들 대부분은 검색을 위해 사이트를 최적으로 만든다. 그것은 사람들이 질문하고 답을 구하도록 도와주지만 웹을 훑어보도록 부추기지는 않는다. 그러나 사람들은 미처 물어볼 생각을 하지 못한 다른 것도 말해주기를 바란다.

아마존의 마케팅 담당자들은 사람들이 그 사이트를 훑어볼 때 특정 제목이 아닌, 그들이 원하는 것에 관한 보편적인 생각을 지니고 있음을 잘 알고 있다. 내 경우 내 딸을 위한 서핑 안내용 책자를 찾듯이. 그래서 내가 '초보자를 위한 서핑'이라는 문구로 검색하면 99건의 검색 결과를 얻는다. 이어 훑어보기 단계로 옮겨 간다. 아마존의 탁월한 점이 바로 이 대목이다. 각 제목에 등급이 매겨 다른 소비자들이 각각의 책을 어떻게 평가했는지 곧바로 알 수 있다. 아마존 직원과 다른 매체들의 비평은 물론 독자들의 서평도 있다. 또한 '이 책을 구입한 분들은 다음 책도 구입하셨습니다'와 '이 아이템을 본 분들은 다음 책을 구입하셨습니다'라는 목록을 볼 수 있다. 그 아이템에 붙어 있는 독자들의 글을 점검할 수 있고, 내 스스로 거기에 댓글을 달 수도 있다. 그리고 바로 그 책 내용을 여기저기서 훑어볼 수 있다. 내 딸을 위한 서핑 가이드 책을 구입한 뒤 몇 주 또는 몇 개월쯤 지나 아마존으로부터 이메일을 받는다. 내 구매 행위에 기초해 또 다른 유용한 책을 제안하는 내용이다. 이것은 훌륭한 작품이다.

사람들은 대부분 스스로 검색하고, 구매하기 전에 일정 기간 동안 결정을 보류하는 경향을 보인다. 그 사이트는 중요함에도 불구하고 자주 무시되어 온 이들 고객에게 적합하도록 설계했다. 아마존과 세르벨로 소속 구성원들처럼 뛰어난 마케팅 담당자들은 1장에서 보았던 자동차 회사 관계자들과는 전혀 다르다. 그들은 가장 효과적인 웹 전략은 고객의 욕구를 예상해 거기에 맞는 콘텐츠를 제공하는 것임을 잘 알고 있다. 심지어 고객이 물어볼 바를 알기도 전에 그렇게 한다.

웹에서의 마케팅은 현란한 네온 색깔이나 숨 가쁘게 움직이며 사람들의 시선을 모으는 배너 광고와는 다르다. 그것은 고객들이 사용하는 핵심 단어와 문구를 이해하고, 고객들이 찾는 콘텐츠로 가득 찬 페이지로 그들을 이끄는 작업이다.

>> 새 옷을 갈아입은 벽돌과 모르타르

새로운 원칙은 홍보에도 똑같이 중요하다. 사실 내 생각에 모든 형태의 온라인 콘텐츠는 오프라인에서는 실제로 존재하지 않는 '마케팅과 홍보의 융합'을 꾀한다. 고객이 인터넷 웹에서 무엇인가를 훑어볼 때, 콘텐츠는 그 무엇인가를 표현한 모든 것들 속에 있다. 그리고 상호 연결된 웹 세계에서 콘텐츠는 행동을 이끌어낸다.

　순회 강연회에서, 나는 블로그 같은 온라인 콘텐츠와 보도 자료는 첨단 기술 회사에나 효과적이라고 주장하는 이들을 종종 만나곤 한다. 그들은 벽돌과 모르타르 같은 전통 산업에는 그런 전략을 활용할 수 없으리라고 말한다. 하지만 나는 결코 동의하지 않는다. 훌륭한 콘텐츠는 신뢰받는 자원으로, 조직의 브랜드 가치를 높인다. 또 구입하고, 서명하며, 지원하고, 기부하는 행동을 불러일으킨다. 그리고 훌륭한 콘텐츠는 흥미를 느낀 사람들을 또 다시 끌어들인다. 그 결과 조직은 성공을 거둔다. 수익을 높이고, 트래픽을 쌓아올리며, 기부금을 받고, 주도적인 판매 실적을 올리는 등의 목표를 달성하는 것이다.

　예를 들어 '콘크리트 네트워크'[4]는 거주용 콘크리트 생산·서비스 관련 정보를 제공하며, 구매자와 판매자를 연결한다. 그 회사는 콘크리트 파티오(스페인 식 집의 안뜰), 수영장 바닥 또는 도로를 계획하고 건설하려는 소비자와 건축가들을 표적으로 삼는다. 이들 소비자와 건축가는 콘크리트 네트워크의 B2C(기업·소비자 간 전자상거래) 요소를 구성한다. 이 회사는 또한 B2B(기업 간 전자상거래) 요소를 형성하는 공사 도급자들도 표적으로 삼는다. 콘크리트 네트워크의 'A급 계약자를 찾아라'[5] 서비스는 공사 도급자들이 수행하는 프로젝트를 필요로 하는 집 소유자와 건축가를 연결해준다. 이들 공사 도급자는 미국과 캐나다의 199개 대도시 지역에 자리 잡고 있으며, 22개 분야의 차별적인 서비스로 전문화되어 있다. 소비자에게 직접 가까이 다가가는 광범위한 보도 자료 전략으로 구성된 웹 콘텐츠가 콘크리트 네트워크 사업을 이끌어가고 있다. 이것을 보자. 웹 콘텐츠가 콘크리트를 팔고 있다!

"리더가 되고 싶다면 누구든 뉴스로 발표해야 한다. 이것이 새로운 홍보 법칙이다." 콘크리트 네트워크 대표인 짐 피터슨(Jim Peterson)은 이렇게 말한다. 그 회사의 지속적인 홍보 프로그램에는 일주일에 두 번 그들의 고객들에게 직접 다가가는 보도 자료가 포함되어 있다. 그 안에는 콘크리트 네트워크사이트의 시리즈 글, 조리대 상부·수영장 바닥·집 안뜰을 위한 무료 온라인 카탈로그는 물론 잠재적인 고객들을 위한 사진 갤러리도 있다.

피터슨에 따르면, 이 빼어난 콘텐츠 덕분에 콘크리트 네트워크는 콘크리트 산업 분야의 다른 어떤 사이트보다도 많은 트래픽을 갖고 있다. 그는 휴일과 관련된 발표 자료, 유머 넘치는 발표 자료, 교육적인 발표 자료가 특히 인기라고 말한다. 판매만을 목적으로 한 뉴스 자료는 좋지 않다. "우리는 만우절에 콘크리트 가구와 관련된 발표 자료를 게재했는데, 고객들의 반응이 아주 좋았다"고 피터슨은 말한다. "콘크리트 가구? 콘크리트로 만든 테이블, 벤치, 책장은 물론 심지어 의자도 있다"라는 제목을 단 뉴스 형식의 글이었다. 피터슨은 보도 자료에서 어떤 말과 어법을 사용해야 하는지 아주 잘 알고 있다. 그리고 그것들을 정교하게 엮어 특정한 틈새 목표에 다가가도록 했다. 예컨대 '현대적인 난로', '난로 뚜껑', '난로 디자인'은 난로를 구입하려는 이들에게 맞는 중요한 문구이다. 그 보도 자료는, 콘크리트 네트워크에 있는 '지상 최대의 장식용 콘크리트 사진 모음집'에서 뽑아낸 예쁜 뉴스 사진들과 함께 전달된다. 예를 들어 피터슨은 10여 개의 각기 다른 콘크리트 뜰을 찍은 사진들 중에서 선택한다.[6]

"우리는 얼마나 많은 방문자들이 보도 자료를 통해 우리를 찾아왔는지 알게 된다. 그것은 유료 검색 엔진 마케팅과 비슷하지만 훨씬 싸게 먹힌다"고 피터슨은 말한다. "우리는 또한 보도 자료를 목록으로 만드는 다른 사이트들로부터 연결되며, 우리가 기사에서 언급될 때마다 추가적인 보상을 받는다." 그 사이트 방문자가 2005년에는 한 달 평균 55만 명이었고, 2006년 들어 85만 명으로 늘었다고 그는 덧붙인다. "소비자에게 직접 전달되는 자료는 트래픽을 크게 늘렸다. 우리는 발표 자료 배포에 연간 약 2만 달러를 쓴다. 우리는 그것을 또 하나의 마케팅 요소라고 본다. 어떤 사업체들은 그런 돈을 쓰지 않으려고 할 것이다. 하지만 그러면 시장에서 리더가 될 수 없다."

▶▶경영자들에게 보내는 충고

콘크리트 네트워크의 대표인 피터슨은 보기 드문 경영자이다. 그는 콘텐츠 마케팅, 검색 엔진 최적화는 물론 구매자에게 곧바로 다가가 사업을 이끌어내는 직접적인 발표 자료의 힘을 누구보다 잘 알고 있다. "모든 사업체는 시장 참여자들을 교육시킬 정보를 갖고 있다. 스스로에게 물어보아야 한다. '그 정보를 어떻게 그곳으로 끌어낼 수 있을까? 좀더 긴 안목을 갖고 당신의 사업이 그 길을 따라 더 좋아질 수 있는지 알아야 한다. 예를 들어 우리는 구매자를 안내하기 위한 시리즈물을 만들었다. 그 시리즈가 시장에서 가치가 있음을 알았기 때문이다. 100개에 이르는 발표 자료가 사업에 어떤 도움을 주는지 생각하고, 그런 다음 그 사업에 전념해야 한다. 하룻밤 사이에 갑자기 이루어지는 일은 없다는 사실을 명심해야 한다."

그는 또한 프로그램을 실행하기에 앞서 전문가의 도움을 받을 것을 제안한다. "사업은 본래의 콘텐츠 위에서 살아남거나 죽을 것이다. 만약 소비자들을 위해 더없이 유용한 콘텐츠를 만들고 있다면 각광받을 것이며 훌륭한 마인드를 가진 것처럼 비쳐질 것이다. 당신은 이제 새 사업을 벌이기 위해 테이블을 배치하고 있다. 그러나 사업체들 대부분은 여기에 신경 쓰지 않는 것 같다. 콘크리트 네트워크에서 우리는 사명을 갖고 있다. 당신 회사의 제품이 고객이 안고 있는 문제를 해결하는 가장 근본적인 곳으로 돌아가, 그에 관한 이야기를 쓰고 그것을 온라인에 게재하라."

그 일을 사랑해야 한다. 콘텐츠가 콘크리트를 파는 것처럼 콘텐츠는 또한 당신이 제공하는 것을 팔아줄 수 있다!

≫진정한 홍보는 머리보다 꼬리에서부터

홍보에서 중요한 것은 보도 결과물이 아니다. 그것은 고객에게 다가가는 일이다. 우리는 우리를 기사로 다루는 선택된 잡지, 신문, 방송국의 몇몇 기자들을 확신시키려는 홍보 프로그램에 수만 달러를 쓰는 대신 유행에 민감한 블로거, 온라인 뉴스 사이트, 소규모 출판물, 대중 연설자는 물론 애널리스트와 컨설턴트들을 표적으로 삼아, 우리가 제공하는 것을 찾는 목표 고객에게 다가가야 한다. 더 이상 우리 이야기를 다룰 언론 매체의 영향력 있는 누군가를 기다리지 않아도 된다. 블로그를 통해 우리는 고객과 직접 소통한다. 매체의 여과 장치는 완전히 무시한다.

우리는 스스로 선택한 틈새에서 매체 브랜드를 만들 힘을 갖고 있다. 그것은 구글과 야후는 물론 하위 사이트와 RSS(맞춤용 정보 전달) 자료들에서 비롯된다. 몇몇 언론인들에게만 전달되는 빅뉴스 거리가 있을 때만 보도 자료를 쓰는 대신, 우리의 전문적인 아이디어와 이야기를 돋보이게 하는 보도 자료를 작성해야 한다. 그리고 고객들이 새로운 검색 엔진과 하위 콘텐츠 사이트들에서 그것을 찾도록 해야 한다.

롱 테일 마케팅과 홍보에서 성공하기 위해 우리는 성공 척도를 달리해야 한다. 사람들은 이렇게 말한다. "내가 〈오프라 쇼〉에 출연할 수 있다면 성공한 축에 들 것이다." 물론 나도 거기에 출연하고 싶다. 그러나 TV 출연이라는 잠재적인 블록버스터에 집중하는 대신 소규모로 출판된 당신의 책을 다시 뒤져보는 독자들을 많이 확보해 그들에게 다가가는 전략이 더 낫지 않을까? 오프라는 원경(遠景) 촬영이지만 블로거들은 바로 지금 당신으로부터 듣는 것을 좋아할 것이다. 오프라는 하루에도 그런 책 100권을 무시하고 지나칠 것임에 틀림없다. 그러나 블로거들은 이메일 수신함으로 달려가 거기에서 재미있는 것을 찾아본다. 나를 믿어라. 나는 경험으로 안다.

물론 《포춘》이나 《비즈니스위크》에서 우리 사업을 다루는 것은 멋진 일이다. 그러나 블록버스터 한 가지를 홍보하는 데 모든 힘을 쏟아 붓는 대신 우리가 제공해야 할 것을 찾아보는 유력한 몇몇 블로거와 애널리스트들이 틈새시장에서 우리 이야기를 직접 하도록 하는 것이 낫지 않을까.

>>마케팅과 홍보의 새로운 원칙들

일부 회사들의 경험을 다룬 글을 읽고 고개를 끄덕인다면 새로운 원칙은 이제 당신의 것이다. 이 책을 계속 읽는 것에 맞추어, 새로운 원칙을 기초로 성공한 회사들의 흥미로운 사례를 보여줄 것이다. 각 사례에서 직접 배울 수 있도록 해당 조직에 있는 관계자들을 인터뷰했다. 좀더 세분화한 실용적인 이야깃거리와 더불어 블로그 글 온라인 콘텐츠의 특정 영역에 있는 화젯거리를 추적할 것이다. 다음 단계로 넘어가기 전에 뒷부분에서 논의할 '마케팅과 홍보의 새로운 원칙들'을 간단하게 언급해보자.

- 마케팅은 광고 이상의 그 무엇이다.
- 홍보는 주류 언론 매체의 고객을 넘어선 더 많은 이들을 위한 것이다.
- 당신은 당신이 발표하는 바로 그 자체이다.
- 사람들은 일방적인 강요가 아닌 진정성을 원한다.
- 사람들은 선전이 아닌 참여를 원한다.
- 마케팅은 일방적인 가로막기가 아니라 고객이 원하는 바로 그 시점에 콘텐츠를 전달하는 일이다.
- 마케팅 담당자들은 주류 마케팅에서 지금껏 제대로 대접받지 못한 다수 고객에게 가까이 다가가는 웹 전략을 구상해야 한다.
- 홍보는 'TV'에서 당신의 회사를 지켜보는 '상사'에 관한 일이 아니다. 그것은 '웹'에서 당신의 회사를 지켜보는 '고객'에 관한 일

이다.
- 마케팅은 광고상을 받는 광고 대행사에 관한 것이 아니다. 그것은 당신의 조직이 성공하느냐에 관한 일이다.
- 회사는 뛰어난 온라인 콘텐츠를 활용해 사람들을 구매 과정으로 이끌어야 한다.
- 블로그, 팟캐스트, 전자책, 보도 자료는 물론 다른 형태의 온라인 콘텐츠들은 해당 조직과 고객들이 직접 소통하게끔 한다. 그럼으로써 고객들은 당신과 당신의 제품이 지닌 진가를 인정한다.
- 인터넷 웹에서 마케팅과 홍보의 경계선은 희미해졌다.

>>웹에서 일어난 마케팅과 홍보의 융합

이 목록을 쓰고 그것을 편집했을 때, 고객들에게 직접 다가가는 매우 중요한 온라인 전략을 찾아냈다. 마케팅과 홍보의 융합이 바로 그것이다. 오프라인에서 마케팅과 홍보는 각각 다양한 사람들과 기법들을 갖추어야 하는 분리된 영역이다. 그러나 인터넷 웹에서는 그렇지 않다. 아마존, 아이튠즈, 넷플릭스가 온라인 마케팅을 통해 고객들에게 다가가려는 것과 콘크리트 네트워크가 고객에 직접 전달되는 자료로 그렇게 하는 것 사이에 어떤 차이가 있는가? 별로 큰 차이가 없다. 세르벨로 사이클즈가 스스로 만들어 그 사이트에 올린 뉴스는 미국 최대의 자전거 잡지인 《바이시클링》 웹사이트에 올라온 기사와 확연하게 다른가? 그렇지 않다. 그리고 어떤 고객이 검색 엔진을 활용해 특정 제품을 찾을 때 해당 회사의 웹사이트, 보도 자료, 잡지 기사, 블로그에서 처음 보았는지가 중요할까? 내가 볼 때는 그다지 중요하지 않다.

지금까지 '낡은 마케팅 원칙'과 '낡은 홍보 원칙'으로 나누어 설명했다. 하지만 이제는 단지 한 가지만 있을 뿐이다. 그것은 '마케팅과 홍보의 새로운 원칙'이다. 어떤 형태라도 훌륭한 콘텐츠는 당신 또는 당신의 조직이 '갖고 있는 것'을 고객들이 보도록 도와준다. 콘텐츠는 행동을 이끌어낸다.

3장
고객이 원하는 바로 그것

>> **고양이가 짖을 때까지 기다릴 것인가?**

당신이나 당신 조직의 메시지를 전달하기 위해 더 이상 언론 매체와 비싼 광고에만 의존하지 않아도 된다. 그렇다. 주류 언론은 여전히 중요하다. 그러나 오늘날 현명한 마케팅 담당자들은 필수 메시지를 정교하게 만든 다음 인터넷 웹을 통해 세상에 직접 알린다. 고객이 회사 제품에 주의를 기울이도록 막대한 광고비를 쓰는 것은 이미 과거의 일이다. 더구나 그것은 두통거리만 일으킬 뿐이다.

브라이언(Bryan)과 제프리 아이젠버그(Jeffery Eisenberg)는 웹사이트 트래픽을 실제 판매로 이끌기 위해 방문자들을 어떻게 이해해야 하는지에 잘 알고 있다. 그들은 그 분야의 탁월한 전문가이다. 그들은 그들이 운영하는 '퓨처 나우'[1], 그 회사의 '설득 공법(Persuasion Architecture)'을 통해 이 서비스를 제공하고 있다. 이들 형제는 또한 2006년 《고양이가 짖을 때까지 기다릴 것인가?(Waiting for Your Cat to Bark?)》[2]를 출간하기도 했다. '마케팅을 무시하는 고객을 설득하는 방법' 이라는 부제가 달린 이 책은 온라인 마케팅, 소비자에 직접 다가가는 자료, 고양이 대(對) 개, 블로깅 등 매혹적인 내용을 담고 있다. 더구나 이 책은 그해 여름에 《월스트리트 저널》 비즈니스 부문 베스트셀러 1위에 올랐다. 그들은 그것을 어떻게 이루었을까?

"우리는 독자들로 하여금 책을 사도록 하는 '설득 구조 시나리오'를 개발했다"고 제프리는 말한다. 작업은 기존 독자와 그들의 친구를 표적으로 삼아 책이 출간되기 몇 달 전부터 시작했다. 퓨처 나우 블로그[3]의 우편물, 그록닷컴[4]의 전자 우편 뉴스레터에 실은 글을 통해서였다. 이들은 개별적으로 영향력 있는 블로거 수백 명에게 그 책을 미리 볼 수 있도록 복사본을 보냈다. 심지어 나도 받았다.

그들은 또 출간 전에 일찌감치 입소문을 만들 수 있는 다른 이들에게도 복사본을 보냈다. 그런 다음 그 책을 펴내기 한두 달 전부터 'PR웹'[5]을 통해 다양한 맞춤용 보도 자료를 배포했다. "우리는 베스트셀러 캠페인이라고 부르는 이 일을 하는 동안 그 책 주변에 일종의 위기감을 조성했다"고 제프리는 말한다. "우리는 단순히 책을 파는 것이 아니라 그 책 속에 있는 생각을 널리 퍼뜨리는 데 홍보 전략을 맞추었다. 보도 자료 연재물은 다양한 방법으로 그 책의 내용을 다룬다. 우리는 보도 자료와 온라인 마케팅을 통해 그 책 안으로 들어가는 통로와 진입 지점을 만듦으로써 사람들의 시선을 끌어당겼다."

출간일로 이어지는 중요한 몇 달 동안 관심을 끌고 출간 뒤에도 흐름을 이어가기 위해 아이젠버그 형제는 각자 PR웹을 통해 매일 하나씩 발표 자료를 보냈다. 거듭 말하면 '그들은 일정 시기 몇 달 동안 발표 자료를 하나씩 보냈다.' 발표 자료를 보낸 목적은 블로거들이 그 책에 들어 있는 정보를 찾아 그와 연관된 글을 쓰게끔 하는 것이다. 아이젠버그 형제가 이메일을 통해 언론 매체에 하루짜리 보도 자료를 보낸 것이 아니라는 점에 주목하자. 오히려 이것은 검색 엔진과 RSS 자료들을 통해 블로거와 소비자들에게 다가가는 전략이었다. 발표 자료들이 성공하려면 책에서 찾을 수 있는, 실질적이고 행동을 유발하는 정보에 초점을 맞추는 것이 중요했다. 그 발표 자료들은 다음과 같이 도발적이고 이슈가 될 만한 제목으로 정교하게 꾸며졌다.

- 이 책의 저자는 언론 매체를 넘어 브랜드 전반의 일관성이 중요하다고 말한다.
- 왜 마케팅의 실패를 구글이 책임져야 하는가?
- 당신의 고객은 왜 개가 아니라 고양이인가?
- 전통적인 브랜드 전략은 여전히 유효한가?
- 이 책은 소비자 여론 조사가 실제 소비 행동을 반영하지 않을 수도 있다고 말한다.
- 두 명의 베스트셀러 작가는 이 책에서 소비자 행동을 예측하는 방법을 보여준다.

제프리는 회사 사이트의 광고, 뉴스레터, 블로그, 보도 자료, 미리보기 사본이 블로거들로 하여금 그 책을 다른 이들에게 전달하고 다양한 방식으로 관심을 불러일으키는 데 도움을 준다고 말한다. 블로거 300명이 그 책 내용을 언급하고 대화를 이끌어 수천 명에게 그것을 전한다. 그 대표적인 사례들은 다음과 같다.

- "10대를 상대로 한 마케팅보다 고양이를 짖게 하는 것이 더 쉽다."[6]
- "마케팅을 무시하는 웹사이트 방문자들을 정말 설득하고 싶은가?"[7]
- "이 책은 긍정적인 가능성의 힘을 생각하게끔 한다."[8]
- "클릭 전인 검색부터 클릭 후인 설득까지 브라이언과 제프리는 대가들이다. 그들의 책은 《뉴욕타임즈》, 《월스트리트 저널》, 《인터내셔널》에 소개되어 베스트셀러에 오를 것이 틀림없다."[9]

"입소문은 측정하기 어려울 정도로 높은 투자 수익률을 지닌다"고 제프리는 말한다. "옳은 일은 많이 할수록 그 효과를 발휘하는 법이다. 그에 따른 홍보 효과는 이루 말할 수 없다." 아울러 그는 "그 책에 맞는 맞춤용 메시지를 전달하기 위해 마케팅을 수없이 했고, 그것은 마침내 '유력자들'로 여겨지는 다양한 사람들에게 이어졌다. 물론 그 유력자들 대부분은 주류 언론 매체가 아니다"고 말한다. "당신은 직접 홍보할 때 편집자나 기자는 아니지만 매우 중요한 유력자들이 있음을 깨닫는다. 발표 자료를 검색하는 그들은 블로거이다." 블로거 수백 명이 무엇인가를 작성한 것을 모으면 수백만 명에게 전달될 수 있다.

제프리는 마케팅과 홍보에 성공한 비결을 언급하면서, 거대 매체에 대한 집착을 버릴수록 훨씬 더 성공할 수 있다고 말한다. 커다란 수확은 큰 성공을 얻는 데 초점을 맞추기보다는 작지만 많은 관계들을 만드는 데에서 비롯된다. "빅히트도 평범한 사람들에게 다가가는 데에서 나온다"고 그는 말한다. 이 점을 증명하는 것이 《월스트리저널》 기사였다. 이 신문이 그 책을 "까다로운 세상에서 사고팔기"라는 강렬한 제목으로 다루었을 때 그는 깜짝 놀랐다. 그들은 결코 그 매체에 관련 자료를 보낸 적이 없었다. 그 매체의 기자는 입소문과 블로그를 통해 그들을 찾아왔다. 큰 전략과 결정적인 사실에 덧붙여진 수많은 콘텐츠 조각들이 아이젠버그 형제의 책을 베스트셀러 1위에 올려놓았다. 제프리는 이렇게 덧붙인다. "성공은 당신이 옳은 일을 얼마나 많이 했느냐에 달려 있다. 작은 것들을 많이 쌓는 것이 큰 차이를 낳는 법이다."

>>나만의 전문 지식을 세상에 알려라

비영리 조직, 록 밴드, 정치 후원 그룹, 회사, 독립적인 컨설턴트 등 다양한 사람들과 조직들은 인터넷 웹에서 자신을 중요한 자리로 끌어올릴 힘을 갖고 있다. 그들은 새로운 전자상거래 시장에서 자신의 전문 지식을 다양한 형태로 내보인다. 거대한 웹사이트, 팟캐스트, 블로그, 전자책, 온라인 보도 자료를 비롯해 고객의 욕구에 맞추어 다양한 방법을 동원한다. 이런 모든 매체들은 고객이 올바른 정보를 가장 잘 받아들이는 시점에 그 정보를 고객에게 전달하도록 도와준다. 마케팅 담당자들이 자신의 깊이 있고 정보성 있는 콘텐츠를 웹사이트, 블로그, 전자책, 백서, 이미지, 사진, 오디오 콘텐츠, 비디오 심지어 제품 배치, 게임, 가상현실 같은 것들로 전달하기 위해 자유롭게 활용할 수 있는 도구는 웹에 기반을 둔 매체이다. 마케팅 담당자들은 또한 서로 영향을 주고받고, 미리 구축된 블로그·채팅 룸·온라인 모임 등에서 다른 사람들의 대화에 참여할 수 있는 능력을 갖게 된다.

이런 기법들을 모두 함께 연결하려면 사람들이 열망하는 콘텐츠를 만들어야 한다. 많은 조직들은 콘텐츠를 통해 고객의 신뢰와 호감을 얻는다. 그리고 현명한 마케팅 담당자들은 고객 맞춤용 콘텐츠를 만들고, 이를 전달하기 위해 끊임없이 생각하고 행동한다.

>>고객이 원하는 메시지를 개발하라

자금이 풍부한 회사들은 주저 없이 번지르르한 TV 광고에 큰돈을 쓴다. 대기업에서 일하는 마케팅 담당자들이라면 TV 광고를 원할 것이다. 그러나 TV 광고는 이제 더 이상 효과적이지 않다. 케이블 방송이 없었을 때와는 사정이 다르다. 수시로 이동하고 채널이 다양한 웹 중심의 롱테일 세상, 유튜브, 디지털 녹화 장치인 티보(TiVO), 블로그 시대인 지금 TV 광고에 큰돈을 들이는 것은 쓸모없는 일이다. 그것은 19세기로 물러앉는 짓이다. 그것이 당신을 기분 좋게 할지는 모른다. 하지만 그것이 진정 돈을 벌게 해주었는가?

대중들에게 아무런 호소력도 없는 TV 광고에 막대한 예산을 들이는 대신, 우리는 틈새시장의 고객들이 기다리는 메시지에 집중해야 한다. 왜 이들 틈새 고객을 위한 특별한 콘텐츠를 만들지 않는가? 온라인에서 그들이 당신 회사의 제품을 원하는데도 왜 바로 그 이야기를 하지 않는가? 마케팅·홍보 담당자들이 틈새 고객을 유념한다면 조직의 메시지를 전달하는 데 더없이 효과적인 기회를 잡게 된다.

〉〉마케팅의 기본은 고객 특성 분석

똑똑한 마케팅 담당자는 고객을 이해하며, 많은 경우 표적 인구층에 맞춘 '고객 특성 목록'을 구축한다.(이에 대해서는 10장에서 자세하게 논의할 것이다.) 우리 사이트를 방문하는 사람들을 배려하는 것이 힘들고 귀찮을 수 있다. 그러나 중요한 인구층 각각에 맞춘 콘텐츠를 만드는 일은 그다지 어렵지 않다. 고객들을 특정 그룹으로 나누고, 그들 각자마다 우리가 알고 있는 모든 것을 목록으로 만들기만 하면 된다.

예를 들어 대학교 웹사이트는 보통 동창생들을 만족시켜 모교에 정기적으로 기부금을 내도록 유도한다. 따라서 대학교 관계자는 졸업한 지 10년 내지 15년 된 젊은 동창생들과 나이 많은 동창생들이라는 두 개의 특정한 고객 목록을 갖고 있을 것이다. 대학은 또한 고등학생들을 지원 과정에 끌어들여 선발하고자 한다. 따라서 효과적인 대학교 사이트는 대학교에 들어가기 위해 준비하는 고등학생들을 위한 고객 특성 목록을 갖고 있을 것이다. 그러나 장래성 있는 고등학생의 부모들은 전혀 다른 정보 욕구를 갖고 있다. 따라서 대학교 사이트 담당자는 예비 학부모들을 위한 또 다른 고객 특성 목록을 구축해야 할 것이다. 대학교는 또한 기존 고객인 재학생들을 만족시켜야 한다.

결국 잘 만든 대학교 사이트는 동창생들이 기부금을 내고, 고등학생들이 지원하며, 학부모들이 자녀의 지원 과정을 확인하게 하고, 재학생들이 다음해 학업을 위해 학교로 돌아올 것을 다짐하게 해야 한다. 아울러 그들의 일상적인 질문에 대답해줌으로써 대학교 직원들의 불필요한 노동 시간을 줄이는 것이 목표일 것이다. 이처럼 대학 홍보 담당자는 다섯 부류의 고객층이 저마다 지닌 욕구를 진실로 이해함으로써 적절한 콘텐츠를 만들 수 있다. 고객들을 잘 이해하려면 그들이 궁금해 하는 것에 초점을 맞추어 그들을 만족시켜야 하고, 그에 따라 적절한 콘텐츠를 만들어 전달해야 한다.

이미 언급한 대로 웹사이트 콘텐츠는 어떤 조직 또는 제품이 수행하는 기능을 자기 입장에 맞추어 너무나 단순하게 묘사한다. 회사 사이트의 내부 페이지에서는 조직과 제품 관련 정보가 확실히 가치를 지닌다. 하지만 고객이 정말 원하는 것은 그와 다르다. 고객이 원하는 콘텐츠는 그들이 직면한 이슈와 문제를 언급하며, 그 문제를 어떻게 풀지 세부 사항들을 제공하는 것이다.

온라인상에서 네트워크를 구축했다면 개별 고객에 맞춘 잠재적인 해결책을 제공할 수 있을 것이다. 타깃 고객을 특정화하고 그들의 문제를 확실하게 파악했다면 콘텐츠는 이제 당신의 전문적인 식견을 보여주는 도구이다.

잘 조직화된 웹 콘텐츠는 방문자들이 제품을 사거나 해당 조직에 나름대로 공헌하려는 바로 그 시점에 판매 사이클을 통해 갖가지 방법으로 그들을 끌어들일 것이다.

고객을 이해하고, 그들에게 다가가기 위해 효과적인 콘텐츠 전략을 세우는 것은 매우 중요하다. 그리고 구매 행동이 일어나는 곳으로 콘텐츠를 연결시켜주는 것도 잊지 말아야 한다. 마이크 페더슨(Mike Pedersen)의 경우를 보자. 그는 오랫동안 수천 명에게 골프를 잘 하는 운동법을 가르치고 있다. 골퍼가 더 나은 몸 상태를 유지함으로써 경기를 잘 이끌도록 돕기 위한 것이다. 그는 미국에서 활동하는 골프 운동 훈련 전문가들 중에서도 특히 널리 알려져 있다. 아울러 그는 골프용품을 판매하는 온라인 사업체를 운영하고 있다. 그의 사이트[10]와 블로그[11]는 소수 타깃 시장, 즉 그의 고객층을 위해 특별하게 만든 콘텐츠로 꽉 차 있다. "이 글은 체력이 급격하게 떨어지는 60대 골퍼를 위해 쓴다"고 그는 말한다. "나는 그것을 '표적이 분명한 콘텐츠'라고 부른다. 글을 쓸 때 고객들을 위해 골프의 특정 요소, 스윙할 때 놓치기 쉬운 측면을 핵심 주제로 삼고 있다. 그리고 내가 목표로 삼는 고객들은 그것이 자신에게 도움이 된다는 사실을 잘 알고 있다."

페더슨은 그의 사이트와 블로그에서 '골프에 필수적인 준비 운동', '스윙에 더 많은 힘을 불어넣기 위한 유연한 근육 만들기'와 같은 무료 글과 팁 수백 건을 선사한다. "골퍼들 대부분은 경기 전에 몸 상태를 제대로 돌보지 않으며, 따라서 골프를 즐길 수 없다"고 그는 말한다. "골프를 즐겁게 할 수 있도록 도와주며, 이를 위해 빠르고 효과적인 운동법을 이해하도록 쉽게 쓴다." 각각의 글에는 어떻게 운동해야 하는지 설명하는 다양한 사진들이 곁들여져 있다.

그의 사이트는 '골프 훈련' 같은 검색어를 치면 검색 엔진에서 1순위로 나온다. 그는 《골프》잡지 웹사이트[12]의 회원이자 파트너로 일하며, 그 사이트에서 눈에 띄는 골프 운동 전문가이기도 하다. 그 사이트들은 많은 트래픽을 일으키고 있다. 그는 고객들을 위한 콘텐츠로 직접 그들을 표적으로 삼는 것이 자신의 사업을 키우는 중요한 열쇠라고 말한다.

골프를 좋아하지만 육체적으로 무력한 나이의 고객층에 대한 그의 관심과 배려는 혀를 내두르게 할 정도이다. "소비자의 마음속으로 들어가 그들의 아픔과 좌절감을 느끼려고 노력한다"고 그는 말한다. "내가 생각하는 것을 쓰기는 쉽다. 그러나 구매자들이 생각하는 것을 쓰기는 매우 어렵다. 나의 목표 시장인 이들이 지금 아무것도 하지 않는다면 육체적인 무력감에 빠져 훗날 좋아하는 운동을 할 수 없게 된다. 이에 반해 나는 정말로 튼튼하고 건강한 마흔 살이다. 만일 내 자신을 위해 글을 쓴다면 내가 내 발에 총을 쏘는 것처럼 쓸모없는 짓일지 모른다. 나는 타깃 시장에 들어 있지 않기 때문이다."

페더슨은 그의 대표 작품인, DVD·책·매뉴얼을 포함한 '골프 피트니스 트레이닝 시스템'과 온라인 훈련 프로그램 같은 제품들을 팔아 돈을 번다. 또한 각기 다른 주제의 DVD, 다양한 무게의 골프채들을 비롯한 운동 물품을 제공하고 있다. 그의 사이트에 올린 각각의 글 아래에는 실행 방법과 필요성이 붙어 있다. "각각의 페이지로부터 무료 페이지와 제품 페이지들로 연결하는 데 부지런을 떤다"고 그는 말한다. 예를 들어 최근의 제안에는 이렇게 씌어 있다. "완벽에 가까운 골프 스윙을 하지 못하는 이유를 알고 싶은가? 이 사이트를 들여다보라."

무료 제공 서비스를 받기 위해 그 사이트에 등록해보라. 그러면 당신은 4만 건에 이르는 그의 이메일 목록에 추가될 것이고, 그에 따라 특별한 제안은 물론 그 사이트와 블로그에 부가된 중요하고 새로운 콘텐츠에 기초한 충고를 받게 된다. 그가 보내는 이메일 메시지 대부분은 새로운 콘텐츠를 담은 충고들이며, 제품 광고는 전혀 없다. 그는 말한다. "가치 있는 콘텐츠를 제공하면 더 많은 판매 수익을 올릴 수 있음을 나는 잘 안다."

>>에디터처럼 생각하고 표현하라

웹에서 새로운 수익 모델은 과대광고와 일방적인 강요나 메시지가 아니다. 그것은 필요할 때와 필요한 곳에 긍레 맞는 콘텐츠를 제공하는 일이다. 그 과정에서 당신과 당신 조직이 리더 자리를 차지하게 된다. 구매자가 될 사람들 또는 참여하고, 기부하고, 서명하며, 지원하고, 자원 봉사 활동을 하거나 투표하는 이들을 이해할 때, 그때 비로소 그들을 위한 정교한 콘텐츠 전략을 짤 수 있다. 고객들과 그들의 문제에 초점을 맞추는 것이 효과적이다. 제품과 서비스를 자기 생각대로 하면 실패로 끝나고 만다.

성공적인 전략을 세우려면 '에디터' 처럼 생각하라. 새로운 원칙을 성공적으로 활용하는 조직의 마케팅 담당자들은 자신이 정보 전달자라는 사실을 깨닫는다. 그리고 그들은 에디터가 하는 것과 똑같이 조심스럽게, 콘텐츠를 가치 있는 자산으로 다룬다. 여기서 중요한 점이 한 가지 있다. 에디터들은 콘텐츠 전략을 갖고 출발한다는 것이다. 그런 다음 그 콘텐츠를 전달하는 기법과 계획에 초점을 맞춘다. 에디터들은 타깃 고객층을 주의 깊게 분류하고 정한다. 그리고 그들의 욕구를 채우기 위해 필요한 콘텐츠가 무엇인지 고려한다. 또 다음과 같은 질문들에 귀를 기울인다. 내 고객은 누구인가? 어떻게 해야 그들에게 다가갈 수 있을까? 그들이 그렇게 말하고 행동하는 이유는 무엇인가? 고객이 문제를 해결하도록 내가 무엇을 도와주어야 하는가? 어떻게 해야 그들을 즐겁게 하는 동시에 그들에게 정보를 줄 수 있는가? 어떤 콘텐츠로 다가가야 그들이 우리 제품을 구입하는가?

>> 조직에 관한 이야기를 직접 하라

벤 아르고프(Ben Argov)는 좋은 포도주 저장법에 초점을 맞춘 와인 저장 블로그[13]를 활용한다. 그의 회사 '르 카쉐 프리미엄 와인 캐비니츠'는 고급 가구 수준을 자랑하는 와인 저장 캐비닛을 우선 개인들에게 팔아 좋은 와인을 진열하고, 안전하게 보관하며, 적절히 숙성시키도록 도와준다. 제품들 대부분은 와인 애호가의 가정에서 소장하지만, 또 다른 주요 시장은 규모가 큰 호텔, 레스토랑, 휴양 시설들이다.[14] 미국에서 고급 가구 수준의 와인 저장 캐비닛을 만드는 제조업체는 최소한 여섯 곳에 이른다. 그 치열한 경쟁 속에서 르 카쉐는 단연 돋보인다. 그것은 블로그 때문이며, 아르고프가 온라인상의 와인 산업 모임과 채팅 룸에 활발하게 참여하고 있기 때문이기도 하다.

"이 모든 것이 그 분야에서 우리를 좋은 친구로 만들어준다"고 아르고프는 말한다. "우리는 지도자로 여겨지기를 바란다. 그리고 블로그를 통해, 아울러 그 커뮤니티에 참여함으로써 그것을 달성하고 있다." 그의 와인 저장 블로그는 그 분야에서 솔직하고 접근 가능한 것으로 두드러진 위치를 점하고 있다. 그는 이렇게 말한다. "사람들은 깔끔한 마무리와 양질의 하드웨어를 원한다. 그래서 우리는 블로그와 온라인에서 우편물 보내기 도구를 활용한다. 사람들이 정직한 중개인이 되고, 우리 제품에 매우 정통한 존재로 여겨지도록 하기 위해서이다."

아르고프는 또한 와인 애호가들이 최고로 꼽는 사이트[15]에 글을 자주 싣는다. "주제가 부각되고 그것이 적절하다면 우리는 주저없이 뛰어든다"고 그는 말한다. "건강한 토론이 있고, 그것이 중요한 주제라면 우리의 관점을 부각시키기 위해 블로그를 활용한다. 우리는 포도주를 어떻게 저장해야 하는지 알려주는 일을 한다. 하지만 그런 다음에는 사람들을 블로그로 이끌고 와서 더 많은 정보를 제공한다." 그는 와인 애호가 모임과 채팅 룸에서 잘 알려져 있고, 2005년 3월부터 지금까지 블로그 활동을 해왔기 때문에 그 커뮤니티에서 없어서는 안 될 한 부분을 차지하고 있다.

그것은 또한 각 블로그 게재물과 온라인의 댓글이 검색 엔진 마케팅 소재로 전환되어 트래픽을 늘리는 데 도움이 된다. "우리는 캐비닛을 산 고객들에게 고객 조사 자료를 보냈다"고 그는 말한다. "우리는 '우리 제품을 어떻게 알게 되었습니까? 라거나 '제품을 고르기 위해 무엇을 먼저 참고하십니까?' 같은 질문을 던진다. 고객들 중 90퍼센트 이상이 온라인에서 우리를 찾았고 우리 제품을 들여다보았음을 알게 되었다. 사실 우리 회사 매출의 상당 부분은 판매점을 두지 않은 곳에서 비롯된다는 것을 알고 있다. 따라서 그 사업은 틀림없이 우리 블로그와 온라인 모임 참여에서 출발하고 있다."

>> 콘텐츠가 분명해야 고객이 움직인다

강연회나 블로그 안에서 자주 마케팅 프로그램, 웹사이트, 블로그와 관련해 비평해줄 것을 요청받는다. "목표가 무엇인가요?" 이런 일반적인 질문에 그들은 당황한다. 그렇게 많은 마케팅 담당자들이 마케팅 프로그램을 위한, 그리고 특정 웹사이트와 블로그를 위한 목표를 세우지 않았다는 사실은 참으로 놀라운 일이다.

고객에게 필수적인 콘텐츠를 전달하는 효과적인 웹 마케팅과 홍보 전략은 고객의 행동을 이끌어낸다.(10장에서 자신의 마케팅과 홍보 전략 개발을 더 많이 살펴볼 것이다.)

마케팅과 홍보의 새로운 원칙을 이해하는 회사들은 분명한 '사업' 목적을 갖고 있다. 그 목적은 제품을 팔기 위해서일 수도 있고, 기부금을 이끌어내기 위해서거나, 사람들로 하여금 투표에 나서도록 하는 것일 수 있다. 이들 성공적인 조직은 언론 보도나 광고상 같은 잘못된 목표에 초점을 맞추지 않는다. 성공적인 조직들의 경우 보도 자료, 블로그, 웹사이트, 팟캐스트를 비롯한 콘텐츠들은 방문자들을 판매·검토 사이클로 이끌고, 그들을 실행 공간에 모이도록 한다. 목표를 숨기지 않는다. 그리고 고객들이 다음 단계로 가는 길을 찾기 쉽도록 한다. 콘텐츠가 행동을 효과적으로 이끌어낼 때 전자상거래 회사의 '제품' 버튼, B2B 회사의 '백서(白書) 다운로드' 형태는 물론 비영리 조직의 '기부' 링크 등 실행 단계를 찾는 것은 어려운 일이 아니다.

주도적인 지위와 웹사이트 트래픽 같은 것들을 위해 만든 표준잣대에 집중하기보다는 수익 증대와 고객 유지를 앞세운다면 전형적인 마케팅 계획, 웹 콘텐츠의 조직화에 놀라운 변화가 일어난다. 수익을 목표로 한다면 웹사이트 트래픽은 중요하지 않다. 그러나 트래픽은 그 목표로 이어질 수도 있다. 비슷하게 구글 검색어 1위에 오르는 것은 중요하지 않다. 물론 고객들이 그 검색을 유심히 살펴본다면 그것은 의도한 바로 이어질 수 있다.

결국 마케팅 담당자들이 다른 조직들과 함께 똑같은 목표에 초점을 맞출 때만 고객의 행동을 불러일으키는 마케팅 프로그램을 개발하고 회사 발전에 이바지할 수 있다. 그때 비로소 마케팅 담당자들이 주목받기 시작한다. 이곳저곳 눈치 보거나 거짓말과 맞닥뜨리기보다 조직의 목표를 달성하는 데 이바지하는 전략적인 분야 중 하나로 비쳐진다.

>> 콘텐츠와 선도 역량에 대하여

고객을 웹 콘텐츠에 다가가게끔 하는 것은 많은 기업과 개인들에게 강력하면서도 분명한 효과를 안겨준다. 콘텐츠는 한 조직을 선도적인 역량가로 각인시킨다. 많은 조직들이 경쟁 분야에서 앞서기 위해 콘텐츠를 만든다. 훌륭한 사이트, 블로그, 팟캐스트 시리즈는 단순히 무엇인가를 직접 팔지 않는다. 그 대신 당신을 똑똑하고, 시장을 매우 잘 이해하며, 같이 사업할 가치가 있는 사람 또는 조직으로 여기도록 한다. 웹 콘텐츠는 아이디어 시장에서 '선도 역량(thought leadership)'을 보여줌으로써 한 조직의 온라인 명성을 높이는 데 직접 이바지한다.(선도 역량에 관한 세부 사항은 11장을 찾아보라.)

이 책 4장부터 6장까지 블로그, 발표 자료, 팟캐스팅, 온라인 모임, 바이러스 마케팅은 물론 소셜 네트워킹(Social Networking)에 대해 다룰 것이다. 이어 다음 장부터는 자신만의 마케팅과 홍보 계획을 만드는 요령을 살펴볼 것이다. 여기에는 각 기법에 따른 '구체적인 방법'을 담은 세부적인 글들이 이어진다. 콘텐츠는 단지 훑어보기만 하는 이들을 고객으로 전환시킨다. 당신이 고급 포도주 캐비닛 또는 새 음악 CD를 팔든, 아니면 고래들에게 해로운 수중 음파 탐지기의 사용을 막는 시민운동을 옹호하든 그것은 중요하지 않다. 웹 콘텐츠는 어떤 제품이나 서비스든 팔며, 어떤 철학이나 이미지라도 옹호한다.

2부
웹으로 고객에게 직접 다가가라

4장
블로그, 복음 전도사들과 소통하기

>>블로그로 세상을 열다

내게는 블로그가 현관문이다. 2004년 이후 내 블로그[1]는 내 크고 작은 생각들을 저장하는 곳이다. 마케팅과 홍보 강연자, 저술가이자 컨설턴트인 내가 갖고 있는 도구 중 가장 중요한 것은 블로그이다. 이 도구가 내 목표를 달성하는 데 얼마나 도움이 되는지 항상 깜짝깜짝 놀랄 정도이다.

내 블로그 덕분에 아이디어를 시장에 쏟아낼 수 있고 이는 즉각적인 반응을 불러일으킨다. 물론 많은 블로그 게재물이 아무런 반응이나 댓글, 결과물도 얻지 못한다. 그러나 이런 '실패'로부터도 배운다. 고객이 어떤 것에 반응하지 않았을 때 그것은 바보 같은 아이디어이거나 제대로 설명하지 않은 탓이다. 반면 어떤 게재물은 괄목할 만한 반응을 일으켜 내 사업을 글자 그대로 완전히 뒤바꾸어놓았다. 사실 블로그는 내 삶

자체를 바꾸어놓았다.

앞에서 나는 내가 썼던 전자책으로 이어지는 '링크'를 포함한 내 블로그 글에서 새로운 홍보 원칙에 관한 생각을 밝혔다. 반응은 극적이고 빨랐다. 첫 주에 수천 명이 그 글을 보았다. 지금까지 20만 명 이상이 그 아이디어를 보았고, 100명이 접속했으며, 수천 명이 내 블로그와 다른 이들의 블로그에 그 아이디어에 관련된 댓글을 달아놓았다. 그 글들이 긍정적이든 부정적이든 그토록 많은 피드백을 받은 후 거기서 비롯된 아이디어는 이 책을 쓰는 계기로 이어졌다. 그리고 2006년에 이 책을 쓸 때, 책 내용들을 지속적으로 블로그에 게재했고 이는 책을 펴내는 데 매우 중요한 반응을 이끌어냈다. 수백 건에 이르는 글을 받은 것이다.

검색 엔진의 힘 덕분에 내 블로그는 또한 사람들이 나를 찾는 가장 중요하고 효율적인 길이다. 각 블로그 게재물의 단어는 구글과 야후는 물론 다른 검색 엔진들에 색인으로 만들어졌다. 그에 따라 사람들은 내가 쓴 주제의 정보를 검색하다가 나를 찾게 된다. 언론인들은 내 블로그를 통해 나를 찾고, 신문과 잡지 기사에 나를 인용한다. '내가 그들에게 무엇인가 던져주지 않아도 된다.' 블로그에서 내 생각을 읽은 사람들이 강연해줄 것을 부탁한다. 새로운 이들을 많이 만났고, 그들과 강력한 인적 네트워크를 구축했다.

내가 기업 고객과 다른 전문가들을 상대로 블로그의 힘에 관련된 책을 쓰고 강연을 하자 많은 사람들이 블로그 활동의 투자 수익률을 알고 싶어 한다. 특히 경영자들은 그 결과물의 가치를 구체적으로 알고 싶어 한다.

나쁜 소식은, 이 정보를 확실하게 계량화하는 것은 어렵다는 점이다.

나는 처음 만난 이들에게 "저를 어떻게 알게 되었습니까?"라고 물어봄으로써 투자 수익률을 결정한다. 이런 접근법은 블로그를 비롯해 통합 마케팅 프로그램을 갖춘 좀더 큰 조직들에게는 어려울 것이다.

좋은 소식은, 재미있는 블로그를 만들어 거기에 꾸준히 글을 올리는 이들에게 블로그 활동은 가장 확실한 수익을 안겨준다는 점이다.

내 경우는 어떨까? 내 블로그는, 전에는 내 이름을 전혀 들어본 적이 없는 수천 명에게 내 생각을 전달해주었다. 그 덕분에 나는 전 세계에 걸쳐 최소 열두 곳이 넘는 강연회에 초청받았다. 지난 2년 동안 끌어낸 새로운 컨설팅 사업 중 약 25퍼센트는 블로그를 통해서였거나 그 블로그 때문에 나를 선택했다고 밝힌 구매자들로부터 비롯되었다. 만일 내게 블로그가 없었다면 당신은 이 글을 읽을 수 없었으리라. 그것 없이는 이 책을 쓸 수 없었다.

블로그에 글을 쓰는 것이 당신의 삶까지 바꿀까? 그것을 보증할 수는 없다. 블로그는 모든 이들을 위한 것이 아니다. 그러나 당신이 다른 수많은 사람들과 같지 않다면 당신의 블로그는 당신과 당신의 조직 모두에게 막대한 보답을 안겨줄 것이다. 그렇다. 보답은 아마도 금전적인 것이다. 그러나 더 중요한 것이 있다. 당신의 블로그는 당신과 당신의 조직에게 더없이 중요한 보답인, 가치 있고 창조적인 판로를 가장 확실하게 제공해줄 것이다.

이 장의 나머지에서 블로그와 블로그 활동을 상세하게 다룰 것이다. 블로그 활동으로 조직의 가치를 높이고 그들 스스로에게도 이익이 된 성공적인 블로거들을 만나게 될 것이다.

블로그에 당신만의 것을 올리기 전에 먼저 해야 할 일이 있다. 그것은 블로그 영역을 점검하고 다른 사람들의 블로그에 논평을 하거나 댓글을 다는 일이다. 이를 포함해 블로그로 주목받을 수 있는 기본적인 방법 역시 이 장에서 설명할 것이다. 다만, 블로그를 만들 때 반드시 필요한 핵심 내용, 무엇을 써야 하는지, 그리고 필수 기술을 비롯한 세부 사항들은 17장에서 다룰 예정이다.

>>블로그, 블로그 활동, 그리고 블로거

블로그는 콘텐츠를 배경으로 삼아 갑자기 나타났다. 그 기술이 시장에 개인적 또는 조직적인 관점을 말할 수 있는 매우 쉽고 효율적인 방법이었기 때문이다. 사용하기 쉬운 블로그 소프트웨어만 있으면 누구라도 단 몇 분 안에 전문적인 것으로 보이는 블로그를 만들 수 있다. 마케팅·홍보 담당자들 대부분은 블로그를 알고 있다. 그리고 많은 이들이 이 새로운 매체에서 그들의 회사, 제품, 경영진을 어떻게 언급하는지 점검하고 있다. 또한 상당수 사람들은 마케팅을 위해 블로그를 활용하며, 일부는 놀라운 성공을 거두고 있다.

이 장을 쓰는 것이 상당히 어려운 과제임을 잘 안다. 왜냐하면 블로그와 블로그 활동을 대하는 사람들의 지식 사이에는 거대한 벽이 놓여 있기 때문이다. 늘 청중들에게 "블로그를 읽고 있습니까?" 라고 물으며 손을 들어보게 한다. 놀랍게도 마케팅·홍보 담당자들 중 20 내지 30퍼센트만이 블로그를 읽고 있다. 이것은 터무니없이 낮은 비중이다. 시장이 당신, 당신의 회사, 당신의 제품을 어떻게 받아들이는지 이보다 더 쉽게 찾아내는 방법은 결코 없었고 지금도 없다! 자신의 블로그에 글을 쓰는 이들이 얼마나 되는지 물으면 그 수치는 항상 10퍼센트가 안 된다. 현재 블로그를 읽고 쓰는 사람들은 블로그 영역에서 다양한 전문성을 갖고 있다. 하지만 블로그를 읽지 않은 이들은 블로그와 블로그 활동에 대한 편견을 갖고 있다. 그래서 이 글은 이미 그것을 이해한 독자들에게는 양해를 구하고, 기본적인 것부터 다루고자 한다.

블로그는 단지 웹사이트일 뿐이다. 그러나 그것은 한 주제에 열정을 갖고 자신의 전문 영역을 세상에 말하고자 하는 사람들이 만들고 유지하는 특별한 종류의 사이트이다. 블로그는 늘 열정을 품고 세상과 소통하고자 하는 개인이 만들고 운영한다. 물론 여러 명이 함께 만드는 그룹 블로그도 있고, 심지어 한 부서 또는 회사가 운영하는 기업 블로그도 있다. 하지만 이런 것들은 흔하지 않다. 일반적으로 가장 인기 있는 형태는 개인 블로그이다.

블로그는 최신 자료 또는 글을 맨 앞에 두는 역시간순 소프트웨어를 사용한다. 블로그 게재물에는 꼬리표가 붙는다. 그 블로그의 선별된 정보 범주들 안에서 나타나도록 하고, 그 게재물의 콘텐츠 확인 장치를 포함시켜, 블로그 안에서 또는 검색 엔진을 통해 원하는 것을 쉽게 찾을 수 있도록 하기 위해서이다. 블로그를 만들기 위한 소프트웨어는 블로그를 사용하기 편하게 하는 것이 주된 기능이다. 즉 HTML(웹 문서를 만들기 위해 사용하는 프로그래밍 언어) 사용 경험이 전혀 없는 블로거도 작가가 될 수 있게 해주는 개인 '콘텐츠 관리 시스템'이다. 마이크로소프트 워드를 사용할 수 있거나 아마존에서 상품을 구입할 수 있다면 블로그 활동을 하기에 충분한 기술을 갖추었다! 나는 때때로 소규모 회사나 개인 사업가들에게 정규 웹사이트보다 블로그를 만들라고 제안한다. 정교한 기술이 부족한 이들에게는 블로그를 만드는 것이 훨씬 쉽기 때문이다. 오늘날 정규 웹사이트가 아닌 블로그만 가진 소규모 기업, 컨설턴트, 전문가들이 많이 있다.

블로그들 대부분은 독자들이 글을 남길 수 있도록 하고 있다. 그러나 블로거들은 적절하지 않은 글, 예를 들면 광고성 또는 모독성 글을 삭제할 수 있는 권리를 갖는다. 블로거들 대부분은 그들의 블로그에 올라온 부정적인 글들을 삭제하지 않고 참아준다. 나는 실제로 내 블로그에 올라온 반대 의견들을 좋아한다. 그것이 토론을 촉발시킬 수 있기 때문이다. 내 블로그에 올라온 나와 다른 의견들은 더없이 좋다! 이것은 꽤 가치 있게 활용될 수 있는 것을 포착하도록 도와준다. 메시지를 주고받는 것을 통제하기 좋아하는 전통적인 홍보 부서에게는 특히 그렇다. 나는 본래의 글보다 다른 견해를 나타낸 이들의 평가가 실제로 낫다고 굳게 믿는다. 왜냐하면 그들의 글은 한 이슈를 바라보는 두 가지 측면을 보여줌으로써, '당신의' 블로그에서 토론에 공헌하고 싶을 정도로 당신의 독자층이 열정적임을 부각시킴으로써 신뢰감을 더해주기 때문이다. 그것은 얼마나 신선한가.

>>웹 세계에서 블로그 이해하기

블로그는 온갖 것에 온갖 의견을 담는 독립적인, 웹을 기반으로 한 신문이다. 하지만 블로그를 읽지 않는 이들은 종종 이를 잘못 이해한다.

마케팅·홍보 전문가들뿐 아니라 언론인들도 블로그의 중요성을 놓치고 있다. 블로그를 잡지나 신문과 비교하려고 하기 때문이다. 그것이 그들에게는 편하다. 그러나 한 가지 관점을 띄워 올리는 블로거의 초점은 균형 잡힌 견해를 제공하려는 언론인의 목적과는 확연히 다르다. 내 경험으로 볼 때 블로그를 정기적으로 읽지 않는 이들은 이를 '나쁘거나' '틀린' 것으로 생각한다. 나름대로 큰 뜻을 품은 기자와 편집자들을 보라. 대학교에서 공부할 때 그리고 경력을 쌓을 때 그들은 조사하고, 확실한 취재원을 인터뷰해 기사거리를 만들어야 한다고 배운다. 언론인들은 자신의 의견을 직접 표현할 수 없고, 대신 그들의 견해를 뒷받침하는 전문가와 자료를 찾아야 한다고 배운다. 언론인의 자질은 공정성과 균형감이다.

블로그는 이와는 다르다. 블로그는 전문가와 무엇인가에 몰두해 있는 이들에게 웹을 기반으로 한 아이디어 시장에서 그들의 목소리를 낼 수 있는 아주 쉬운 길을 제공한다. 블로그에 올라오는 독립적인 제품 사용 후기와 서비스 질 관련 토론을 무시하는 회사들은 결코 살아남지 못한다. 인간적이고 진정성을 지닌 자체 블로그를 갖고 있지 않은 조직들은 블로그 세상에서 어떤 평을 듣는지 세심하게 살펴보는 많은 사람들로부터 점점 더 의심받는다. 그러나 수백만에 이르는 목소리들이 인터넷 공간 곳곳에서 외치고 속삭일 때 확신에 찬 주류 언론 매체와 홍보 담당자들은 여전히 냉담한 방어 자세를 취한다. 그러면서 다양한 웹의 중심 도로와 한갓진 길에서 나타나는 의견들을 무시해버린다.

많은 사람들이 블로그와 블로거들 고유의 역할을 이해하기보다는 블로그를 기존 세계관에 집어넣으려고 한다. 이 역할을 이해하지 못하는 사람들은 자주 "진정한 저널리즘이 아니다!"라고 비판하며 단순하게 반응한다. 그러나 블로거들은 결코 자신들이 진정한 언론인이라고 주장한 적이 없다. 불행히도 많은 사람들은 계속해서 웹을 무분별하게 확장된 온라인 신문이라고 생각한다. 그리고 이런 관점은 블로그 활동을, 언론인 및 홍보 담당자들의 의무와 부정적으로 비교하고 싶은 그들의 욕구를 정당화한다. 웹을 신문으로 비유하는 것은 적절하지 못하다. 특히 블로그를 이해하려고 할 때는 더욱 그렇다. 웹은 개인들을 모아놓은 거대한 도시, 블로그는 독립적인 목소리라고 생각하는 것이 적절하다. 그것은 구석진 골목의 임시 연단에서 설교하는 사람이나 좋은 책을 추천해주는 당신의 친구와 다를 바 없다.

지금은 잘 알려진 2004년 9월 사례를 생각해보라. 당시 블로그들은 한 이슈에 엄청난 영향력을 발휘했다. '메모 게이트' 또는 '래더 게이트'로 명명된 그 논쟁은 2004년 미국 대통령 선거 운동 기간 중 CBS의 시사 프로그램인 〈60분〉 보도로부터 비롯되었다. CBS는 부시 대통령이 군 복무 기간에 직무를 제대로 수행하지 못하고도 좋은 평가를 받았다고 주장했고, 이와 관련된 메모를 증거로 제시했다. 하지만 CBS는 그 메모가 진실된 것인지 적절하게 확인하지 않았다. 그로부터 불과 몇 시간 뒤에 뉴스 모임 사이트인 '자유 공화국'에서 중대한 사태가 벌어졌다. 그 사이트에 버크헤드(Buckhead)가 쓴 글이 게재된 것이다. 그는 〈60분〉의 앵커 댄 래더가 기사의 근거로 삼은 그 메모는 진실된 것으로 보기 어렵다고 주장[2]했다. 다음날 아침 버크헤드의 글에 '리틀 그린 풋볼'[3]과 '파워라인'[4]을 포함한 블로그들의 참여가 잇따랐다. 이들 블로그는 그 메모의 진실성에 의문을 제기했다. CBS가 블로거들을 "한밤중에 파자마 차림으로 타이프를 쳐대는 변태자 무리"로 여겨 내쫓는 며칠 동안 래더는 자기 입장을 고수했다. 물론 지금은 우리가 알고 있다시피 블로거들을 무시한 결과 래더는 일자리를 잃고 말았다. 그가 블로거들을 진지하게 대하고 즉각 그 메모의 진실성을 조사했다면 그 또한 그 메모가 거짓임을 빨리 알아냈을 것이다. 그 경우 그 일은 해명과 사과로 마무리되었을 것이다. 블로거들과 그들의 의견을 무시한 것은 명백한 실수였다. 그것이 몇 년 전의 일이다. 그 뒤 블로거들의 영향력이 훨씬 더 커졌음에도 언론사와 기업 홍보 부서들 내부에서는 그 사건과 비슷하게 블로그를 내치는 행동이 여전히 많다.

그렇다. 블로거는 언론인이 아니다. 전통적인 언론사 종사자와 기업의 홍보 담당자들은 실수를 저지른다. 이는 그들이 정보를 확산시키는 블로그의 실제 역할을 오해하기 때문이다. 웹을 도시에 비유한 관점에서 그것을 생각해보라. 술집에서 당신 옆자리에 앉아 있는 사람이 언론인이 아닐 수도 있다. 그러나 그는 무엇인가를 확실히 알고 있다. 그리고 그를 믿거나 말거나 함께 할 수 있다. 덧붙여 말하면, 웹을 도시로 여기는 것은 온라인 생활의 다른 측면들을 이해하는 데에도 도움이 된다. 1995년 크레이그 뉴마크(Craig Newmark)가 만든 온라인 장터 '크레이글리스트'는 모퉁이 가게의 입구에 붙은 게시판과 같다. 'e에비'는 중고품 염가 판매, '아마존'은 당신에게 조언해주려는 후원자들로 가득 찬 책방과 같다. '배꼽 아래'만 문제 삼는 웹의 성인 오락물로 인해 잘못된 면만 볼 뿐이다.

블로그에서 읽은 모든 것을 믿어야 할까? 천만에, 아니다! 그것은 길거리나 술집에서 들은 것을 모두 믿는 것과 다를 바 없다. 웹은 신문이라기보다는 도시로, 블로그는 개별 시민들의 목소리로 생각하는 것이 적절하다. 취재원을 고려하라. 낯선 사람들을 믿지 말라. 그리고 그 정보가 정부, 신문, 대기업, 의제를 가진 누군가로부터, 또는 막 세상을 뜨면서 당신에게 2,000만 달러를 주려고 하는 나이지리아 석유 장관의 전처로부터 왔는지 알아보라. 블로그와 블로거들은 이제 중요하고 가치 있는, 대안적인 정보원이다. 옆집 사람과는 다르다. 그것을 소금 한 알로 여기되 위험을 무릅쓰게 하는 것은 무시하라. 아무도 당신의 이웃을 신문과 똑같다고 말하지 않음을 반드시 기억하라. 마케팅 담당자와 홍보팀 직원들의 임무는 거기에 나와 있는 목소리들을 이해하는 일이다. 그리고 그들의 생각을 우리 자신의 것과 합치는 일이다. 다양한 조직들은 웹 도시에서 발견되는 수백만 가지 대화를 활용함으로써 엄청나게 부유해지고 성공할 수 있는 힘을 갖게 된다.

>> 마케팅과 홍보를 위한 블로그 사용법

블로그와 블로그 활동의 첫발을 내디딜 때 다음과 같은 세 가지 사용법을 유념해야 한다.

- 당신, 당신의 판매 시장, 당신의 조직과 제품에 대한 수백만 명의 평가를 쉽게 점검하는 법.
- 다른 사람들의 블로그에 글을 남겨 놓음으로써 이들 대화에 참여하는 법.

● 당신 자신의 블로그를 만들어 글을 실음으로써 대화를 시작하고 형성하는 법.

이 세 단계를 이용해 블로그 세계에 뛰어들 충분한 이유가 있다. 첫째, 사람들이 당신의 회사와 제품들뿐 아니라 당신의 판매 시장에 대해 말하는 것을 점검함으로써 중요한 블로거들, 그들의 온라인 목소리와 에티켓에 대한 감을 잡을 수 있다. 문자화되지 않은 블로그 활동의 법칙을 이해하는 것이 매우 중요하다. 그리고 그렇게 할 수 있는 가장 좋은 방법은 블로그들을 읽는 것이다.

다음으로, 당신이 있는 분야와 시장에 영향력 있는 블로그들에 논평이나 댓글을 남길 수 있다. 이로써 그 길에 들어선 당신은 다른 블로거들에게 알려지고, 자신의 블로그를 만들기 전에 나름의 견해를 제기할 수 있게 된다. 마지막으로, 블로그와 블로거들을 편하게 느낄 때 자신의 블로그를 만들어 뛰어들 수 있다.

내 경험으로 볼 때 기업의 홍보 부서는 블로그에 관심을 두더라도 그 회사를 다룬 이슈에만 초점을 맞추고 있다. 그러나 영향력 있는 블로거들이 있다는 사실과 그런 블로거들이 애독자 수천 명을 확보하고 있음을 안다면 블로그들을 점검하는 일 역시 중요하다. 좀더 인기 있는 어떤 블로그들은 주요 도시의 일간 신문보다 더 많은 독자층을 확보하고 있다. 홍보 담당자들은 《보스턴 글로브》 독자층에 관심을 둔다. 그렇지 않은가? 이제 그들은 비슷한 수의 독자를 확보하고 있는 블로그에 관심을 가져야 할 것이다. 조직 안에서 블로그 점검 분야의 전문가로 알려지면 당신만의 블로그를 만들 자격을 얻는 쪽으로 한발 더 나아간다.

>>블로그를 점검하라

"다양한 조직들은 이해 관계자들에게 무슨 일이 일어나는지 평가하기 위해, 기업의 대외적인 평판을 알아보기 위해 블로그를 사용한다"고 글렌 팬닉(Glenn Fannick)[5]은 말한다. 그는 다우존스 소속으로, 텍스트 발굴과 언론 매체 평가 분야의 전문가이다. "평판 관리는 중요하다. 또 매체 평가는 홍보 담당자들이 수행해야 할 핵심 분야이다. 많은 회사들은 이미 매체에서 무슨 일이 진행되는지 평가하고 있다. 이제 그들은 블로그에서 무슨 일이 진행되는지에 대해서도 평가해야 한다."

텍스트를 발굴하는 기술이란 수백만 개에 이르는 블로그들로부터 콘텐츠를 추출하는 것을 말한다. 그에 따라 당신은 사람들이 말하는 바를 읽을 수 있다. 더 정교하게 사용하면 그 기술로 흐름을 읽을 수도 있다. "당신은 수많은 블로그들을 세고, 단어와 문장들을 살피며, 전반적으로 언급되는 바를 살펴볼 수 있다"고 그는 말한다. "수많은 블로그와 거기에 실린 게재물들 때문에 당신은 반드시 관련 기술을 활용해야 한다. 블로그에서 사용 가능한 자발적인 글과 시장 정보가 전례 없을 정도로 많다. 그것은 흥미롭고도 비옥한 땅이다."

우선 모든 마케팅·홍보 담당자들은 블로그 검색 엔진에 접근해 그들 조직의 이름, 그들 제품과 서비스의 이름, 경영진 이름 같은 중요한 단어와 문구들을 입력해 질문해야 한다. '테크노라티'[6]는 뛰어난 블로그 검색 엔진이다. 그 엔진을 통해 당신은 그것이 추적하는 6,600만 개의 블로그들 중 무엇이 어떤 필수 정보를 갖고 있는지 즉각 볼 수 있다. 블로그에서 그들 또는 그들의 제품이나 분야, 그들의 판매 시장을 어떻게 평가하는지 파악하는 것을 소중하게 여겨야 한다.

더 현명한 마케팅 담당자들은 그 다음으로 트렌드를 분석하기 시작한다. 경쟁 제품에 견주어 당신의 제품이 블로그에서 중요하게 언급되고 있는가 아니면 하찮게 여겨지고 있는가? 당신의 회사를 바라보는 블로그 글들은 긍정적인가 아니면 부정적인가? 그 비율을 6개월 전과 비교할 때 차이가 있는가 그대로인가? "당신의 이해 관계자들이 생각하는 바를 중요하지 않다고 여기는 것은 순진한 발상"이라고 팬닉은 말한다. "블로그에 여러 의견이 제기되고, 이들 의견을 종합적으로 이해하는 것은 매우 중요하다. 당신의 제품을 평가할 때 당신만의 의견을 앞세워서는 안 된다. 그 제품을 사용한 이들이 어떻게 취급하는지를 기초로 결정해야 한다. 블로그 세상을 시장 정보의 원천으로 보는 것은 이제 기업들에게 중요하다."

블로그 안에서 당신의 조직에 관해 어떤 말이 오가는지 파악하는 데 전문가가 되어라. 마케팅 담당자들이 실제 소비자들의 솔직한 소감을 잡아내기에 지금보다 더 좋은 때는 없었다. 블로거들은 당신의 제품과 관련된 즉각적이고 자발적인 글들을 제공한다. 그리고 이 공짜 정보는 당신이 컴퓨터에 입력해주기만 기다리고 있다.

>> 블로거들, 백악관을 향하다

누가 당신의 회사, 제품들, 종사하는 분야와 시장에 대한 블로그 활동을 벌이는지 파악했다면 이는 곧 블로그들에 논평이나 댓글을 남겨야

함을 의미한다. 블로그들 대부분은 누구든 게재물에 평을 달 수 있게 하는 특징을 갖고 있다.

"젖소 목장을 꿈꾸는 시골 소년이 블로그, 야후 그룹, 사회적 관계망을 형성해주는 업체인 미트업, 웹사이트들을 다룬다는 사실은 놀라운 일이다." '드래프트 마크 워너' [7]의 회장 에디 래틀리프(Eddie Ratliff)는 이렇게 말한다. 그는 스티브 디크(Steve Deak)와 함께 드래프트 마크 워너를 설립했다. 드래프트 마크 워너는 버지니아 주지사를 지낸 마크 워너로 하여금 2008년 미국 대통령 선거에 출마하도록 촉구하는 일종의 풀뿌리 운동 단체였다.

":2004년 선거 당일 밤 드래프트 마크 워너 사이트에서 일하기 시작했고, 그것을 재빨리 구축했다"고 래틀리프는 말한다. "그 다음 전국 곳곳의 블로그들에 들어가 마크 워너와 관련된 글을 썼다. 당시 그는 버지니아 주지사로 일하고 있었다. 너무나 순식간에 사람들이 사이트에서 버지니아가 어떻게 미국에서 가장 잘 관리되는 주가 되었는지 자료를 찾아 읽었다."

래틀리프는 미국 대통령 선거 후보에게는 전국적인 온라인 지지 기반을 갖추는 것이 절대적으로 중요하다는 사실을 어느 누구보다 잘 알고 있다. 그와 그의 팀은 전국적인 지지자들과 함께 '마크 워너 대통령 만들기' 블로그[8], 야후 그룹 시리즈[9], '미트업스'[10]를 만들었다. 그리고 그들은 수백 개에 이르는 정치 블로그에서 워너를 지지하는 활발한 참여 전략을 수립했다. "우리가 하는 일이 얼마나 중요한지 과장하고 싶지는 않다"고 그는 말한다. "하지만 대통령 선거 후보가 추종자 없이는 이길 수 없다는 사실은 의심할 여지가 없다. 우리는 마크 워너에게 풀뿌리 추종자들을 안겨주는 그룹이었다. 우리는 전국 곳곳에서 캠페인을 벌였다. 우리는 그 계획을 완전히 마무리 지을 수는 없다. 하지만 사람들은 마크 워너라는 이름은 인식하게 될 것이다." 모든 블로그 게재물이 드래프트 마크 워너 조직의 직접적인 작업에 따른 결과는 아니었다. 그러나 최근 테크노라티를 점검해보면 마크 워너를 언급한 블로그가 만 개를 웃돈다.

래틀리프와 그의 팀은 수년에 걸쳐 지지층을 구축함에 따라 드래프트 마크 워너 조직은 독립적인 그룹, 즉 어떤 식으로든 마크 워너와 관련되지 않은 조직으로서 흥미로운 과제를 제시하고 있다. 래틀리프는 "크게 성공하고 있다"고 말한다. "따라서 더욱 조심해야 한다. 우리는 누구로부터 지시받지 않고 이것을 하기 때문이다. 나는 워너 주지사의 주장을 정리하는 사람들로 이루어진 온전한 팀을 갖고 있다. 그리고 그 주장을 문서화했다. 그러나 이 단계에서 블로그에 올리는 것은 주저한다. 실제 우리는 워너와 관계를 맺지 않고 있기 때문이다. 우리가 그의 주장을 짜 맞출 입장이 아니라고 생각한다."

드래프트 마크 워너는 비용을 조달하기 위해 기부금에 의존하고 있다. 그리고 워너는 점점 더 많은 온라인 풀뿌리 후원 조직을 구축하기 위해 돈을 쓴다. 그는 이렇게 말한다. "어느 시점에 사람들을 데려와 이메일에 답변하게 하고 각 주에서 이를 조직화해야 한다. 이제 우리는 약 38개 주에 조직을 갖추고 있다."

래틀리프는 후원 조직을 구축하기 위해 블로그를 어떻게 활용할지 이해하는 데 명수이다. 그는 "과거에는 선거 1, 2년 전에 선거 운동을 시작하는 것이 일반적이었다"고 말한다. "우리는 드래프트 마크 워너 사이트를 대통령 선거 4년 전에 출범시켰다. 미래의 선거 운동 조직가들은 이 모델을 채택할 것이라고 우리는 믿는다." 내가 래틀리프를 인터뷰했을 때 그 일은 시작되었고, 어떤 후보도 2008년 대통령 선거에 출마한다고 언급하지 않은 터였다.

"몇 번 만났을 뿐인 한 사람을 위해 2년 동안, 내 일이 아니면서도 누구보다 열심히 달려왔다"고 래틀리프는 말한다. "진정한 목적은 선거 운동을 지역의 유권자들과 더불어 하는 것으로 바꾸어놓는 데 있다. 그것이 중요하다. 일단 그가 입후보를 선언하면, 우리 조직의 많은 이들이 선거 운동에 활발하게 참여할 것으로 기대한다." 그룹을 조직화해 '마크 워너 대통령 만들기'로 이룬 래틀리프의 성공은 그에게 강력한 입지를 제공했다. 워너가 더 많이 알려졌기 때문이다. 블로그들과 인터넷을 통해 지지층을 구축함으로써 래틀리프는 워너가 수용할 수 있는 한계의 약 20배에 이르는 초청을 받고 있다고 평가한다. "연방 선거관리위원회 규칙은 그와 더불어 구체적인 행동을 조정하는 우리의 정치행동위원회를 허용하지 않기 때문에 우리는 그것을 넘겨주었으며 그가 이어받을 수 있기를 희망한다"고 그는 말했다. "그리고 이제 나는 중요한 사람들이 내게 접근할 수 있도록 해놓았다. 그들은 마크 워너에 더 가까이 다가갈 수 있기를 원하기 때문이다."

래틀리프는 "그 스스로 입후보할 때 한 개인이 무엇을 할 수 있는지 알게 되면 놀랄 것"이라고 말한다. "정치적인 전문성을 갖추지 않은 사람이라도 막대한 영향을 끼칠 수 있다. 내가 블로그나 웹 없이 이 일을 할 수 있는 길은 절대 없다. 자금을 모으고, 풀뿌리 후원자들을 뽑으며, 다른 조직들과 연계하기 위해 나는 인터넷을 사용한다. 우편과 팩스를 사용하던 시절에는 이런 일을 할 수 없었다. 블로그 활동과 웹이 얼마나 효과적인 방법인지는 《필라델피아 인콰이어러》에서 드래프트 마크 워너의 선거 운동이 추진력을 얻고 있다는 기사를 읽었을 때 분명하게 입증되었다."

온라인 정치 후원 분야의 전문가인 콜린 델러니(Colin Delany)[11]는 후원 그룹뿐 아니라 정치 후보자들을 위한 블로그 활동의 힘에도 역시 동감을 표시한다. "아무리 작은 조직이라도 정책에 영향을 끼칠 수 있는 정말 훌륭한 부분을 만들 수 있다"고 그는 말한다. "의견을 담은 블로그들은 중요하다. 블로거들은 자신의 블로그를 갖고 있는 후보들을 더 진지하게 고려하는 것 같다. 그들은 그 모임 회원인 후보에게는 조금 더 많은 보답을 해주는 것 같다."

드래프트 마크 워너의 사례는 다른 이들의 블로그에 댓글과 논평을 남기는 것이 얼마나 효과적인지 분명하게 보여준다. 비록 그것은 정치적인 사례이기는 하다. 그렇지만 글을 남겨 블로거들의 생각에 영향을 끼치는 비슷한 전략은 다른 조직들에도 효과적일 것이다. 다만 야바위꾼처럼 여겨지지 않으면서 그것을 이끌어내려면 블로그와 블로그 활동에 대한 에티켓을 지키는 것이 필수적이다. 그 블로그 게재물이 무엇을 말하는지에 집중하고 거기에 논평하라. 적절할 때 당신은 자신의 블로그 또는 웹사이트를 인접 정보로 지정하라.

래틀리프와 많은 마크 워너 지지자들에게는 너무나 안타까운 일이지만, 워너는 2008년 대통령 선거에 출마하지 않을 것이라고 선언했다. 내가 래틀리프, 델러니와 대화를 나눈 지 몇 달 뒤인 2006년 10월의 일이었다.

>>이메일 때문에 회사 기밀이 샌다?

17장에는 자신의 블로그를 시작하기 위해 갖추어야 할 모든 것이 나와 있다. 준비할 점을 이미 알고 있다면 블로그에서 무엇을 다룰지 결정하는 방법, 필수 소프트웨어, 당신만의 목소리를 찾는 방법, 다른 중요한 측면들을 알기 위해 자유롭게 앞으로 건너뛰어도 된다. 여전히 당신 자신 또는 조직을 위한 블로그를 검토중이라면 블로그 활동이 당신의 조직에 어울릴까 하는 두려움 때문에 주저할지도 모른다.

내가 업체들의 블로그 전략 개발 업무를 도와줄 때, 블로그를 허용하느냐, 또 다른 이들의 블로그에 댓글을 붙이는 것을 허용하느냐 하는 문제를 둘러싸고 조직 내부에서 당황해 하는 모습을 많이 보았다. 기업 내 블로그들에 관한 토론을 지켜보고 거기에 참여하는 일은 흥미롭다. 블로그들을 바라보는 회사 경영진의 태도는 너무나 경직되어 있었다. 이메일 때문에 회사 기밀이 외부에 노출될 수도 있다고 믿었던 때를 기억하는가? 단지 '핵심 직원들' 만 이메일 주소를 받았던 때를 기억하는가? 직원들이 공적인 인터넷과, 그것의 '검증되지 않은 정보' 모두를 자유롭게 이용하는 것을 걱정하던 때는 또 어떤가?

오늘날 블로그를 두고도 똑같은 토론이 반복된다. 기업의 울타리 한 쪽에서는 자문 변호사들이 블로그에 콘텐츠나 글을 입력할 때 직원들이 비밀을 노출할 것을 걱정한다. 다른 한편에서는 오늘날 만들어지는 많은 정보를 믿을 수 없다고 생각한다. '기업의 잔소리꾼들' 은 그들의 소박한 책임이 거대하고 무서운 정보의 세계 안에서 곤란에 빠지지 않는 것을 확인하고자 한다.

우리는 여기서 사람들에 관해 이야기하고 있다. 직원들은 어리석은 짓을 하곤 한다. 그들은 부적절한 이메일 또는 블로그 게재물을 보내고, TV 뉴스에 나오는 것들을 믿는다. 이런 상황에서는 토론의 초점을 기술이 아닌 사람들에게 맞추어야 한다. 예전의 기술 흐름 사례들에서 보았듯이 신기술을 막으려는 것으로는 답이 될 수 없다.

따라서 조직들에 대한 내 권고는 단순하다. 일터에서 할 수 있는 것과 할 수 없는 것의 기준을 만들어라. 그러나 특정한 블로그 활동 기준을 만들려고 하지는 말라. 기업 정책을 실행하기 위한 방법으로 다음과 같은 것을 제안한다. 직원들이 누군가를 성희롱하는 것, 비밀을 누설하는 것, 주식을 거래하거나 주가에 영향을 끼치려고 내부 정보를 이용하는 것, '어떤 매체를 통해 또는 어떤 방법으로' 경쟁자를 헐뜯는 짓을 할 수 없도록 하자는 것이다. 그 가이드라인은 이메일, 블로그 작성, 블로그·온라인 모임·채팅 룸에 댓글이나 논평 달기, 다른 형태의 커뮤니케이션까지 포함해야 한다. 블로그들에 가이드라인을 두는 것에 초점을 맞추기보다는 사람들의 행위를 지도하는 데 초점을 맞추는 것이 더 낫다. 그러나 늘 그렇듯이 걱정이 앞선다면 자문 변호사들과 함께 점검하라.

어떤 조직들은 모든 블로그는 개인적인 것이며, 거기에 표현된 의견들은 조직이 아닌 블로거의 것이라고 믿는다. 그렇게 블로그 활동에 창조적으로 접근한다. 그것이 좋은 태도이다. 나는 직원들이 블로그 활동 또는 댓글이나 논평을 달 수 없거나 블로그에 글을 게재하기 전에 기업 커뮤니케이션 담당자들을 통해 모든 블로그 글을 보내도록 하는 엄격한 명령과 통제 조처를 내리는 것에 동의할 수 없다. 자유롭게 드러내는 블로그는 사업의 중요한 부분이다. 따라서 전향적으로 생각하는 조직들일수록 블로그를 더욱 발전시켜야 한다.

>>맥도날드의 장벽 부수기

'금빛 아치'로 유명한 맥도날드는 세계적으로 높은 평가를 받는 브랜드 중 하나이다. 괄목할 정도로 성장하는 것은 그만큼 손쉬운 목표물이 된다는 의미이기도 하다. 맥도날드는 미국인의 비만, 쓰레기 문제는 물론 다른 사회적 해악들에 책임을 져야 한다고 목청을 높이는 사람들의 집중적인 비판을 묵묵히 견뎌냈다. 이름과 얼굴을 드러내지 않은 거대 조직들과 달리 맥도날드는 기업의 사회적 책임에 초점을 맞춘 '공개 토론'[12]을 개설해 블로그 활동에 뛰어들었다. 맥도날드의 사회적 책임 담당 이사인 밥 랜저트(Bob Langert)가 만든 그 블로그는 "현재와 미래를 위한 물고기 자원 보존"과 "환경을 생각하는 포장 디자인 만들기" 같은 제목을 단, 환경의 지속 가능성에 대한 글을 크게 다룬다.

그 블로그는 잘 작성되어 있고 최신 정보가 자주 추가된다. 그것은 기업을 대변하면서도 진정성이 있다는 느낌을 준다. 그는 '소개' 페이지에서 이렇게 말한다. "당신에게 어떤 사람, 프로그램, 그리고 맥도날드에서 기업의 사회적 책임을 현실화하는 프로젝트들을 소개하는 데 이 블로그를 활용하고 싶다. 세상의 다양한 분야에 있는 이해 관계자들과 관계를 맺으면서 당신과 동행하기 위해, 우리가 맞닥뜨리는 도전뿐 아니라 우리의 성과를 집중 조명하기 위해서이다."

그 회사는 또한 RSS를 통해, 애플의 아이튠즈 음악 가게·유튜브닷컴·구글 비디오를 통해 '당신이 모르는 맥도날드'를 출범시켰다. 이는 맥도날드 사이트에서 이용할 수 있는 비디오 팟캐스트 연재물이다. 그 연재물은 기회, 음식의 질, 공동체와 관련된 주제를 집중 조명한다.

스티브 윌슨(Steve Wilson)[13]은 맥도날드의 전 세계 웹 커뮤니케이션 담당 이사로 맥도날드닷컴의 기업 점유율을 관리하는 팀을 이끌고 있다. 2005년, 《E콘텐츠》 인터뷰에서 윌슨은 내게 이렇게 말했다. "인터넷은 맥도날드 같은 거대 글로벌 브랜드에 요구되는 정보의 역할을 크게 변화시켰다. 맥도날드가 고객들로부터 신용과 신뢰를 얻으려면 '블로그 활동' 커뮤니티에 참여해야 한다. 우리가 먼저 대화 통로를 구축하지 않은 채 블로그의 폭풍우에 뛰어들 수는 없다." 이는 거대 소비자 브랜드에서 비롯되는 블로그 활동에 대한 적절한 충고이다.

>> 우리가 미처 몰랐던 블로그의 힘

열정을 지닌 똑똑한 개인이 블로그로 할 수 있는 일은 너무나 많다. 사람들은 자신이 꿈꾼 직업으로 가는 길을 블로그로 개척해왔다. 록 밴드는 든든한 추종 세력을 구축하고 음반 계약을 따냈다. 그리고 기업들은 더 크고 자금력 있는 상대들과도 효과적으로 경쟁했다. '앨아크라'를 생각해보라. 이 회사는 사업 정보를 찾고, 모으고, 제출하는 금융 기관과 전문 서비스 업체들에게 온라인 기술과 서비스를 만들어 제공하고 있다. 늘 붐비는 전문적인 정보 서비스 분야에서, 직원 100명을 거느린 앨아크라는 직원이 4만 500명인 톰슨과 3만 6,500명에 이르는 라이드 엘세비에르 같은 큰 상대들과 경쟁한다. 앨아크라의 마케팅·커뮤니케이션 전략 중 중요한 부분은 일찌감치 온라인에 진출했다는 점이다. 그것은 기업 블로그와 기업 '위키'(사용자들이 공동으로 문서를 작성하고 추가할 수 있도록 한 웹 페이지 모음)였다.

"당신이 블로그에 보여주는 것, 그것이 바로 당신이다." 앨아크라의 최고경영자 스티브 골드스타인(Steve Goldstein)은 이렇게 말한다. "명성이 없는 것보다는 있는 것이 낫다. 앨아크라 블로그[14]는 우리 이름을 바깥에 알리는 길로서, 우리에게 확실히 가치가 있다."

그는 최고경영자들 중에서도 발 빠른 블로거였다. 앨아크라 블로그를 출범시킨 것이 2004년 3월이었다. "우리는 어떤 일이 벌어지는지 몰랐다. 그러나 그것을 시도해보고 싶었다"고 그는 말한다. "경쟁자들은 정말 거대하다. 블로그를 운영함으로써 나는 '우리' 회사에서 얼굴을 들 수 있었다."

골드스타인은 고객, 잠재적인 손님, 협력 업체들과 소통하는 수단으로 그의 블로그를 활용한다. 그는 구성원들에게 무엇인가를 빠르고 비공식적으로 이야기할 때 블로그를 사용한다. "공식적인 보도 자료에는 다루어지지 않는 직원들과 협력 업체들을 비롯한 회사의 흥미로운 면들을 집중 조명할 수 있다"고 그는 말한다. "그 블로그는 내부적으로도 중요하다. 우리는 런던에 사무소를 두고 있으며, 나는 직원들과 소통하기 위해 블로그를 사용한다."

재미있게도 출판업계에는 블로그 활동을 하는 이들이 별로 없다. 아마 출판업자들은 콘텐츠를 공짜로 뿌리는 것을 조심스러워하기 때문인 것 같다. 아니면 거대 출판업자들이 블로그를 경쟁상대로 느끼기 때문일 수도 있다. 그러나 골드스타인은 일찍부터 블로그를 시작해 정보 흐름을 장악함으로써 앨아크라보다 수백 배나 더 큰 거대 정보 회사들보다 앞자리에 설 수 있었다. "많은 출판업자들은 블로그 활동에 무엇을 해야 할지 잘 모르고, 실제 블로그 활동을 하는 이들은 극히 드물다"고 골드스타인은 말한다. "예를 들어 톰슨 또는 라이드 엘세비에르 같은 회사에서 블로그 활동을 하는 중역은 아무도 없다."

>> 오늘 당장 시작하라

모든 조직은 사람들이 그들을 뭐라고 이야기하는지 파악하기 위해 블로그들을 점검해야 한다. 내 블로그에서 한 회사와 제품을 언급할 때 대체로 그 조직으로부터 그 어떤 반응도 얻지 못한다는 재미있는 사실을 알게 되었다. 그러나 약 20퍼센트에 해당하는 사람들로부터 그 회사 또는 개인 이메일에서 내 블로그에 관한 논평이나 댓글을 받게 될 것이다. 블로그 세상을 점검하고 무슨 말이 오가는지 반응하는 회사는 20퍼센트 가량이다. 이미 그렇게 하지 않고 있다면 당신 또한 이런 일을 해야 한다.

많은 블로그 범주에서 '먼저 움직인 사람'이 혜택을 받는다. 블로그 읽기와 논평 또는 댓글 달기가 익숙해지면 당신 자신의 블로그를 시작하라! 그런 출발에 도움 되는 모든 정보를 17장에 담았다.

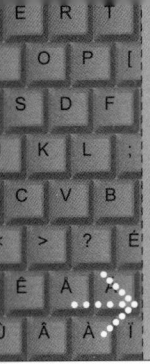

5장
뉴스 발표의 새로운 원칙들

>> **보도 자료의 감옥에서 벗어나**

1980년대 중반, 내 일자리는 월스트리트 거래 데스크에 있었다. 매일 일터에 나가 다우존스 텔레라텔(Teleratel)과 로이터 스크린을 지켜보곤 했다. 그것들은 전문적인 재무 자료, 경제 정보, 주식 가격을 보여주었다. 그 스크린들은 또한 뉴스거리를 보여주었고, 그 안에는 보도 자료가 있었다. 수십 년 동안 금융 시장 전문가들은 '비즈니스와이어', 'PR뉴스와이어'는 물론 다른 전자 보도 자료 배포 서비스들을 통해 전달된 자료에 대한 접근권을 갖고 있었다. 그것들은 공식적으로 거래되는 업체들만 위한 것이 아니었다. 어떤 회사의 발표 자료는 단 몇 초 만에 거래실에 나타나곤 했다.

주식 거래자들이 시장을 움직이는 어떤 징후를 포착하기 위해 뉴스와이어를 열심히 지켜보던 장면을 나는 또렷하게 기억한다. 때때로 보도 자료의 헤드라인은 열광을 불러일으켰다. "보았어? IBM이 소프트웨어 회사를 인수한다고!", "와이어 뉴스에 나왔어. 보잉이 싱가포르항공으로부터 비행기 20대를 주문받았다고!" 여러 해 동안 각 회사들이 펴낸 보도 자료의 내용에 따라 시장이 움직였고 주가가 오르내렸다. 이는 로이터나 다우존스, 나중에는 블룸버그 같은 뉴스와이어 특약점으로부터 건네받아 기자들이 몇 분 또는 몇 시간 뒤에 기사화한 것이 아니었다.

보도 자료는 기업, 정부 대행 기관, 법률 회사에서 일하는 전문가들도 이용할 수 있게 되었다. 이들 전문가는 뉴스에지, 팩티바, 렉시스넥시스 같은 서비스들을 통해 발표 자료 원문에 대한 접근권을 갖고 있었다. 이들 서비스는 수십 년 동안 모든 부류의 전문가들에게 경쟁적인 정보, 연구, 발견을 위한 발표 자료를 보내고 있었다.

물론 1995년 이후 웹의 광범위한 사용 가능성에 힘입어 인터넷 연결과 웹 브라우저만 갖추면 누구나 보도 자료를 공짜로 사용할 수 있게 되었다.

수백만 명이 언론 매체의 여과를 거치지 않은 보도 자료를 직접 읽는다. 당신은 그들에게 직접 이야기해야 한다.

이런 이야기를 하면 홍보 전문가들은 주장한다. "잠깐! 우리는 그 말에 동의하지 않는다! 홍보 역할과 보도 자료라는 도구를 사용하는 것은 언론 매체들과 소통하기 위해서이다." 이런 고정관념을 깨뜨린 대표적인 사람이 스티브 루벨(Steve Rubel)이다. 그는 홍보 대행사 '쿠퍼카츠'의 부사장이자 세계적으로 영향력 있는 홍보 블로거이다. 그는 그의 블로그에 "고객에게 직접 다가가는 보도 자료 맛보기"[1]라는 제목의 글로 보도 자료에 대한 내 생각에 반응했다.

전통적인 홍보 담당자들의 입장을 들어보자. '미국 PR협회'[2]에 따르면 "홍보는 사회적인 존재들 사이에서 호혜적인 관계를 윤리적으로 강화하는 전문적인 훈련이다." 1988년 이 협회는 가장 많은 인정을 받고 널리 사용되는 홍보의 정의를 공식 채택했다. "홍보는 한 조직을 돕고, 조직 구성원들은 서로에게 상호 적응한다." 이 표현에 언론 매체를 언급한 곳은 어디에도 없다. 홍보는 당신의 고객에게 다가가는 것에 관한 문제이다.

내 생각에 홍보 전문가들은 세상에 알려지지 않는 것을 두려워한다. 그들은 소비자들과 직접 소통하는 법을 이해하지 못한다. 그리고 대변자인 언론을 이용하는 것 말고는 그 어떤 선택도 할 수 없었던 과거에 머물러 있고자 한다. 홍보 전문가들은 수천만 명이 그들의 발표 자료를 직접 읽는 권한을 갖는 것을 원하지 않는다. 열 명 남짓한 기자들로 제한된 청중을 고려하는 것이 더 쉽다. 하지만 이런 주장은 사실이 아니다. 오히려 많은 사람들을 상대한다는 두려움을 가리려는 변명일 뿐이다. 어떤 조직이 언론 매체의 여과 장치를 거치지 않고 발표 자료를 통해 고객들과 직접 소통해서는 안 될 이유가 없다.

분명히 '보도 자료(press release)'의 첫 번째 단어는 어떤 사람들, 특히 홍보 전문가들을 밀쳐 낸다. 나는 이 주제를 다룬 '국제 온라인커뮤니케이션담당자협회'[3]의 오프라인 토론회에서 사회를 맡았다. 사람들은 이 협회의 블로그[4]를 통해 소비자에게 직접 전달되는 발표 자료를 논평했다. 논쟁에 참여한 전문적인 커뮤니케이션 담당자들 수십 명은 소비자들에게 맞춘 발표 자료는 '뉴스 발표 자료(news releases)'라고 불러야 한다는 데 합의했다. 이것은 내게 더없이 유익하게 들린다. 따라서 지금부터 소비자들에게 직접 전달되는 자료는 뉴스 발표 자료라고 부를 것이다.

>>웹 세상을 이끄는 뉴스 발표 자료

언론 매체들은 일방적이었다. 웹은 그 원칙을 바꾸었다. 고객들은 당신의 뉴스 발표 자료를 직접 읽는다. 따라서 당신은 그들의 어투로 말해야 한다. 오늘날 정통 마케팅·홍보 전문가들은 고객들에게 직접 다가가기 위해 뉴스 발표 자료를 이용한다. 1장에서 언급했듯이, 이 말은 언론 매체 관계가 더 이상 중요하지 않음을 의미하는 것은 아니다. 주류 언론 매체와 업계 전문지는 전반적인 커뮤니케이션 전략에서 당연히 중요하다. 어떤 시장에서는 주류 언론 매체와 업계 전문지가 '결정적으로' 중요하다. 물론 언론 매체는 콘텐츠 일부를 뉴스 발표 자료에서 끌어낸다.

그러나 당신의 주요 고객은 더 이상 소수 저널리스트들만이 아니다. 당신의 고객은 인터넷 링크와 검색 엔진, RSS 독자들에 대한 접근권을 갖춘 수백만 명이다. 여기 소비자에게 직접 다가가는 새로운 매체 원칙들이 있다.

>> 뉴스 발표 자료의 새로운 원칙들

- '빅 뉴스'가 있을 때만 뉴스 발표 자료를 보내지는 말라. 언제나 발표 자료를 보낼 적절한 이유를 찾아라.
- 극소수 저널리스트들을 타깃으로 삼는 대신 당신의 고객에게 직접 호소하는 뉴스 발표 자료를 만들어라.
- 핵심 단어가 많은 기삿거리로 발표 자료를 써라.
- 소비자들이 당신의 발표 자료에 어떤 식으로든 반응하도록 하는 장치들을 포함시켜라.
- 당신의 웹사이트 랜딩 페이지로 잠재 고객을 데려다 줄 링크를 발표 자료에 집어넣어라.
- 검색과 브라우징, 즉 훑어보기를 쉽게 할 수 있도록 하라.
- '테크노라티', '디그(Digg)', '딜리셔스(del.icio.us)'를 위한 꼬리표를 붙여 당신의 발표 자료가 검색될 수 있도록 하라.
- 뉴스 발표 자료를 통해 사람들을 판매 과정으로 이끌어라.

뉴스 발표 자료를 사용하는 방법을 근본적으로 바꾸어야 한다. 한때 초라했던 이 매체를 당신 뜻대로 가장 중요한 직접 마케팅 도구로 변화시켜라. 그럼으로써 그 매체를 뒷받침하는 이런 특정 전략들을 적극 활용하라. 그러면 당신은 고객들이 구입하고자 준비한 바로 그 시점에 그들을 직접 당신의 제품이나 서비스 쪽으로 이끌고 오게 될 것이다.

≫당신을 찾아내면, 그들은 올 것이다

2005년 후반, 나는 소프트웨어 마케팅 전망 회의와 관련 전시회[5]에서 '당신의 판매 사이클을 단축하라'는 내용의 기조연설을 준비하고 있었다. 연설 내용은 더 많은 수익을 더 빨리 내는 마케팅 프로그램을 만드는 방법에 관해서였다. 솔직히 말해 얼마쯤 꾸물거렸다. 파워포인트 파일이 텅 빈 것을 알고 구글에서 영감을 얻기로 결심했다.

"판매 사이클을 가속화하라"는 문구를 집어넣었다. 설명회에서 사용할 수 있는 흥미로운 자료가 있는지 알아보기 위해서였다. 이 문구에 가장 높은 순위로 제시된 것들의 출처는 온라인 서비스를 제공하는 '웹엑스'였다. 내게 가장 흥미로웠던 것은 웹엑스 사이트[6]에 있는 링크가 뉴스 발표 자료를 가리킨다는 사실이었다. 그렇다. 구글 검색 결과의 맨 위에는 새로운 웹엑스 제품과 관련된 뉴스 발표 자료가 있었다. 그리고 바로 거기, 뉴스 발표 자료의 첫 번째 문장은 내가 찾던 "판매 사이클을 가속화하라"는 구절이었다.

웹엑스, 판매 센터를 출범시키다

판매 과정을 향상시키고, 판매 사이클 전반에 걸쳐 잠재 고객들을 끌어들이며, 관리자들이 웹 판매 실적을 점검하고 평가해줄 수 있게 한다.
(2004년 9월 20일, 캘리포니아 산호세) 주문형 협력 응용 프로그램들을 제공하는 선도 업체 웹엑스 커뮤니케이션즈는 오늘 웹엑스 세일즈 센터를 출범시켰다. 이 새로운 서비스는 온라인 판매 주문을 뒷받침함으로써 판매 사이클을 가속화하고 승률을 높이며 더 많은 거래 건을 처리할 수 있도록 해준다.

그 다음, 구글 뉴스[7]로 가서 똑같은 문구를 점검해보았다. 웹엑스는 최신 뉴스 발표 자료를 갖춘 구글 뉴스 검색에서도 1순위 자리를 차지하고 있었음은 물론이다. "응용 프로그램 통합 산업의 선도업체 웹엑스는 응용 프로그램으로 마케팅 및 판매 과정을 최적화한다." 웹엑스 소비자를 다룬 그 뉴스는 PR뉴스와이어[8]를 통해 전달되었다. 그리고 추가 정보를 제공하는 웹엑스 사이트로 이어지는 직접적인 웹 링크를 갖고 있었다. 웹엑스는 또한 그들 서비스에 대한 시범 주문을 무료로 할 수 있도록 일부 뉴스 발표 자료에서 링크들을 직접 제공했다. 얼마나 신선한가.

"그것이 바로 우리의 전략" 이라고 콜린 스미스(Colin Smith) 웹엑스 홍보 담당 이사는 말한다. "구글과 뉴스 키워드는 매개체인 뉴스 발표 자료를 변형시킨다. 특히 뉴스 발표 자료는 최종 사용자, 그리고 그들에게 호소하는 회사들 양쪽을 이어주는 거대한 통로라고 생각한다."

내가 웹엑스를 찾은 것은 확실히 우연한 일은 아니었다. 스미스가 검색을 위해 최적화시켜 놓은 문구 위에서 검색했다. 그의 연구 조사 결과는, 웹엑스가 제공하는 커뮤니케이션 서비스의 고객들은 "판매 사이클을 가속화하라" 라는 문구로 검색하고 있음을 보여주었다. 따라서 내가 그 문구에서 검색했을 때 웹엑스는 맨 앞 순위에 있었던 것이다.

그처럼 웹엑스는 뉴스 발표 자료를 최적화해온 회사들 중 대표적인 사례였다. 그리고 웹엑스는 그런 노력에 힘입어 커다란 혜택을 입었다. 웹엑스는 이미 온라인에 접속한 소비자들, 그리고 나처럼 그 회사의 가치를 다른 이들에게 말해주는 사람에 대한 정보를 손에 넣음으로써 고객층을 추가로 확보했다. 나는 만 명을 웃도는 마케팅 · 웹 콘텐츠 전문가와 경영진들을 대상으로 한 여러 강연에서 이 사례를 자주 활용했다. 또 그것은 〈홍보 전자책의 새로운 원칙들〉의 일부로 20만 번 이상 다운로드되었다. 그리고 지금 당신은 또한 그것을 읽고 있다.

"보도 자료는 죽었다고 사람들은 말한다." 스미스의 말이다. "소비자에게 직접 다가가는 뉴스 발표 자료라면 그것은 사실과 다르다." 스미스가 고객들에게 직접 다가가는 뉴스 발표 자료 전략을 개발할 때, 그는 이 진화하면서도 매우 생기 넘치는 매체를 위한 글쓰기와 홍보 기술을 가다듬어야 했다. "매우 짜임새 있는 발표 자료 쓰기 방법을 배웠다"고 그는 말한다. "하지만 이것은 변했다. 핵심 단어와 문구가 갑자기 중요해졌고, 인터넷의 규모와 범위가 최종 사용자들에게 통로를 열어주었다."

스미스는 핵심 단어들이 그의 글쓰기 방법을 압도하도록 하지는 않는다. 그러나 그는 핵심 단어와 문구들을 알아내려고 하며, 가능하면 발표 자료에 핵심 문구를 끼워 넣는다. "핵심 단어 하나가 모든 것을 결정한다고 생각하지는 않는다. 하지만 핵심 문구들의 힘은 대단하다"고 그는 말한다. "만일 사람들이 특정 내용을 검색하거나, 우리 발표 자료에 들어 있는 회사 이름들로 무엇인가 찾고 있다면 그 다음으로 우리 뉴스 발표 자료를 만나게 될 것이다."

>>고객을 판매 과정으로 끌어들이기

스미스는 최종 사용자에 초점을 맞춘 뉴스 발표 자료에 그가 웹엑스를 겨냥해 정교하게 만든 제품 정보를 담을 때 주의를 기울인다. "우리는 사람들에게 무엇이 중요한지 생각하게끔 한다"고 그는 말한다. "우리는 그 발표 자료에 그 제품에 관한 무료 시범 주문 항목을 덧붙인다." 웹엑스가 내놓는 발표 자료의 약 80퍼센트는 제품 또는 소비자와 관련된 내용이다. 웹엑스는 주식회사이기 때문에 나머지 20퍼센트는 수익 발표 자료와 정기적인 발표 자료들이다. "웹엑스는 최종 사용자들의 이야기를 모아 놓은 거대한 혼합물"이라고 그는 말한다. "사람들은 왜 당신이 웹 모임을 필요로 하는지 알고 있다. 따라서 뉴스 발표 자료의 활용에 대해 이야기하는 것은 쉽다."

웹 모임 이야기는 그 제품의 범주를 모르는 이들에게조차 필수적이다. 이 때문에 스미스는 전염성 마케팅 소문을 만드는 방법 또한 모색한다. 예를 들어 그는 뉴스에서 웹엑스 온라인 협력 체제를 필요로 하는 주요 사건들에 주의를 기울인다.[9] "우리는 '빅 딕 터널'을 폐쇄한 결과 보스턴 시의 교통이 몹시 혼잡했던 그 시간에 제한적인 무료 서비스를 제공했다. 우리는 뉴욕시의 임시 파업 때도 똑같이 했다." 스미스는 사람들이 이런 비상 상황에서 웹엑스 서비스를 원한다는 사실을 잘 알고 있다. 무료 서비스 제공은 때때로 미래의 충직한 고객들을 창출한다.

웹엑스의 경우 소비자에게 직접 전달되는 뉴스 발표 자료는 '마케팅 믹스(종합적인 마케팅 전략)'의 중요한 요소이다. 스미스는 이렇게 말한다. "우리는 경로를 추적한다. 그리고 우리는 발표 자료에서 무료 시범 서비스로 옮겨 온 이들이 얼마나 되는지 볼 수 있다." 그 수치는 중요하다. 그러나 그런 성공에는 위험 또한 도사리고 있다. "우리는 뉴스 발표 자료 채널을 남용하고 싶지 않다"고 스미스는 말한다. 그는 또한 매체와 관계를 맺는 전략을 갖고 있으며 뉴스 발표 자료는 그 일부라고 설명한다. "언론인들이 우리 뉴스 발표 자료를 흥미롭게 여기기를 바란다. 아울러 소비자들에게 무료 시범 서비스를 제공하고 싶다."

웹엑스는 회사 주가의 움직임을 점검하는 금융 시장 참여자, 웹엑스 제품과 서비스와 관련된 기사를 쓰는 언론인, 그리고 웹엑스가 제공해야 하는 것을 찾고 있는 소비자를 비롯한 모든 구성원들에게 호소하는 뉴스 발표 자료를 매우 잘 활용한다. 웹엑스 및 그와 같은 수천여 개의 혁신적인 조직들은 소비자에게 직접 전달되는 뉴스 발표 자료를 활용하는 전략이 효과적임을 잘 보여준다.

>> 고객에게 직접 다가가라

예전의 원칙에서는 '바깥에 선보이는' 유일한 방법은 뉴스 발표 자료가 언론 매체에 '선택되는' 것뿐이었다. 우리는 먼 길을 걸어왔다. 인터넷 웹은 모든 종류의 회사, 비영리 조직, 선거 운동, 개인, 종교 단체, 록 밴드까지 '제때 딱 맞는' 에디터로 변모시켜 왔다. 에디터 성격을 띠는 이들 조직은 '언론 매체'의 개입 없이 고객의 스크린 위로 직접 유용한 정보를 전하는 뉴스 발표 자료를 만들었다.

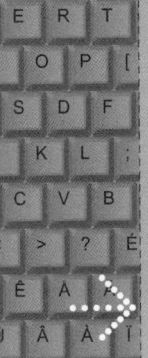

6장
팟캐스트를 통한 음성 콘텐츠 전달

>> **팟캐스트, 듣고 싶은 것을 들려주다**

웹에서의 오디오물은 새로운 것이 아니다. 오디오 작품은 초창기부터 웹에서 이용할 수 있었다. 그러나 최근까지 음성 파일은 거의 사용되지 않았다. 찾기 어렵고 훑어보기가 불가능하기 때문이었다. 또 정기적인 업데이트가 쉽지 않았기 때문이기도 하다. 그 결과 파일 대부분은 한 시간을 웃돌 정도로 길었고 사람들이 실제 듣지 않고는 그 안에 무엇이 있는지 알 도리가 없었다.

두 가지 발전 때문에 정지 상태의 음성 다운로드에서 '팟캐스트'(아이팟과 방송의 합성어로, 오디오 또는 비디오 파일 형태로 콘텐츠를 제공하는 것) 같은, 청취자들에게 매우 귀중하고, 조직들에게는 마케팅 수단으로 특히 귀중한 라디오 방송국으로 바뀌는 변화가 일어났다.

첫 번째 발전은 RSS 기능에 음성 자료와 인식표를 붙이는 기능이었다. 이는 음성 자료를 신청한 청취자들로 하여금 새로운 업데이트 자료 배포 직후 곧바로 다운로드할 수 있게 해주었다. 음성 콘텐츠를 통째로 다운로드할 필요가 없어진 대신 연속적인 오디오 작품 시리즈가 제공되면서 방송 개념이 시작되었다. 방송 주관자들은 자신의 방송을 라디오에서 본떠 특정 청취자들에게 제공하는 특정 주제의 콘텐츠를 만들었다. 그러나 팟캐스트 사업 모델은 공중파 라디오와는 전혀 다르다. 라디오 주파수 대역은 단지 특정한 방송국들만 뒷받침할 수 있다. 또 라디오 신호의 범위는 지리적으로 제한되어 있다. 방송 주관자들은 라디오의 기술적 기반을 뒷받침하고 비용을 충당하기 위해 거대한 청취자층과 많은 광고, 또는 공영 라디오의 경우 후원자들이 필요하다. 이와 달리 인터넷 음성 팟캐스트 서비스는 기본적으로 무료이다. 방송을 주관하는 데 드는 최소한의 비용과 일부 값싼 장비만 들이면 된다. 팟캐스트 방송은 전 세계 청취자들이 이용할 수 있고, 수백만 명에게 방송을 직접 만들고 들을 수 있는 기회를 준다.

두 번째 주요한 발전은 아이튠즈를 통해 이들 팟캐스트 자료들을 이용할 수 있게 되었다는 점이다. 이제 모든 아이팟 사용자들은 자료를 간단하게 신청할 수 있다. 보통은 비용을 별도로 부담하지 않는다. 그 다음 그들이 언제든 아이팟을 컴퓨터에 접속하면 자동 내려 받기를 신청함에 따라 새로운 방송 프로그램이 아이팟에 복사된다. 출퇴근하면서 아이팟을 듣는 이들 또는 아이팟을 들으며 일하는 이들은 그들이 특별하게 선택한, 정기적으로 업데이트되는 무수한 틈새 방송에 즉각 접근할 수 있다. 팟캐스트 덕분에 사람들은 주류의, 히트곡에 이끌리는 공중파 라디오의 '횡포'로부터 자유로워져, 특정한 관심사를 기초로 한 방송을 청취할 수 있다.

잠깐 뒤로 물러나 살펴보자. '팟캐스팅'이라는 용어가 일부 사람들을 혼란스럽게 한다. 팟캐스트는 단순히 RSS 자료에 연결된 음성 콘텐츠이다. 그 매체가 반드시 '아이팟' 일 필요는 없다. 그 용어가 파생된 것이 그 때문이기는 하지만. 당신은 아이팟 또는 다른 MP3 플레이어에서, 아니면 당신의 컴퓨터에서 직접 팟캐스트를 들을 수 있다. 반드시 아이팟이 필요한 것은 아니다.

이제 마케팅 담당자들은 음성 콘텐츠를 효율적으로 만들고 수신을 원하는 이들에게 전달할 수 있는 도구를 갖고 있다. 마케팅 담당자들은 그들의 고객층에게 특별히 초점을 맞춘 방송을 쉽게 개발한다. 또 정기적으로 새롭게 만든, 고객들에게 유용하고 환영받는 콘텐츠를 전달한다. 틈새시장에 호소하고 사람들이 듣기 원하는 음성을 전달함으로써 조직은 선도 역량가로 떠오르며 구매하려는 청취자들로부터 맨 먼저 선택받는다.

>> 음악가 스스로 마케팅을 좌우하다

음악은 롱 테일 비즈니스의 고전적인 사례이다. 웹 출현 전, 주요 상표를 갖고 있지 않았던 밴드들은 전국적인 또는 세계적인 관심을 끌 수 있다는 희망을 품을 수 없었다. 그들이 할 수 있는 최선이란 한 도시나 한 지역에서, 또는 특정 대학교 학생들 같은 한정된 시장을 대상으로 청중을 구축하는 일이었다.

그러나 팟캐스트 서비스를 보자. 이제 단순하고 사용 간편한 한 장비만 있으면 누구나 라디오 방송국을 세울 수 있고 아이튠즈를 비롯한 배급 서비스를 통해 즉각 전 세계에 퍼뜨릴 수 있다.

조지 스마이스(George L. Smyth)는 '일렉트릭 믹스' 팟캐스트[1]를 관리하고 있다. 여기서 그는 청취자들이 새롭고 다양한 음악에 마음을 열게 하는 동시에 좋아하는 밴드들을 적극적으로 홍보한다. 이 사이트는 명확하게 절충주의를 표방한다. 사람들이 그의 선택을 확실하게 이해하도록 하기 위해서이다. '다양한 원천, 다양한 시스템, 다양한 방식에서 최선으로 보이는 것을 선택하는 일'을 목표로 삼고 있다.

"각 방송에서 한 음악가를 뽑아 그의 음악을 집중 조명한다"고 스마이스는 말한다. "고전에서 펑크까지 글자 그대로 어떤 것이라도 틀어준다. 음악에 대한 관심은 대학 시절로 거슬러 올라간다. 당시 나는 레코드를 테이프에 복사해 친구들과 바꾸어 듣곤 했다. 그리고 한동안 음악에 대한 흥미를 잃어버렸다. 그러나 얼마 전, 정말 훌륭한 음악이 있고, 그것을 테이프보다 더 많은 사람들과 공유할 수 있음을 알게 되었다." 그는 팟캐스트 서비스가 음악의 얼굴을 어떻게 바꾸어 놓았는지 누구보다 잘 알고 있고, 그 분야의 전도사이다. 그는 "팟캐스트 음악 서비스는 25세 이하 청취자들 덕에 매우 성공적"이라고 말한다. "사람들은 팟캐스트 서비스 덕에 뛰어난 실력을 갖추었음에도 두드러진 브랜드를 확보하지 못한 그룹들의 음악을 들을 수 있다. 예전에는 선택할 수 없었지만 이제는 선택의 여지가 넓다. 사람들은 다양하고 자기에게 맞는 음악을 듣고자 한다. 일단 들어보면 그것을 좋아하고 티켓을 구입하거나 아이튠즈의 음악 다운로드에 돈을 내고 싶을 것이다. 많은 밴드들은 CD로는 큰돈을 벌지 못한다. 따라서 그들은 사람들이 공연장에 와주기를 진정으로 바란다. 하지만 작은 밴드들로서는 감당하기 어려울 만큼 큰돈이 든다."

스마이스는 그의 팟캐스트에서 저작권과 허가 문제에 주의를 기울이고, '팟세이프 음악'(음악가가 팟캐스트에 사용을 허용한 음악)만 사용한다. 유명한 밴드들일수록 보통 팟캐스트 서비스를 허용하지 않는다. 더 정확히 말하면, 그들의 레코드 브랜드가 그것을 허용하지 않는다. 그러나 많은 독립 음악가들은 팟캐스트를 통해 그들의 음악을 적극 홍보해주는 스마이스 같은 사람들뿐 아니라 팟캐스트 서비스를 적극 활용한다. "나 같은 팟캐스트 운영자들이 함께 일하기 편한 그룹을 꼽으라면 엉클 세스(Uncle Seth)를 들고 싶다"고 스마이스는 말한다. "엉클 세스는 인디 밴드이지만 그들은 장르를 넘나들고, 나는 그들의 음악을 틀어주는 것을 좋아한다."

토론토에서 활동하는 밴드인 엉클 세스의 멤버이자 작사가인 제이 무나(Jay Moonah)는 이렇게 말한다. "팟캐스트 운영자는 무엇인가 다른 유형의 인간이다. 그들은 당신과 나처럼 그렇게 다르다. TV와 상업 라디오, MTV에 소속된 사람들은 높은 곳에서 일하고 말한다. 팟캐스트 서비스는 다르다. 우리가 일렉트릭 믹스의 조지 스마이스 같은 팟캐스트 운영자들로부터 팬을 확보했다는 것은 기분 좋은 일이다. 그들이 우리 음악을 들려줄 때 흥미를 느낀다. 그리고 그 다음 내가 그들에게 이메일을 보내면 대화를 나눌 수 있다는 것이 더없이 신나는 일이다." 팟캐스트 서비스로 앞서 나가는 엉클 세스 같은 인디 밴드들은 폭넓은 배급망을 통해 많은 혜택을 입는다. 그리고 그것은 새로운 팬을 만든다.

음악 애호가들에게 보내는 편집자 비망록: 조니 미첼의 곡을 경쾌하게 바꾼 엉클 세스의 2006년 싱글 앨범 〈Both Sides, Now〉—아이튠즈에서 이용할 수 있는—의 반응은 경이적이었다.

무나와 엉클 세스는 다른 팟캐스트 운영자들과 함께 작업할 뿐 아니라 자신들의 팟캐스트[2]도 관리한다. 각각의 삽입곡에서 그 밴드는 토론하고 괴짜 같은 주제들을 논의한다. 또 다른 곳에서는 이용할 수 없는 그들만의 전문적인 음악 이야기를 들려준다. "그 쇼가 재미있는 것은, 단지 음악에 머무는 것이 아니라 추가로 의미 있는 노력을 한다는 점"이라고 무나는 말한다. "우리는 그것에 우리만의 개성을 넣기를 원한다. 그래서 우리가 사들였던 초창기 레코드들을 알려주는 방향으로 가고 있다."

무나 세스(Moonah Seth)는 "팟캐스트 서비스는 사회적 네트워킹의 진정한 한 부분이 되었다"고 말한다. "기술적인 측면에서는 오래 전부터 팟캐스트 서비스를 활용할 수 있었다. 그러나 우리에게 사회적인 측면은 너무나 훌륭하다. 밴드와 다른 조직들은 음악과 커뮤니티로 묶어 그들을 함께 섞어놓는다. 예를 들어 '캐나다 잼 밴드'[3]라는 커뮤니티가 있다. 거기서 우리는 많은 친구들을 만났다. 다른 온라인 커뮤니티들처럼 그것은 그와 연계된 실제 세계의 커뮤니티를 갖고 있다."

팟캐스트 서비스와 음악 웹사이트들로 전문성을 지니자, 무나는 팟캐스트 서비스 전략에서 벗어나 밴드, 레코드 회사, 다른 음악가들과 함께 작업하는 부가 사업을 벌였다. "캐나다에서는 특히 음악가로서 생계를 이어가기가 힘들다"고 그는 말한다. "그 사업들을 음악과 컨설팅 그룹에 결합시키는 일, 그리고 팟캐스트 서비스가 내게는 더없이 효과적이다."

그는 "사람들이 팟캐스트 서비스에 그렇게 많은 유용성이 있음을 이해하는 것이 나로서는 좋다"고 말을 잇는다. "그것은 본격적인 일이지 아이들의 장난이 아니다. 그래서 관련 매니저와 레코드 회사 관계자들에게 다른 팟캐스트들을 들어보기 전에는 자신의 팟캐스트에 뛰어들지 말라고 충고하고 싶다. 당신이 좋아하는, 당신이 상대할 수 있는 팟캐스트들을 찾아보라. 그리고 당신의 음악을 그들에게 내보여 널리 퍼지도록 하라. 그런 다음 당신 자신의 팟캐스트를 만들고 싶다면 자신이 원하는 것이 무엇인지 생각하라. 그것을 효과적으로 만든 사람들은 그 점을 이해하고 있다. 밴드로서 당신은 팟캐스트들을 통해 라디오와 겨룰 수 있다. 당신이 몇몇 팟캐스트들에 진입할 수 있기 때문이다. 그러면 사람들은 라디오 재방송처럼 당신의 음악을 수차례 들을 것이다."

>>음악 그 이상의 음악, 팟캐스트 서비스

팟캐스트 서비스를 언급한 스마이스와 무나의 충고는 단지 음악가들뿐만 아니라 고객에게 직접 다가가기를 원하는 모든 조직에 두루 중요하다. 팟캐스트 서비스는 오디오를 통해 가장 잘 전달되는 콘텐츠에, 또는 오디오 콘텐츠 듣기를 선호하는 고객들에게 필수 불가결하다. 정치인과 종교 단체를 예로 들어보자. 그들은 후원자 그룹이 연설과 설교를 현장에서 들을 수 없을 때 팟캐스트로 그들의 목소리를 들을 수 있도록 한다.(18장에서 자신의 팟캐스트를 구축하기 위한 팁을 포함해 팟캐스트 서비스를 더 많이 배우게 될 것이다.)

음악의 팟캐스트 서비스는 라디오와 유사한 매체에 주어진 명백한 선택 사항으로, 모든 마케팅 담당자들은 음악 사업이 팟캐스트를 활용하는 데에서 배울 점이 많다. "팟캐스트 서비스는 10년 전의 인터넷을 거의 정확히 반영한다"고 스마이스는 말한다. "10년 전에 나는 사람들에게 웹을 말하며 본보기 사이트들을 구축했다. 그러나 그 다음 몇몇 거대 기업들이 웹에 뛰어들었다. 팟캐스트 서비스의 진화에서 똑같은 것을 본다. 미국 공영 라디오 방송인 NPR 같은 일부 큰 조직들이 뛰어들고 있다."

더 큰 콘텐츠 마케팅 전략 중 한 요소로서 팟캐스트 서비스는 마케팅 믹스에서도 점점 더 중요한 부분이 되고 있다. 예를 들어 소비자 서비스 부서들은 점차 '구체적인 방법'에 관한 팟캐스트 시리즈물을 전해준다. 그들의 제품 사용자들이 잘 알 수 있도록 하기 위해서이다. 여기저기 옮겨 다니는 판매 사원들처럼 때때로 길거리에 있고, 자동차와 비행기 안에서 쉬고 있는 사람들에게 판매하는 업체들은 흥미로운 팟캐스트들로 사람들에게 다가가는 데 성공하고 있다. 마케팅을 목적으로 한 팟캐스트 서비스는 많은 조직들에게 양자택일 문제가 아니다. 대신 팟캐스트 서비스는 응집력 있는 마케팅 전략 속에서 블로그 활동, 거대 웹사이트, 전자책, 다른 온라인 마케팅 도구 및 프로그램과 공존한다.

블로그 활동, RSS, 엄격하지 않은 편집 통제를 결합한 기술 뉴스 웹사이트인 '디그'[4]는 기술 뉴스, 논평, 정보를 지지자들에게 전달하기 위해 팟캐스트를 활용한다. 그러나 디그는 또한 블로그와, 풍성한 콘텐츠의 웹사이트를 갖고 있고 다른 마케팅 도구들도 함께 작동하게끔 한다. 한 곡당 10만 다운로드 이상을 산출해내는 '디그네이션'[5] 팟캐스트는 모범적인 '선도 역량'을 갖춘 콘텐츠이다. 디그 설립자이자 설계자인 케빈 로즈(Kevin Rose)가 관리하는 디그네이션은 회사와 그 제품들만 다루는 것이 아니다. '선택 2006(2006 People's Choice)'은 최고 기술의 팟캐스트로 디그네이션을 뽑았다. 사람들은 그들이 듣는 만큼 기술을 배우기 때문이다.

3부

그들과 함께 느끼고 즐겨라

7장
포럼, 위키, 그리고 고객들

>>**다윗의 블로그에 무너진 골리앗**

수백만 명이 제품과 서비스에 대한 세부적인 조사를 하고, 정치 캠페인에 관여하며, 음악과 영화 팬클럽에 참여하고, 취미와 열정을 공유하기 위해 웹을 사용한다. 그에 따라 그들은 온갖 종류의 온라인 장소들에 모인다. 모든 기술들은 다양한 이름으로 통하지만, 사람들이 온라인에서 의견을 표현할 수 있도록 길을 제공하고 있다. 채팅 룸, 메시지 게시판(사람들이 온라인에서 만나 화젯거리를 논의하는 장소들), 리스트 서브(채팅 룸과 비슷하지만 등록 회원들에게 이메일로 메시지를 내보내는), 위키(누구나 업데이트할 수 있는 웹사이트), 블로그 저자가 쓴 블로그 게재물에 논평을 하거나 댓글을 다는 사람들의 역동적인 커뮤니티를 갖춘 블로그들……. 온갖 종류의 사이트들에서 동호인, 전문가, 팬, 후원자들은 만나 흥미를 불러 일으키는 주제들을 논의하고 공유한다.

이처럼 상호작용하는 온라인 모임들은 마케팅·홍보 담당자들로부터 한때 가치 없는 것으로 여겨졌다. 참여는 고사하고 심지어 모니터할 시간조차 가치 없다고 여겼다. 많은 마케팅 담당자들이 온라인 모임들을 '오만하게' 멀리해 왔다. 그들은 이렇게 말한다. "내가 왜 한밤중에 미친 듯이 컴퓨터 자판기를 쳐대는 변태 같은 녀석들을 신경 써야 하지?" 그러나 달라진 상황을 깨달음에 따라 많은 마케팅 담당자들은 곧 혹스러워 했고, 온라인 모임들을 무시하는 것은 그들의 브랜드에 위험을 안겨줄 수 있다. 반면에 회원으로 참여하면 보답을 얻는다.

2005년 10월 31일, 마크 루시노비치(Mark Russinovich)는 "소니, 루키츠, 디지털 저작 관리(DRM)는 너무 멀리 가버렸다"라는 제목의 블로그[1] 글을 올렸다. 그는 소니BMG가 만든 음악 CD를 구입했고, 그 뒤 소니BMG가 음악 작품의 사용 허가권을 판별하기 위해 CD들에 적용한 소프트웨어의 특성을 분석한 결과를 자세하게 설명했다. 그는 소프트웨어 디자인에 결함이 있으며, 이 탓에 악성 코드의 일종인 웜이나 바이러스 같은 악성 소프트웨어로 인해 악용당할 수 있다고 주장했다. 그는 또한 소프트웨어를 삭제하는 방법은 물론 소프트웨어 삭제 유틸리티의 부족 역시 골치 아픈 일임을 언급했다.

"내가 경험한 결과 절망감을 느끼고, 골치 아프다"고 루시노비치는 그의 블로그에 썼다. "소니는 내 시스템에 악성 소프트웨어를 옮겨 놓았을 뿐 아니라 그 소프트웨어를 삭제하는 방법조차 제공하지 않는다. 더 나쁜 것은, 'RKR 스캔' 기능을 갖춘 숨겨진 파일들 때문에 곤란을 겪은 사용자들 대부분이 숨어 있는 파일들을 제거하면 그들의 컴퓨터가 무력해진다는 점이다. 미디어 산업이 불법 복사를 막기 위해 복사 방지 메커니즘을 사용하는 권리는 인정한다. 그러나 아직은 공정한 사용과 복사 방지 사이에 균형이 이루어지지 않았다고 생각한다. DRM을 채택한 소니는 명백히 너무 멀리 나간 사례이다."

그의 글에 대한 반응은 즉각적이고 극적이었다. 단 며칠 만에 소니BMG를 비판하는 글 수백 건이 그의 블로그에 실렸다. "소니가 무엇을 하는지 눈뜨게 해주어서 더없이 고맙다. 나는 몇 년 동안 그들의 제품을 사느라 수천 달러를 허비했다. 다음에는 절대로 구입하지 않을 것"이라고 아이디 User101이 말했다. 아이디 Jack3617은 "그 녀석들, 보이콧하자!"고 분노감을 표시했다. "보이콧해서, 불쾌감을 안겨주는 회사에게 따끔한 맛을 보여주자. 그들은 고객을 잃어버렸으며, '왜' 그런지 똑똑히 알아야 한다. 아마 다른 회사들은 그 메시지를 금방 알아챌 것"이라고 콜비(Kolby)는 말했다. 피터 린드그렌(Petter Lindgren)은 "마크의 훌륭한 글과, 소니의 수치스러운 행동"이라고 강조했다.

이어 다른 블로거들 수백 명이 그 이슈에 뛰어들었다. 채팅룸과 '슬래시닷'[2] 같은 모임들도 이 문제로 떠들썩했다. 많은 이들이 불만을 표시했다. 음악 산업이 음악 저작권 침해를 인정하지 않고 음악 다운로드를 받은 이들을 고소하면서 고객들을 졸렬하게 다룬다는 것이었다. 이는 단지 소니BMG뿐만 아니라 전체 산업에 부정적으로 반영되었다. 곧 지디넷과 인포메이션위크 같은 온라인 뉴스 사이트 기자들이 분석 기사들을 쏟아냈다. 그리고 그 이슈는 국제적인 뉴스가 되었다.

이 소란의 와중에 소니BMG는 어디에 있었을까? 블로그들에는 보이지 않았다. 그 어느 게시판에서도 찾아볼 수 없었다. 소니BMG의 어느 누구도 온라인 토론에 참여하지 않았다. 온라인 매체와 이야기하는 직원은 한 명도 없었다. 소니BMG는 깜깜했다. 커뮤니티 활동에 전혀 참여하지 않았다. 그리고 그것은 그 이슈에 관심을 기울인 이들의 불만을 더욱 키울 뿐이었다. 마침내 2005년 11월 4일, 소니BMG의 국제 디지털 사업 담당 사장인 토마스 헤세(Thomas Hesse)가 미국 공영 라디오 방송인 NPR의 아침 프로그램 〈모닝 에디션〉[3]에 나왔다. 회사를 변호하기 위해서였다. 그러나 웹에서 터진 폭풍우 같은 여론에 대응하기 위해 라디오를 선택한 것은 어설픈 짓이었다. 그가 루시노비치의 블로그에 즉각 반응하거나 온라인에서 활동하는 기술 담당 기자와 이야기를 나누었다면? 그 경우 그는 그 이슈에 대한 입장을 관심 있게 지켜본 이들의 분노를 가라앉힐 수 있었을 것이다. 그러나 그는 소비자들의 불만을 이해하기보다는 무시했다. 그는 악성 소프트웨어, 스파이웨어(컴퓨터 내 정보 유출 프로그램), 루트킷(해킹 도구) 같은 것에 반대한다고 말했다. 그는 인터뷰에서 "내 생각에 사람들 대부분은 루트킷이 무엇인지도 모르는데, 그들이 왜 그것을 걱정하는지 모르겠다"고 말했다.

온라인 토론은 갈수록 격렬해졌다. 2005년 11월 18일, 소니BMG는 관련 프로그램[4]을 교환해주겠다고 발표했다. 그 발표 첫 마디는 "소중한 고객들께"로 시작했다. "여러분께서는 일부 소니BMG CD들에 들어 있는 XCP(Extended Copy Protection. 일부 복제 방지) 콘텐츠 보호 소프트웨어에 대한 최근의 관심을 알고 계실 것입니다. 이 소프트웨어는 협력 업체인 '퍼스트4인터넷'이 우리에게 제공한 것입니다. 토론은 이 소프트웨어를 담은 CD들의 사용에 제기된 안전 문제에 집중되었습니다. 우리는 이들 디스크에 관한 소비자들의 관심에 공감합니다. 그리고 우리는 소비자들이 XCP 소프트웨어로 복제 방지 장치 없는 CD로 교환하고 똑같은 타이틀의 MP3 파일을 받을 수 있도록 한 메일 인(mail-in) 프로그램을 설치하고 있습니다."

그러나 불행하게도 교환 프로그램으로는 논란을 종결짓지 못했다. 2005년 11월 21일, 텍사스 주 검찰총장은 텍사스 주의 2005년 스파이웨어 규제법에 따라 소니BMG를 기소했다. 캘리포니아와 뉴욕 주도 집단행동 소송으로 그 뒤를 따랐다. 곧이어 법학생인 마크 리욘(Mark Lyon)이 소니의 BMG 루트킷 소송을 추적하는 블로그[5]를 만들었다. "소니BMG가 내 컴퓨터에 프로그램을 설치하라고 요청했을 때 나는 회사를 믿었다"고 그는 말했다. "대신 그들은 어설프게 만든 암호로 내 컴퓨터를 감염시켰다. 그것이 악의적인 목적으로 설계되지 않았다고 해도 나를 수많은 컴퓨터 바이러스와 안전 문제에 노출시켰다. 이 사이트는 소니BMG와 그들의 XCP 콘텐츠 보호 장치로부터 피해를 입은 이들을 돕기 위한 것이다." 이 글을 쓰는 현재 소니는 40개 주와 화해했고, 리욘은 이 사안을 계속 다루고 있다.

물론 소니BMG의 그 누군가가 블로그 폭풍우에 재빨리 뛰어들어 사과하고, 회사의 계획을 언급하며, 서둘러 교환 프로그램을 제안했더라면 무슨 일이 일어났을지 우리는 결코 알 수 없다. 그렇다. 여전히 위기상황이 벌어졌을 것이 틀림없다. 하지만 부정적인 영향은 줄어들었을 것이라고 확신한다.

이와 같은 사건에서 벗어나기 위해 모든 조직들이 명심해야 할 것은 다음과 같다. 웹에서 어떤 상황이 벌어졌을 때 반드시 재빨리 대응해야 한다. 토론이 벌어지는 똑같은 모임들에서 재빨리 정직하게 대응하는 것이 매우 중요하다. 부정적인 상황은 완전히 되돌릴 수 없다. 하지만 무너진 조직의 명성과 신뢰감을 회복하고 당신이 얼마나 진실한지 일깨워줄 수는 있다. 그것은 서둘러 그리고 적극적으로 대응함으로써만이 가능하다. 그럼으로써 당신은 상황을 올바르게 이끌어가는 데 이바지할 것이다. 웹은 꼬리에 꼬리를 무는 힘을 지니고 있다. 이 때문에 어느 한 온라인 모임이나 블로그에서 당신의 글을 본 사람들은 반드시 다른 모임이나 블로그들과 연결된다. 따라서 다양한 장소들에 모두 기여하려고 안달복달하지 않아도 된다. 중요한 것은 거기에 서둘러 나가는 것이다. 그 뒤에는 진정성과 정직함이 가장 훌륭한 무기임을 명심하라.

>>똑똑한 고객은 온라인에 모인다

소비자, 이해 관계자, 언론 매체들은 사람들이 무슨 생각을 하는지 웹을 통해 즉각 알 수 있다. 지금처럼 당신과 당신의 제품들에 대해 어떤 말이 오가는지 알 수 있는 가장 좋은 기회는 없었다. 인터넷은 자신의 생각을 '공짜로' 제공해주는 솔직한 고객들로 이루어진 거대한 타깃 집단과도 같다.

이 자원을 컴퓨터에 담는 것은 간단하다. 당신은 어떤 말이 오가는지 점검해야 한다. 다만 한 조직을 논의 주제에 올렸을 때, 그 내용이 특히 부정적일 때, 그 조직의 대표가 즉각 반응을 보이지 않으면 그것은 곧바로 무시무시한 결과를 초래한다. 회사의 상황 판단 능력이 떨어져, 온라인에서 아무것도 말하지 않으면 참가자들은 의심하기 시작한다. "그들은 무엇을 숨기는 걸까?" 고객들이 종종 들르는 블로그, 온라인 모임, 채팅 룸을 꼼꼼히 들여다보라. 그 안에는 당신의 조직과 거래하며 돈을 쓰는 사람들이 어떤 생각을 하는지 한눈에 알 수 있다. 위기를 기다리지 말고 반응하는 것이 최선이다. 당신은 늘 적절하게 참여하고 있어야 한다.

소니BMG와는 정반대되는 사례를 살펴보자. 2005년 후반, 니콘은 D200 모델인 새로운 '프로슈머'(제품의 생산에서 판매까지 소비자가 참여하는 방식) 디지털 카메라를 도입했다. 그리고 그것은 매우 앞선 아마추어와 전문가들로부터 호감을 받았다. 니콘은 전문 배급업자를 통해, 또 경험 많은 카메라 애호가와 전문가들이 자주 들르는 B&H 같은 첨단 카메라 판매점들을 통해 새로운 모델을 전 세계에 출시했다. 그러나 니콘은 '서키트 시티'와 '베스트 바이' 같은 대규모 가전제품 전문 매장 안에서도 그 모델을 판매했다. 이처럼 정규 배급 통로 바깥에도 D200을 공급했다. 그 카메라는 갓 나온 따끈따끈한 상품이었다. 그리고 그것이 출시될 때 공급량은 제한되었다.

"나 같은 카메라 애호가들이 니콘 제품을 사는 곳에서는 어디든 공급 부족에 시달렸다"고 경험 많은 사진가이자 니콘 단골 소비자인 앨런 스코트(Alan Scott)는 말한다. "출시 발표와 함께 판매점으로 달려가려고 D200을 미리 주문했거나, 카메라를 손에 넣으려고 카메라 판매 사이트 앞에서 이를 악물고 기다렸다."

다른 사진가들처럼 그는 '니콘 애호가들'[6], 니콘 사용자 커뮤니티와 'DPR', '디지털 사진 리뷰'를 포함해 인기 있는 온라인 디지털 사진 포럼들을 자주 들른다. "그 모임들에는, 그 카메라를 일반 공급업자들로부터 살 수 없고, 대형 매장들이 상품을 독점했다고 불평하는 이들로 북

적거렸다"고 그는 말한다. "그 다음 계기는 니콘 애호가들로부터 시작되었고, 후에 뉴욕시의 카메라 공급 업체인 B&H가 얼마나 인기 있는지를 논의하는 DPR[7]에서 가속화되었다. 많은 전문가와 첨단 사진 애호가들이 신뢰하는 정보 소스인 니콘 직원들에게도 주문했다. 하지만 그것마저 취소되었다."

아이디 ceo1939로부터 비롯된 초기 블로그 게재물은 이렇게 밝혔다. "오늘 오후 약 4시 30분 결제 마감 시간에 즈음해 B&H에 주문했다. 요금은 내 신용 카드로 계산했다. 한 시간 뒤 이메일을 받았다. 재고가 없다는 내용이었다. 그러나 회사는 재고를 확보할 때를 대비해 내 주문을 유지하려고 했다. 결제를 취소하려고 했고, 환불 관련 이메일을 다시 보냈다. 내일 아침, 그들에게 전화를 걸었을 때 어떤 일이 일어나는지 볼 것이다."

많은 카메라 애호가와 소비자들이 그 논란을 지켜보았다. "몇 시간 만에 수십 개 글이 불을 지폈다. 분위기는 B&H에 비판적이었다. 사람들은 불평했다. 그 판매점이 의도적으로 소비자들을 괴롭힌다는 것이었다"고 스코트는 말한다. "온라인 모임 참가자들은 한 목소리로 말했다. B&H로부터 온 이메일 통지는 소용이 없었고, 환불을 요구한 사람들일수록 카메라를 구입할 수 있었다."

B&H의 상황은 소니BMG 사건과 약간 비슷하다. 양쪽 사례에서 전문 온라인 모임의 열성적인 참여자들이 한 회사, 제품, 그 회사의 판매 방법에 언성을 높였다. 두 경우 모두 주류 매체 및 거대 업체들의 경계선 저 멀리에 있는, 별로 알려지지 않은 웹 모퉁이에서 반응이 일어났다. 일반적인 홍보 담당자들이라면 그들의 회사와 제품들에 무슨 말이

오가는지 점검하기도 어려운 곳에서. 그러나 B&H의 결과는 소니BMG와는 전혀 달랐다. B&H의 한 직원이 인터넷 게시판들에 활발히 참여했기 때문이다.

"불행히도 이 사이트를 종종 들르는 이들은 모두 알고 있음에도 니콘 미국 법인은 이 카메라를 소매업자들의 손에 넘겨주는 데 몹시 주저했다"고 헨리 포스너(Henry Posner)는 썼다. B&H의 기업 커뮤니케이션 담당 이사인 그는 이렇게 말했다. "이 사례에서 결과는 이랬다. 만일 우리가 주문 통로를 열어 두면 우리는 여전히 여러분의 돈을 깔고 앉을 것이고, D200 주문을 채울 수 없었을 것이다. 고객들이 그 카메라에 안달 나게끔 우리가 유도하고 있다고 여길 만도 하다. 하지만 우리로서는 어쩔 수 없는 상황 탓에 제품을 제때 공급하지 못했다. …… 여러분을 화나게 한 점에 우리는 유감스럽게 생각하고 머리 숙여 사과한다."

소니BMG와는 달리 B&H 직원들은 고객들의 불만에 찬 여론을 늘 들여다보았고 그때마다 토론에 참여하기 위해 준비했다. "헨리 포스너가 그렇게 발걸음을 맞추었다"고 스콧는 말한다. "그는 온라인 모임에 들어와서 '여러분 말이 옳다. 우리는 여러분을 괴롭혔다'고 말했다. 이어 무슨 일이 일어났는지 설명하고 사과했으며, B&H가 그것을 바로잡을 것이라고 말했다. 그 이슈를 인정함으로써, 그리고 한 사람의 단 한 개의 글로써 그 상황과 B&H의 평판을 바꾸어놓았다. 그 뒤 블로그 게재물들은 믿기 어려울 만큼 긍정적으로 바뀌었다."

정말로 그들은 그랬다. "다양한 웹 모임들에 대한 헨리의 참여는 존경스러울 정도였다"고 그 상황에 있던 아이디 BJNicholls는 썼다. "그는 회사 관련 이슈와 제품들을 둘러싼 공적 토론에 언제나 참여했다. 그처럼 '힘 있는 사람'은 다른 어떤 사업체에서도 찾아보기 어렵다."

아이디 N80은 "또한 그의 솔직함에 감탄한다"고 덧붙였다. "그는 실수가 있었음을, 그리고 상황을 통제하기가 어려웠음을 인정했다. 그러나 그는 세간에 떠돌던 거짓말과 속임수의 혐의는 확고하게 부인했다. 나는 그를 절대적으로 신뢰했다."

B&H에서 벌어진 일은 우연의 일치나 일회적인 상황이 아니었다. 메시지 게시판과 온라인 모임들은 회사 마케팅과 커뮤니케이션 전략의 중요한 요소이다.

"온라인 모임들 안의 여기저기를 훑어보는 데 많은 시간을 보낸다"고 헨리 포스너는 말한다. "그 모임들과 일원이 되는 것은 아주 중요하다. 나는 전문 사진 기술을 지니고 있고, 우리가 판매하는 그 장비를 실제 사용한다. 따라서 나는 관련 온라인 모임들로부터 정통성을 인정받고 있다." B&H에 합류하기 전인 1990년대 중반, 그는 대학생과 고등학생들에게 사진 촬영 서비스를 제공하는 회사에서 일했다. 그는 야구와 축구 경기 같은 스포츠 행사들을 담당했다.

그는 하루에 10여 개가 넘는 메시지 게시판과 온라인 모임들을 점검한다. "나는 사진 장비 또는 기술 정보를 남들에게 알려줄 수 있고, 그것이 내가 그들을 도울 수 있는 분야"라고 그는 말한다. "우리는 신뢰를 확실하게 유지하기를 원한다. 그것이 가장 중요한 일이다. 그래서 나는 내 이름이나 회사 이름을 대화 속에 집어넣으려고 끼어들거나 '그게 맞아' 따위의 말은 하지 않는다. 하지만 내게 익숙한 장비 또는 기술에 관해, 내가 가치를 더해 줄 수 있는 논의가 이루어지는 것을 보면 곧장 뛰어들 것이다."

B&H는 우편 주문 카탈로그, 전자 상거래 웹사이트, 그리고 맨해튼에 대규모 판매점을 갖고 있다. "우리 고객은 아마추어에서부터 전장의 한복판에서 일하는 전문 사진 기자에 이르기까지 다양하다"고 그는 말한다. "나는 상황이 적절할 때 그 모임들에 기여한다. 그러나 만일 누군가 논의중인 아이템을 어디에서 살 수 있는지를 물으면 나는 즉각 이메일을 거쳐 오프라인에서 대화한다. 나는 회사 제품을 직접 판촉하지 않는다. 다만 사람들이 대화 도중 어느 시점에 B&H를 이야기하는지 찾아낸다. 때로는 한발 물러나, 다른 사람들이 우리 회사에 대해 말하도록 내버려둔다. 그들은 때로 B&H를 긍정적으로 이야기할 것이다. 내가 그 모임들에서 매우 활발하게 활동하기 때문이다. 따라서 누군가 B&H에 관한 논의에 뛰어들면 나는 감사를 표시할 것이다. 그런 다음 그 이슈를 직접 다룰 것이다."

이들 모임의 사진 애호가들처럼 고객들이 이전에 당한 괴로운 일을 이해해주었으면 좋겠다는 바람을 갖고 있는가? 헨리 포스너가 보여준 것처럼 고객들이 자주 아니면 가끔이라도 들르는 온라인 모임에 활발하게 참여하라. 그러면 그들로부터 동감과 인내심을 얻게 될 것이다.

>> 온라인 모임들 안에 있는 나만의 공간

마지막 두 사례는, 온라인 모임들에서 그들에 관한 논의가 시작되게끔 유도하는 회사에 관한 것이었다. "온라인 모임들에 참여하는 것은 필수"라고 로버트 펄만(Robert Pearlman)은 말한다. 그는 '콜렉트스페스'[8]

의 편집인이다. 펄만은 1999년에 콜렉트스페이스를 시작했다. 기록할 만한 우주 관련 정보를 수집하는 이들을 위한, 우주 역사를 보존하는 사이트가 단 한 개도 없다는 안타까움 때문이었다. "인터넷 시대 이전에 관련 사건 정보를 수집하는 이들이 있었다. 하지만 각각 독일과 일본은 물론 미국의 휴스턴, 플로리다에 있는 케네디 우주 센터 근방의 커뮤니티 내부에 갇혀 있었다"고 그는 말한다. "그들에게는 서로 소통할 길이 없었다. 이런 상황에서 콜렉트스페이스가 시장을 교육시켜 온 것이 매우 큰 영향을 끼쳤다. 우리는 수집가들의 다양한 정보 주머니를 한 장소로 가져왔다."

콜렉트스페이스 커뮤니티는 전 세계에 걸쳐 수집가들이 갖고 있는 조각 지식들을 공유하는 그물망으로 성장해왔다. 그 사이트는 활발하게 글을 올리는 등록 사용자들만 해도 3,500명을 헤아리고 있다. 또 매달 들어오는 독자들이 약 10만 명에 이른다. 흥미롭게도 콜렉트스페이스는 또한 초창기 우주 프로그램에서 작업했던 이들을 많이 포함하고 있다. 그들은 그 온라인 모임들에 참여한다. 그리고 그들이 설립에 관여했던 인공 구조물들의 역사를 이야기해준다. 펄만은 많은 우주 비행사들이 그 모임의 글을 읽는다고 말한다. 그들이 몇 년 동안 긁어모은, 기록할 만한 주요 사건들에 대한 감을 잡기 위해서이다. 또 그들은 동료 우주 비행사들 중 누가 어떤 강의에 나섰는지도 알 수 있다. 우주 비행사들은 또한 우주 프로그램의 역사를 기억하고 그들의 유산을 보호하기 위해 온라인 모임들을 활용한다.

"수집가와 박물관들은 정보 수집 영역에서 다투어 왔다"고 펄만은 말한다. "박물관 쪽은 수집가들을 몹시 못마땅하게 생각한다. 지하에 자료를 쌓아두는 사재기꾼이라고 볼 정도이다. 반면에 그들 자신은 대중과 공유하기 위해 일한다고 여긴다. 반대로 수집가들은 박물관이 우주복과 우주선처럼 주요한 아이템들로 좋은 일을 하고 있지만, 자료들을 보관소로 보내는 것을 빼곤 특별히 내세울 만한 일은 하지 않는다고 반박했다. 콜렉트스페이스는 박물관들로 하여금 그들의 '경쟁자'가 무슨 일을 하는지 읽도록 하고, 수집가들과 소통해 박물관의 충고에 귀를 기울이도록 애쓴다. 정보 수집가들은 전시회를 계획하는 일을 도왔고 박물관 쪽에 아이템들을 빌려주었다. 그리고 동시에 박물관들은 남는 아이템을 수집가들에게 팔 수 있었다."

펄만은 콜렉트스페이스 모임에 참여하기 위해 우주 아이템들을 전문으로 다루는 딜러, 제조업자, 경매소들을 위한 커다란 이점을 발견하고 있다. "온라인 모임에 참여함으로써 판매인과 제조업자들은 이제 수집가의 관심사가 무엇인지 안다"고 그는 말한다. "현재 시장의 트렌드를 기초로 한 제품들을 개발할 수 있다. 경매소와 중개인들은 관심도를 측정하기 위해 판매에 앞서 시장에 가서 미리 아이템들을 볼 수 있다. 독특한 아이템들의 경우 당신은 '미니마켓' 연구를 통해 반응을 즉시 확인할 수 있다."

펄만은 콜렉트스페이스 모임들의 조정자로서, 개인적으로 게재물 수만 건을 추적했고, 주요한 우주 관련 아이템 판매자들로부터 비롯된 좋은 것과 나쁜 것을 보았다. "선전용 게재물이 아니라면, 그 게재물을 점검하고 요청받은 대로 대응해야 한다"고 그는 말한다. "공통적인 유대감을 갖고 있는 토론 모임들에서 사람들은 그 모임이 자신들의 것이라고 느낀다. 우리는 500건 심지어 1,000건에 이르는 게재물을 갖고 있는 사람들도 알고 있다. 그들은 그것을 영광스러운 휘장으로 여긴다. 당신이 사업을 대표한다면 수집가들에게 당신을 알려야 한다. 그들이 당신에게 오기를 고대하는 대신 '그들의' 홈그라운드에 갈 수 있게 충분히 신경 쓰고 있다는 사실을 말이다."

소니BMG와 B&H 사례가 보여주고 펄만이 충고하듯이, 마케팅 담당자들은 그들의 시장을 좌우하는 중요한 커뮤니티에 활발하게 참여해야 한다. 당신은 방관자 자리에 서 있을 수 없다. 당신의 제품이나 서비스를 판매하거나 논평할 무엇인가를 갖고 있을 때만 글을 게재해서도 안 된다. 성공한 회사들은 안에 들어가서, 그들이 잘 아는 다양한 주제와 이야깃거리에 관한 아이디어와 충고를 준다. 그들은 그 커뮤니티에 열정적이고 활발하게 참여한다. 그러면 사람들이 불평하거나 특정 제품에 대한 자문을 원할 때 당신을 더 신뢰할 것이다. 활발한 참여는 그 커뮤니티에 참여한 회사들에게 기하급수적인 보답을 안겨준다.

≫위키, 리스트 서비스, 그리고 나만의 고객층

니콘 애호가들과 콜렉트스페이스 같은 온라인 모임들의 사촌 격으로 '리스트 서비스'라고 불리는 집단 이메일 리스트와 위키를 꼽을 수 있다. 리스트 서비스는 포럼들처럼 동호인들의 집단이 서로 연결되어 머무르는 통로이다. 일반적으로 한 회원이 그 리스트에 글을 올릴 수 있다. 그러나 사람들로 하여금 메시지를 읽기 위해 중심지로 오도록 요청하는 대신, 리스트 서비스는 이메일을 통해 그룹 회원들에게 메시지를 보낸다.

'리사 솔로몬', '이에스큐'는 외부에서 조달한 기본 자료를 기초로 변호사들에게 법적인 연구와 문서 작성 서비스를 제공한다. 솔로몬은 나 홀로 변호사를 위한 '솔로세즈'[9]의 토론 리스트—미국법률가협회가 운영하는—같은 서비스에 적극적으로 참여하는 일을 해왔다. "그 같은 리스트 제공은 법적 실무를 발전시키는 데 중요한 요소가 되었다. 나는 활발한 참여자이고, 늘 논의중인 주제들에 가치를 덧붙이려고 한다. 나는 인터넷 웹에서 그 리스트를 제공한다. 그것은 사람들에게 내가 하는 일을 보여주기 위한 공간이다. 그 사이트에 문서 작성 본보기들을 두고 있다. 그것은 내가 한 일을 그들이 편하게 점검하는 방법에 관해서이다. 그런 참여는 사람들과 접촉하고 사업을 새로 일구기에 더없이 좋았다."

위키는 사용자들로 하여금 그 사이트에서 내용을 업데이트하고, 지우고, 편집할 수 있도록 하는 웹사이트이다. 가장 유명한 위키는 '위키피디아'[10]이다. 그것은 누구나 편집할 수 있는 무료 온라인 백과사전이다. 위키피디아의 표제어는 130만 개에 이른다. 이는 모두 당신 같은 일반인들의 공헌에 힘입은 것이다. 여기에 아직 참여하지 않았는가? 그렇다면 위키피디아에 떠 있는 것에 바짝 붙어 따라가라. 그리고 그 안에서 당신 조직의 이름, 중요한 브랜드명, 당신 회사의 최고경영자와 주목할 만한 임원들을 조사해야 한다. 위키피디아 표제어들은 검색 엔진 순위에서 앞자리를 차지하고 있다. 또 위키피디아는 웹에서 사람들이 방문하는 사이트 10위권 안에 들어 있다.

당신의 회사나 브랜드에 관련된 표제어를 찾을 때, 그것의 정확성을 따져보아야 한다. 당신 회사의 직원 수처럼 부정확한 점들을 교정하는 것은 바람직하다. 그러나 표제어를 조작하지는 말라. 글이 특정한 관점을 나타내기 위해 편집될 때면 위키피디아 커뮤니티가 재빠르게 반응한다. 표제어가 하루에도 몇 번씩 업데이트되는 것은 보기 드문 일이 아니다. 그리고 더 큰 조직들에게 자료 업데이트는 훨씬 잦을 수 있다. 그 커뮤니티를 떠받드는 기둥 중 하나는 이렇게 되어 있다. "위키피디아의 모든 글들은 중립적인 관점을 지켜야 한다. 견해는 공정해야 하고 편견을 갖지 말아야 한다." 따라서 위키피디아에 불만스러운 것이 있더라도 그것을 없애려고 하지 말라.

때때로 위키피디아에 새로운 항목을 만드는 것이 최선일 수 있다. 어떤 조직들이 전문성을 지닌 특정 부문을 쓰는 것이 엄청난 가치를 지닐 수 있다. 그래도 당신 회사와 그 제품 또는 서비스들을 홍보하려고 해서는 안 된다. 이 사실을 잊지 말라. 당신이 잘 아는 이야깃거리를 살펴보는 사람들에게 가치 있는 항목이어야 한다. 시작할 때 그 분야에서 당신이 잘 아는 항목들이 있고, 그것들이 위키피디아의 비어 있는 페이지에 연결된다는 점을 유념해야 할 것이다. 푸른색 또는 자줏빛 링크는 존재하는 페이지임을 나타낸다. 빨간색 링크는 아직 어떤 내용도 없다는 사실을 가리킨다. 새로운 내용이 덧붙여지기를 기대하고 있음을 표시하는 빨간색 링크 한 다발을 본다면, 그리고 그 분야에 관련된 지식과 전문성을 갖고 있다면, 당신이 한 페이지를 만들어 욕구를 충족시켜줄 좋은 시기이다. 예를 들어 첨단 기술 회사라면 이미 위키피디아 표제어로 나와 있는 제품들에 관련되는 자체 보유 특허권의 세부 내용을 제공할 수 있을 것이다.

>>나만의 위키 만들기

당신 조직의 전문 분야가 적절한 온라인 모임, 리스트 서비스, 또는 위키를 구축하지 않았을 수 있다. 콜렉트스페이스의 로버트 펄만처럼 당신은 시장에서 채워지지 못한 욕구를 찾아 사람과 아이디어를 단일한 자원으로 조직할 수 있다. 위키는 의사의 처방과도 같다. 당신이 그것을 시작할 수 있으며, 그 결과 조직에 엄청난 가치를 안겨주게 된다.

2005년 9월, '앨아크라'와, 그 회사의 최고경영자인 스티브 골드스타인(Steve Goldstein)은 앨아크라 위키[11]를 내놓았다. 앨아크라 위키는 비즈니스 정보의 생산자와 소비자를 위한 공개적인 공동 자원이다. 앨아크라 위키는 정보의 원천, 회사, 그 산업에서 중요한 사람들, 그리고 그보다 훨씬 더 이상의 것에 관한 깊숙한 내용들을 함께 제공한다. RSS(맞춤형 정보 구독) 자료로 구성한 앞 페이지는 주요 애널리스트와 업계 발표들에서 비롯된 정보 분야 뉴스로 채워져 있다. "우리는 콘텐츠를 허가 받는 노력을 통해 에디터와 데이터베이스에 관한 엄청난 분량의 가치있는 정보를 끌어 모았다"고 골드스타인은 말한다. "우리는 웹에서 이 정보를 사용할 수 있도록 만드는 것이 유용하리라고 생각했다. 그리고 위키는 분명히 최선의 형태이다."

앨아크라 위키를 출범했을 때 골드스타인은 깜짝 놀랐다. 그 시장에서 사업 정보 목록이 없었던 것이다. "우리는 위키 형태 안에 그 분야를 위한 참고 자료를 서비스에 포함시켰다"고 그는 말한다. 위키는 공동의 노력으로 이루어지며, 그곳에서는 누구나 목록을 만들고 업데이트할 수 있다. 그 프로젝트를 시작하기 위해 골드스타인은 경영학 석사 과정을 밟는 대학생을 인턴으로 채용했다. 그 인턴사원은 8주 만에 초기 기반 시설과 기본적인 목록들을 모두 구축했다. 많은 사람들이 이 일에 공헌해왔음에도 어떤 이들은 그들의 개인적인 또는 회사 관련 내용들을 업데이트하지 않는다. "그것은 아주 쉬운 작업인데도 불구하고 그것을 바꾸지 않는 것이 오히려 이상하다"고 그는 말한다.

블로그와 위키 둘 다 만든 사람으로서 골드스타인은 그것들을 만드는 기술을 어떻게 비교할까? "블로그 활동으로 성공하려면 당신은 말할 무엇인가를 갖고 있어야 한다"고 그는 밝힌다. "성공하려면 커뮤니케이션 기술을 확보해야 한다. 당신이 특정 분야에서 위키를 시작할 때는 그 분야의 전문가가 되어야 한다. 그것을 꾸준히 유지하는 뒷받침 역시 절실하다."

온라인 모임, 채팅 룸, 위키, 리스트 서브는 그들에게 중요한 것을 논의하기 위해 사람들이 모이는 공간이다. 당신이 일하는 분야, 당신이 제공하는 제품 및 서비스를 논의하는 이들은 어디에 있는가? 그런 장소가 이미 존재한다면 그것을 점검하고 그 안에 적절하게 참여해야 한다. 그것이 아직 없다면 온라인 모임이나 위키를 시작할 것을 고려하라. 그리고 시장 내부 정보의 중심부에 있다는 행복감을 즐겨라.

8장 모두를 춤추게 하고 싶다면

>>콜라와 캔디가 세상을 흥분시키다

놀랍게도, 멘토스 캔디 하나를 다이어트 코크 병 속으로 섞어 넣는다면, 당신은 폭발적인 판매 증가를 경험할 것이다. 더 구체적으로 '박하와 콜라 반응'은 300미터 또는 그 이상 내뿜는 자동 온수 장치의 개발로 이어졌다. 이 현상은 2006년 여름, 프리츠 그로브(Fritz Grobe)와 스테판 볼츠(Stephen Voltz)[1]가 그들의 '이피버드' 사이트에서 한 실험으로 유명해졌다. 이것이 성공하자, 그들은 잇따르는 문의에 답하기 위해 극단적인 실험을 했고, 그것을 비디오물로 만들었다. "다이어트 코크 200리터와 멘토스 박하사탕 500개를 섞으면 어떤 일이 일어날까?" 웹 시청자들은 그 결과에 미친 듯이 매료되었고, 전염은 열광적이었다. 불과 3주 만에 400만 명이 그 비디오를 보았다. 블로거 수백 명이 그 실험을 다루었다. 그 다음 주류 언론 매체들이 뛰어들었다. 이어 그들은 인기 토크쇼에 연달아 출연했다.

 그 비디오물이 온라인에서 소개되었을 때, 멘토스 마케팅 팀의 흥분된 분위기를 상상해보라. 멘토스는 한 푼도 들이지 않고 회사 이름을 수백만 번, 나중에는 더 많이 노출시켰다. 전통적인 마케팅 방법으로 그런 결과를 얻으려면 최소한 수천만 달러는 들여야 했을 것이다.

>>자연스럽게, 누마 누마 댄스처럼

 웹이 마케팅 담당자들에게 신선함을 안겨주는 것은, 관련 아이디어가 떠올랐을 때, 그 아이디어 하나만으로도 브랜드 또는 회사에 명성과 행운을 안겨줄 수 있다는 점이다. 그것도 한 푼도 들이지 않고. 바이러스성 전염, 입소문, 블로그 문자 마케팅 등 그것을 어떻게 부르든, 사람들이 자발적으로 당신에 대해 이야기할수록 그들은 행동으로 나타낸다. 많은 전염 현상들은 단순하게 시작된다. 누군가 재미있는 비디오 작품, 만화, 또는 이야기를 만든다. 그리고 그것을 다른 사람에게 보내고, 그것은 다시 또 다른 사람에게 계속해서 옮겨 간다. 처음 만든 사람은 많아야 열 명 내외의 친구들에게 전달되리라 기대했을 것이다.

 내가 기억하는 첫 번째 사례는 1990년대 중반에 나온 '춤추는 아기'이다. 화질은 거칠고 기술 수준이 낮았다. 그러나 그것은 더없이 신선했고, 미친 듯이 퍼져나갔다. 춤추는 아기는 친구나 동료 수백 명에게 전달되는 데 그치지 않고, 사람들을 흥분시키며 수백만 명에게까지 전달되었다.

마케팅 담당자들이라면 전염 효과가 지닌 놀라운 힘을 활용해볼 만하다. 전염성 캠페인을 만드는 것이 가능하다고 말하는 이들이 있다. 심지어 그 분야의 전문가와 대행사들도 있다. 하지만 억지로 전염 효과를 만든 대부분은 실패하고 만다. 더 나쁜 것은 가짜 전염성 캠페인을 계획한다는 점이다. 회사에 고용되었거나 어떤 식으로든 보상받는 사람들에게 억지로 그 제품을 쓰도록 하는 것이다. 웹은 집단적인 조사 보고에 매우 효율적이어서 속임수를 곧바로 찾아내어 폭로한다. 따라서 이들 캠페인은 거의 성공하지 못하며 오히려 회사의 명성에 큰 해를 입힌다. 때때로 기업의 접근 방식은 겉만 번지르르한 게임 또는 대회여서 강압적인 광고 같다는 느낌을 준다. 전염 효과를 '보장하는' 웹 마케팅 프로그램을 만드는 것은 사실상 불가능하다. 큰 행운과 타이밍이 필요하다. 스스로 좋아서 만든 것처럼 편안한 느낌을 주는 것이 효과적인 반면 매끄럽고 인위적인 것은 그렇지 못하다. 몇 년 전 큰 인기를 끌었던 '누마 누마 댄스'를 보라. 당시 열아홉 살이던 게리 브롤스마(Gary Brolsma)는 집에서 우스꽝스러운 동작을 하며 노래를 립싱크했고, 이 모습을 인터넷에 공개했다. 이 춤은 당신도 할 수 있는 수준이었다. 그리고 그것은 노래의 인기로 이어지고, 그 노래는 수없이 다운로드되었다. 다운로드에 따른 이익은 엄청났다.

물론 전염되는 것이 열광적인 춤과 같지는 않을 것이다. 일반적으로 처음 시작하거나 놀랍거나 즐겁거나 유명인을 포함하는 거대한 무료 웹 콘텐츠(비디오·블로그 표제어·전자책 등등), 불을 댕기는 이들의 네트워크, 공유하기 쉽도록 만드는 연결망 등이 한데 어우러져야만 한다. 많은 조직들이 제품 또는 서비스 관련 입소문을 퍼뜨리기 위해 전염성 마케팅 캠페인을 계획하는 동안 멘토스와 다이어트 코크처럼 '뜻하지 않은' 것이 전염 효과를 일으킬 수 있음을 잊지 말아야 한다. 그리고 그것은 당신과 당신의 제품을 긍정적 또는 부정적으로 비치게 할 수 있음을 명심해야 한다. 당신은 조직과 브랜드 명성을 위해 늘 웹을 점검해야 한다. 그래야 사람들이 무엇을 말하는지 재빨리 알아챌 수 있다. 그리고 전염 효과가 폭발하면, 단지 기다리고 있지 말라. 그것을 적극 밀고 나가라!

>>멘토스 마케팅, 고객과 함께 즐겨라

블로거, 팟캐스트 운영자, 비디오 블로거들은 날마다 제품을 판촉하고 혹평도 한다. 소비자들은 제품과 서비스가 좋다거나 나쁘다는 따위의 다양한 이야기를 늘어놓는다. 안타깝게도 기업들 대부분은 블로그 영역에서 무엇이 벌어지는지 실마리를 잡지 못한다. 마케팅 전문가들이라면 최소한 그들의 브랜드명이나 경영진이 블로그에서 언급될 때 즉각 알아차려야 한다. 얼마나 언급되었는지 수치만 나열하는 데 그치지 말고, 흐름을 분석하는 것이 중요하다. 당신의 조직·제품·분야에 관련되며, 블로그 영역에서 현재 인기 있는 단어와 문구 속의 중요한 흐름은 무엇인가? 다이어트 코크와 멘토스 실험 장면이 널리 퍼졌던 그날, 멘토스를 언급하는 블로그 게재물의 숫자가 열 배나 늘었다. '멘토스'라는 단어를 따라가다 보면 당신은 무슨 일이 벌어지는지 알고 싶을 것이고, 따라서 위기에 대응하거나 긍정적인 발전을 뒷받침할 수 있다. 《월스트리트 저널》이 논평을 요청할 때 "그런 일이 있었습니까?"라고 어리둥절해 하는 것은 너무나 바보 같은 짓이다.

웹사이트들의 범위와 인기를 측정하는 서비스인 '알렉사'[2]에서, 그로브와 볼츠가 비디오물을 진열하기 위해 만든 이피버드 사이트와 공식적인 멘토스 사이트[3]를 비교한 것은 괄목할 만하다. 마케팅 담당자들은 어떤 사이트들이 큰 호응을 얻는지 알기 위해 알렉사를 이용한다. 또 그들 자신의 사이트를 개선하기 위해 그 정보를 활용한다. 그 비디오물 발표 뒤 웹에 있는 모든 사이트들에서 3개월 동안 평균 웹사이트 순위를 살펴보면 멘토스 사이트는 28만 2,677위, 이피버드는 8,877위였다.

멘토스 제조 회사인 '퍼페티 밴 멜르'의 마케팅 담당 부사장 피트 힐리(Pete Healy)는 "멘토스의 인기는 몇 년 동안 해마다 높아졌다"고 말한다.

"하지만 이것은 사람들이 온라인에 비디오물을 게재할 수 있도록 한 인프라 덕분이었다. 우리는 이피버드에 있는 두 사람과 접촉했고, 멘토스 브랜드가 그처럼 드러나는 방식에 매료되었다. 우리는 최근 우리 브랜드의 특성을 논의했다. 그리고 마침내 우리 브랜드는 영화배우인 아담 샌들러와 유사하다고 결론 내렸다. 익살맞으면서도 재미있고, 놀리는 듯한 그 사람 말이다. 이피버드 사이트는 이런 특징을 갖고 있었기 때문에 우리는 더할 나위 없이 즐거웠다."

힐리는 기회를 잡았고, 두 사람의 실험을 밀고 나가기 위해 일을 키웠다. 첫째로, 그는 공식 멘토스 사이트에서 그 비디오물에 접속했다. 그런 다음 그로브와 볼츠에게 회사의 지원을 제안했다. "그들이 인기 토크쇼에 출연했을 때, 우리는 지지를 넓히기 위해 길거리에서 샘플들을 나누어주면서 멘토스 브랜드를 붙인 컨버터블과 함께 거기에 있었다." 곧이어 힐리는, 그들 자신의 비디오물을 만들려는 사람들이 있으리라고 생각했다. 그래서 그 회사는 특정 목적을 위해 웹사이트를 만들고, 이를 활용해 멘토스 분출 비디오 콘테스트를 열었다. 최우수상 상품은 1,000 아이튠즈 다운로드와 멘토스 320롤이었다. 힐리에 따르면, 100여 개에 이르는 비디오 작품이 출품되었고 그 사이트에 게재되었다. 그리고 그것은 거의 100만 번 가량 상영되었다. 덧붙여 말하면, 상으로 아이튠즈 다운로드를 선택한 것에 주목하라. 비디오 출품작을 제출한 사람들이라면 여행 같은 전통적인 상품보다 무료 음악 다운로드에 더 흥미를 느낄 것은 당연했다. 이는 전염 효과를 더 널리 확산시켰고, 멘토스의 마케팅 효과를 높이는 데에도 이바지했다.

"특정 브랜드에 대한 사람들의 느낌은 브랜드 소유자에게 딜레마를 던져주기도 하고 기회를 부여하기도 한다"고 힐리는 말한다. "브랜드는 최종 사용자인 소비자가 결정한다. 그것은 언제나 진실이다. 예전에는 없었던 피드백 고리가 지금은 있다. 인터넷은 도시의 광장과 같다. 특정한 브랜드 제품을 판매하는 회사에게 최우선 과제는 브랜드가 어떤 의미를 지니는지, 또 브랜드 특징은 무엇인지 거짓 없이 소통하는 일이다. 만일 우리가 멘토스 브랜드는 그것 이상이라고 거짓말을 했다면 우리는 철저히 깨졌을 것이다."

흥미롭게도, 힐리가 그 비디오물들의 전염 효과를 뒷받침하는 동안 코카콜라의 마케팅 담당자들은 다이어트 코크 브랜드를 그 열풍으로부터 멀리 떨어뜨려 놓으려고 했다. "멘토스와 다이어트 코크 비디오물이 유명해졌을 때, 코카콜라는 시장에서 몇몇 촬영 장면들을 거두어들였다. 왜냐하면 그들은 이피버드 사이트가 다이어트 코크 브랜드에 맞지 않는다고 생각했기 때문이다. 결국 그들은 블로거들로부터 야유를 받았다"고 그는 말한다. "우리는 사소하지만 신선한 즐거움을 선사하는 캔디 제조업자라는 사실을 명심하라. 그때 비로소 우리는 온라인의 우리 브랜드에서 일어나는 재미있는 현상들과 더불어 즐겁게 일할 수 있다."

힐리는 멘토스를 멀리 퍼뜨리는 일을 훌륭하게 해냈다. 그와는 달리, 대기업의 기업 커뮤니케이션 담당자들은 어처구니없는 짓을 한다. 그들은 블로그 세계, 유튜브, 채팅 룸에서 벌어지는 현상으로부터 자신들을 멀찍이 떨어뜨려 놓는다. 그러나 그들이 그 메시지들을 통제하려고 할수록 시장에서 진실성을 의심받으며, 상황은 걷잡을 수 없을 만큼 나빠지고 만다.

>>즐거움을 퍼뜨려라 그러면 성공한다

내 생각에 전염성 마케팅 소문을 의도적으로 만드는 것이 어렵기는 해도 확실히 가능하다. 전염성 프로그램을 만드는 방법은, 벤처 자본가들이 신생 기업이나 영화 제작에 투자하는 것과 다를 바 없다. 벤처 자본가들 대부분은 잘 알고 있다. 벤처 기업들 중에서도 일부만 성공하며, 그 중에서도 20분의 1 정도만 투자자들에게 초기 투자금의 몇 배에 이르는 수익을 되돌려주는 큰 기업으로 성장한다는 사실을 말이다.

레코드 회사와 영화사들도 똑같은 원리를 따른다. 그들이 시작한 프로젝트 대부분은 미미한 판매 실적만 기록할 것이다. 그러나 하나만 제대로 히트해도 실패작들에 투자한 비용을 되돌려 받고도 남으리라 기대한다. 문제는 어떤 영화, 또는 투자한 벤처 회사들 중 어느 업체가 성공할지 아무도 확실하게 알 수 없다는 점이다. 따라서 그것은 많은 기대 속에서 투자하는 것과 비슷하다. 이와 같은 경우는 전염성 마케팅에도 들어맞는다. 많은 캠페인들을 만들고 무엇이 히트하는지 눈여겨본 다음 잇달아 성공작을 키워내라.

>>베컴의 홈런 볼을 찾아라

'골든팰리스닷컴'[4]을 보자. 이 온라인 카지노는 너무나 괴상한 물건을 판매한다. 여가수인 브리티니 스피어스가 임신 테스트에 사용한 기구, 축구 선수인 데이비드 베컴의 홈런 볼, 교황 베네딕토 16세의 폭스바겐 골프채, 〈스타트랙〉의 커크 선장역으로 잘 알려진 윌리엄 샤트너의 신장 결석, 그리고 샌드위치에 나타난 모양이 성모 마리아처럼 생겼다고 해서 화제를 모았던 치즈 샌드위치 등등 엉뚱하고 자질구레한 제품들을 갖추고 있다. 골든팰리스닷컴의 마케팅 담당자들은 또한 일반인 100여 명의 팔, 다리, 가슴 등의 신체 부위를 비롯해 별별 희한하고 호기심 가는 곳을 광고판으로 사용하고 있다. 이런 상품들 중 일부는 골든팰리스닷컴을 위해 중요한 전염성 마케팅 입소문을 만들어낸다. 예를 들어 샤트너의 신장 결석을 낚아챘을 때 거의 모든 TV 방송, 신문, 온라인 매체가 그 거래를 보도했다. 헤드라인은 이랬다. "샤트너의 신장 결석, 골든팰리스닷컴에!" 사람들은 돈을 허비한 것조차 잊어버린 채

크게 웃었고, 기자와 블로거들은 재미있게 보도했다. 그리고 각 기사는 골든팰리스닷컴을 언급했다! 단지 2만 5,000달러로 엄청난 광고 효과를 본 것이다. 그것은 세기적인 전염성 마케팅과 광고 거래 덕이었다. 터무니없는 광고 거래가 골든팰리스닷컴을 널리 알려준 것이다. 그것은 샤트너에게도 명성을 안겨주었고, 그의 이름이 곳곳에 나붙었다.

골든팰리스닷컴의 전문적인 이베이 입찰 참여자들은 수백 개의 익살맞은 구매 품목 중 어느 하나도 블로그와 매체들에 히트 칠 수 없으리라는 사실을 잘 알고 있다. 그러나 그 중 20분의 1 정도는 표적을 정확히 맞힌다고 기대할 수 있을 것이다.

>>폭발성 있는 뉴스를 전염시켜라

확실하게 전염되는 캠페인을 창작하는 것은 어렵다고 생각한다. 그럼에도 한 조직이 참여하는 타깃 시장에 너무나 중요한, 의미심장한 뉴스를 갖고 있을 때가 있다. 다른 회사의 유명한 최고경영자를 영입한다는 뉴스, 합병 또는 인수 발표, 저명인사의 보증 거래는 당신의 시장에서 블로그들에 불을 붙인다. 그런 경우 효과를 최대한 높이기 위해 뉴스를 내보내는 것이 중요하다. 물론 반대로 나쁜 뉴스도 있다. 이 또한 전염되고, 당신은 그것을 억제하거나 최소화하고 싶을 것이다. 그러나 이 장에서는 가능한 한 넓은 고객층에게 내보내기를 바라는 좋은 뉴스 쪽에 초점을 맞추고자 한다. 효과를 극대화하기 위해 잇달아 뉴스를 내놓고 싶다면 그것을 누구에게 언제 말할지를 담은 계획과 세부적인 시간표를 만드는 것이 중요하다.

 2006년 7월 초, IT 분야의 연구·자문 업체인 '아웃셀'[5]은 "클릭 사기가 13억 달러에 이른다. '묻지도 말하지도 말라'는 시대는 끝났다"는 제목의 보고서를 완성했지만 발표하지 않고 있었다. 클릭 사기 문제는 검색 엔진에서 광고주들을 괴롭히는 골칫거리였다. 이 문제를 실질적인 비용과 광고주의 정서에 기초해 처음으로 계량화한 것이 이 보고서였다. 광고비로 약 10억 달러를 쓴 광고주 407명을 대상으로 조사한 이 보고서는, 구글 같은 검색 엔진들의 핵심 사업 모델을 위협하는 문제를 다룬 것으로, 폭발성을 지니고 있었다. 아웃셀의 애널리스트들은 웹에서 벌어지는 클릭 사기 문제를 폭로했다. 클릭 사기는 광고하는 회사가 대금을 지급해주는 클릭인 검색 결과의 일부로 나타났다. 아웃셀 애널리스트들은 그런 클릭들에 관련된 보도는 엄청난 파장을 지니고 있음을 알았다.

 "처음에 우리는 그 소식을 우리 고객들에게 보내는 뉴스레터에서 알렸다." 그 보고서의 저자이자 아웃셀의 선임 애널리스트로 활동하는 척 리처드(Chuck Richard) 아웃셀 부사장은 이렇게 말한다. "우리는 그 보고서가 언론 매체들에 전달되기 전에 유료 고객들이 그 내용을 접할 것임을 확신한다. 그러나 내부적으로 또 우리의 홍보 회사인 '워너 커뮤니케이션즈'[6]와 더불어 우리는 그것이 중요해질 것이라고 생각했다. 아웃셀은 기술적인 문제를 안고 있었다. 주말이자 휴일인 미국 독립기념일에 그 내용을 고객들에게 알려야 한다는 점이었다. 홍보 회사는 "아웃셀은 구글 등의 사업 모델을 위협하는 13억 달러짜리 문제로 클릭 사기 보고서를 쓰고 있다. 연구 결과 잘못된 계산 청구서 때문에 광고주의 27

퍼센트가 클릭당 대금을 지급하는 광고를 줄이거나 중단한 것으로 나타났다"라는 글을 달아 선택된 매체들에게 보냈다. 엠바고 기한을 찍어 승인된 매체들에게 그 보고서의 초안을 제공한 것이다. 전체 내용은 수요일이었던 7월 5일 0시까지 겉으로 드러나지 않았다. 일간지《샌프란시스코 크로니컬》의 베르느 코피토프(Verne Kopytoff)는 아웃셀이 확인한 그 문제를 연구하고, 리처드를 인터뷰하고, 검색 엔진 업체 대변인들로부터 논평을 듣기 위해 연락을 취하면서 휴일인 주말을 보냈다. 그가 쓴 것은 2006년 7월 5일 수요일 아침에 터져 나온 첫 기사였다. "클릭 사기 문제 심각! 연구 결과 광범위하게 확산된 것으로 드러났다. 많은 광고주들이 온라인 광고를 끊고 있다"는 내용이었다.

"전염 양상은 블로거들로부터 나왔고, 일주일이 지나도록 온통 난리였다"고 리처드는 말한다. 단 5일 만에 존 배텔르(John Batelle)의 서치 블로그, 제프 자비스(Jeff Jarvis)의 부즈머신, 클릭Z 뉴스 블로그, 검색 엔진 워치의 대니 설리반(Danny Sullivan) 같은 블로거 100명 이상이 그 기사를 다루었다. 기사가 처음 나간 뒤 리처드는 주류 언론 매체들과 잇따라 인터뷰하느라 바빴다. 이는 첫 일주일 만에 100건의 기사 물결로 이어졌다. NPR · MSNBC · ABC뉴스 등의 방송 채널은 물론《보스턴 글로브》·《로스앤젤레스 타임스》를 비롯한 일간지,《배론스》·《파이낸셜 타임스》·《애드에이지》·《e위크》등의 전문지, 온라인 매체인《지디넷》·《비즈니스위크 온라인》·《더스트리트닷컴》까지 관련 기사를 다루었다.

그 다음 주부터 그 시장에서 클릭 사기 분야의 전문가로 떠오른 리처드는 언론들로부터 많은 요청을 받았다. 기존 '아칸소 클릭 사기' 문제를 해결한 데 따른 요청이었다. 일주일 만에 구글은 도중에 적발한 사기성 클릭들의 통계 수치를 제공하겠다고 발표했다. 많은 언론 매체들이 후속 보도에서 이런 진전 내용을 다루었다. 리처드는 온라인상의 입소문이 유료 검색 사업체들로 하여금 마침내 사기 클릭을 추적해 감시하고 증명하는 과정들을 마련하도록 압박했다고 믿는다. "이는 사용자, 에디터, 광고주들에게 중대한 소식"이라고 그는 말한다.

그는 "언론인과 블로거들이 작은 기업을 위해 이런 식으로 접근하는 것은 괄목할 만하다"고 말한다. "몇 년 전만 해도 이런 일은 일어날 수 없었다. 언론 노출은 그 회사에 대한 사람들의 인식에 근본적인 변화를 불러일으켰다. 많은 고객이 축하한다며 우리에게 접근해왔다. 더 우뚝 선 우리를 볼 수 있게 되어 기쁘다고 했다. 그리고 그 분야를 다루는 많은 기자들의 주요 취재원 명단에 올랐다. 그들은 이제 내게 관련 기사에 어울리는 논평을 요청한다." 뿐만 아니라 《비즈니스 위크》는 2006년 10월 2일, 이슈로 '클릭 사기, 온라인 광고의 어두운 면'을 커버스토리로 다루었고, 아웃셀 보고서를 인용했다.

리처드는 중요한 뉴스 아이템 또는 보고서가 한 기업 또는 전체 산업에 어떤 영향을 끼치는지 역시 알고 있다. "그것은 우리에게 책임감을 일깨웠다"고 그는 말한다. "이런 일이 한 기업의 주가나 실적 또는 수익을 요구하는 투자자들에게 영향을 끼칠 수 있다면 우리 의견을 다시 확인해야 한다."

아웃셀의 사례는 시장에 적절하게 전달된 뉴스 한 건이 널리 퍼져나갈 수 있음을 분명하게 보여준다. 그러나 새로운 아이디어를 확산시키는 데에는 뉴스 사이클에 대한 주의 깊은 배려와 함께 전통적인 뉴스 매체와 블로거들의 역할을 함께 인식해야 한다. 그래야 그 이야깃거리는 규모가 더 큰 고객층에게 도달하고 조직의 목표 달성에 도움을 준다.

'전염성 입소문 마케팅'은 당신을 위해, 당신의 이야기를 다른 사람들이 말하게끔 한다. 그것은 당신의 고객에게 접근하는 가장 흥미롭고 확실한 방법이다. 힘을 갖는 것은 쉽지 않다. 그러나 당신이 뉴스거리를 갖고 있을 때 조심스럽게 준비하고, 흥미를 유발할 수 있는 잠재력을 요령 있게 활용한다면 누구라도 웹에서 유명해질 수 있는 힘을 갖게 된다.

9장
웹사이트, 콘텐츠로 승부하라

>>성공하는 사이트의 조건

이 책을 처음부터 읽고 있다면, 이 대목에서 혁신적인 마케팅 담당자들이 고객에게 다가가기 위해 이용하는 각 매체들—블로그, 팟캐스트, 뉴스 발표 자료는 물론 나머지 모든 것들을 포함하는—이 각각 독립적인 커뮤니케이션 수단이라고 생각할 수 있다. 각 매체는 확실히 독립적인 단위일 수 있다. 예컨대 당신의 블로그는 당신 회사의 사이트에 연결되지 않아도 상관없다. 반면 조직들 대부분은 고객에게 통일성을 주기 위해 그들의 온라인 마케팅을 한 곳에 통합한다. 각 매체는 다른 모든 것들과 상호 연관된다. 팟캐스트는 블로그와 더불어 작동한다. 뉴스 발표 프로그램은 효과적인 웹사이트 및 온라인 매체 룸과 함께 작동한다. 다른 영역 또는 나라들을 위한 다양한 웹사이트는 기업 사이트에도 함께 나온다. 고객들에게 가까이 다가가기 위해 웹 콘텐츠를 어떻게 배치하는지는 중요하지 않다.

웹사이트를 구축한 사람이라면 누구나 알고 있듯이 콘텐츠뿐만 아니라 더 많은 것을 생각해야 한다. 디자인, 색깔, 내비게이션, 적절한 기술 등등은 좋은 웹사이트를 만들기 위해 곁들여야 할 요소들이다. 하지만 이런 요소들이 핵심 요소로 작용한다는 점은 안타까운 일이다. 왜 그럴까? 내 생각에 콘텐츠보다 사이트의 디자인 또는 기술에 초점을 맞추는 것이 더 쉽다. 웹사이트 창안자들을 도와줄 콘텐츠 자원이 별로 없기 때문이다. 바로 이것이 내가 이 책을 쓴 이유이다!

웹사이트에서 일하도록 허락받은 유일한 사람은 대부분 웹마스터이다. 많은 조직에서 기술의 제왕인 웹마스터들은 모든 관심을 HTML·XML 등 신선한 소프트웨어 제품들, 서버 기술과 ISP(인터넷 접속 서비스, 웹사이트 구축 등을 제공하는 회사) 같은 것에 집중한다. 그러나 콘텐츠 측면에는 무슨 일이 벌어지는가? 웹사이트를 예쁘게 보이도록 만드는 데에만 집중하는 그래픽 디자이너와 광고 담당자들로 인해 웹마스터는 밀려난다. 선의의 광고 대행사들은 세련된 디자인 또는 플래시 같은 따끈따끈한 기술을 고민한다. 사이트 주인들이 기술과 디자인을 너무 걱정한 탓에 훌륭한 '콘텐츠'가 가장 중요한 자산이라는 사실을 잊어버린 웹사이트들을 많이 보았다.

가장 좋은 사이트는 우선 콘텐츠에 초점을 맞추어 다양한 고객, 시장, 매체, 제품들을 한 곳으로 끌어 모은다. 그곳에서는 콘텐츠가 유일한 제왕이 아니며, 대통령과 교황도 아니다. 훌륭한 웹사이트는 다양한 온라인 주도권의 교차점으로, 팟캐스트·블로그·뉴스 발표 자료 그리고 다른 온라인 매체들을 포함한다. 응집력 있고 흥미로운 방법으로 풍부한 콘텐츠를 갖춘 웹사이트는 조직의 '온라인 개성'을 형성해 당신의 고객들 개개인을 흥분시킨다. 더 중요한 것은 그들을 지도한다는 점이다.

>> 콘텐츠 하나로 세상을 바꾸다

'자연자원보호위원회(NRDC)'는 미국 내에서 가장 영향력 있는 환경 운동 단체이다. 웹사이트[1]에 따르면, 이 단체는 지구의 야생 동식물과 야생 지역을 보호하며, 모든 생명체들에게 안전하고 건강한 환경을 확보해주기 위해 법, 과학, 그리고 120만 명의 회원들과 온라인 활동가들의 지지를 이끌어낸다. 이 단체의 활동이 흥미를 끄는 것은 그 사이트에서 이용할 수 있는 웹 콘텐츠의 양이 광범위하다는 점이다. 그 사이트에는 조직의 마케팅 담당자들이 만든 다양한 매체들, 모임 메시지를 널리 퍼뜨리기 위해 온라인 활동가와 정치 블로거들에게 제공한 도구들이 있다. 미국의 100대 봉사 단체 중 하나로 선정되기도 한 이 단체는 100만 명을 웃도는 회원들이 최고 자산임을 잘 알고 있다. 아울러 더 많은 사람들이 온라인에서 한 목소리를 낼 수 있도록 훌륭한 웹사이트를 개발함으로써 팀과 메시지 전달 능력을 엄청나게 확장시켰다.

이 위원회의 사이트에는 맑은 공기와 에너지, 깨끗한 물과 바다, 야생 생물, 쾌적한 공원과 숲, 습지와 관련된 환경 뉴스, 자원 관련 정보가 담겨 있다. 뿐만 아니라 그것은 온라인 발간물, 법과 조약으로 이어지는 링크, 환경 용어 풀이를 제공한다. 이 단체는 조직의 메시지를 음성·영상·문서 자료 등 다양한 방법으로 전달하며, 더 많은 사람들이 참여하는 것은 물론, 온라인 콘텐츠를 재사용함으로써 단체의 주장을 지지하도록 유도한다.

블로거들이 메시지를 퍼뜨리는 데 도움이 되도록 사이트 전반에 작은 장치들—웹사이트와 블로그들에서 찾아볼 수 있는 조그만 응용 프로그램들—과 링크를 만들었다. 유명한 장치로는 딜리셔스와 디그에 꼬리표를 붙이는 '소셜 북 마킹'(웹을 서핑하다 발견한, 기억해둘 만한 웹페이지에 꼬리표를 붙여 분류하고 보관해둘 수 있도록 하는 서비스) 도구가 있다. 이는 사이트 이용자들이 이 위원회로부터 정보를 쉽게 찾을 수 있도록 하기 위함이다. 그 사이트는 또한 독립적인 블로거와 웹사이트 운영자들에게 '배지'(배너 광고처럼 보이는 그래픽 이미지)[2]를 나누어준다. 그들의 블로그 또는 사이트에 배지를 붙여 이 위원회에 접속하도록 하기 위해서이다. 예를 들어 지구 온난화와 석유 의존도를 줄이는 데 돕고 싶은 사람들은 그들의 블로그 또는 웹사이트에 바이오 연료 배지를 부착할 수 있다. 그 배지는 바이오 연료를 다루는 이 단체의 콘텐츠로 연결된다. 사용 가능한 배지들로는 이 단체의 구독 링크처럼 보이는 작은 것도 있고 배너 광고와 비슷한 좀더 큰 것도 있다. 이 단체는 또한 '관련 전문가들로부터 듣는 지구 온난화 이해하기'[3] 같은 '스쿼두 렌즈'를 만들었다. 그것은 구성원들로 하여금 똑같은 일을 하도록 고무시킨다.(스쿼두에 관한 더 자세한 사항은 20장을 참조할 것.)

"나는 공영 라디오 방송인 NPR에서 매체와 관련된 업무를 했고, 이를 토대로 이곳에 왔다"고 커뮤니케이션 담당 부이사인 대니얼 하이너펠드(Daniel Hinerfeld)는 말한다. "하지만 나는 로스앤젤레스 사무실에 있고, 엔터테인먼트 산업에 연줄을 잡고 있었다. 이 때문에 우리 사이트를 위해 멀티미디어 콘텐츠를 만들기 시작했다. 그것이 바로 피어스 브로스넌의 목소리로 진행하는 '리썰 사운드(Lethal Sound)'[4]였다. 그것은 내게 멀티미디어에 관한 첫 번째 큰 경험이었다." 순회 행사에서 큰 인기를 끌었던 그 영상물은, 수중 음파 탐지기가 고래의 생존에 어떤 영향을 미치는지 자세하게 알려준다. 사람들이 행동에 나서도록 촉구하기 위해 그 영상물의 랜딩 페이지(검색 광고를 통한 방문객들의 방문 페이지)는 다양한 장치와 도구들을 갖고 있다. 이 페이지에서 회원들은 관련 공무원들에게 메시지를 보내고, 기부금을 내며, 친구들에게 온라인 우편엽서를 보낼 수 있다. "중간 대역 주파수의 수중 음파 탐지기로 고래에 해를 입혔다는 이유로 고소당한 해군"이라는 제목의 보도 자료 같은 추가적인 콘텐츠로 이어지는 링크와, "심도 2 울리기"라는 제목의 상세한 보고서는 클릭 한 번으로 멀리까지 전달된다. 관련 정보에 연결하고, 친구들과 공유하기 쉽게 조직된 이 모든 콘텐츠들은 그 사이트에서 이 단체의 입지를 크게 강화시킨다. 그리고 이 단체의 온라인 콘텐츠 전문가들은 그들의 중요한 메시지를 전달할 새로운 방법을 늘 찾고 있다.

"우리는 공중파와 거의 같은 질적 수준을 갖춘 팟캐스트 채널[5]을 만들었다"고 하이너펠드는 말한다. "우리의 커뮤니케이션 전략은 단지 언론 매체들에게 접근하는 것만이 아니라 구성원들에게 직접 다가가기 위한 것이기도 하다." 하이너펠드는 이 위원회의 팟캐스트를 위한 프로그램을 만들 때 방송국에서 활동한 경험을 광범위하게 활용하고 있다. "늘 우리 자신의 것과 잘 맞지 않는 관점들도 포함하기 위해 애쓰고 있다"고 그는 말한다. "그것이 프로그램을 더 흥미롭게 만들고 우리 입장을 견고히 한다고 생각한다. 예를 들어 우리는 우리 직원들과 인터뷰할 때 대답하기 까다로운 질문을 한다. 이렇게 하는 것이 그들이 하는 일을 진정성 있게 만든다. 사람들은 홍보를 원하지 않는다. 그들은 진실한 것을 원한다."

하이너펠드는 멀티미디어가 매우 흥미롭다고 말한다. 이 위원회가 젊은 구성원들에게 다가갈 기회를 주기 때문이란다. "팟캐스트 이용자들을 많이 만나보았고, 그들 상당수는 긴 출퇴근 시간 동안에 팟캐스트를 듣고 있다"고 그는 말한다. "우리는 덜 불안하고 다른 방법으로 사람들을 한데 묶는 이런 종류의 콘텐츠를 사용한다. 우리는 또한 우리의 젊은 직원들의 면면을 오롯이 드러내 보인다. 그것은 단체를 개인화하는 방법 중 하나이다." 어떤 직원들은 '마이스페이스' 프로필을 갖고 있으며 그것을 이용해 또한 말을 퍼뜨린다.(마이스페이스에 관한 추가적인 내용은 19장에 있다.)

이 위원회는 환경 이슈를 다루는 뉴스 매체들 사이에는 매우 잘 알려져 있다. 그러나 메시지를 퍼뜨리고 그것이 더 많이 퍼지도록 블로거들에게 제공하는 그 사이트의 콘텐츠, 음성 및 영상물, 사이트 구성 요소들은 그 조직을 훨씬 더 접근하기 쉽게 해준다. 특히 온라인 활동가들과 젊은 마이스페이스 세대들에게 그렇다. 이 단체의 직원들은 그 시장에서, 그리고 그들의 구성원들이 읽는 사이트와 블로그에 활발하게 참여하고 있다. 이 모든 노력이 그들의 콘텐츠를 진실된 것으로 만든다. 왜냐하면 그 모임 쪽에서 접근해야 하는 고객들에게 그 내용이 전후 문맥상 적절하기 때문이다.

≫웹사이트, 콘텐츠로 승부하라

자연자원보호위원회 사이트는 고객에게 다가가기 쉽도록 설계한 웹사이트의 대표적인 사례이다. 이 사이트를 이용하는 '고객'은 100만 명을 웃도는 회원, 후원자, 활동가들이다. 이들은 지구의 야생 동식물 및 야생 지역을 보호하고 건강한 환경을 보전하기 위한 일환으로 그 사이트를 활용한다.

불행히도 일반적인 사이트들 대부분은 초점을 잘못 맞춘 채 구축된다. 물론 모양새와 내비게이션은 중요하다. 적절한 색깔, 로고, 글자체, 디자인은 사이트를 호소력 있게 만든다. 콘텐츠 관리 시스템 같은 기술은 사이트를 업데이트하기 쉽게 해준다. 그러나 가장 중요한 것은 '콘텐츠'이다. 콘텐츠가 어떻게 조직되고, 그것이 어떻게 고객의 행동을 이끌어내는지가 중요하다.

성공적인 마케팅·홍보 전략을 추진할 때 콘텐츠는 가장 중요한 요소임에 틀림없다. 콘텐츠에 초점을 맞추는 것은 어려운 과제로 여겨진다. 홍보 대행사가 현대적이고 멋있는 디자인을 추구할 때, IT 부서가 사이트 얼개를 고민할 때 더욱 그렇다. 콘텐츠 전략을 갖고 출발함으로써 언론 매체 에디터처럼 생각하고 새로운 사이트를 만들거나 사이트를 재설계하는 것은 당신의 임무이다.

>>콘텐츠로 통합하라

웹사이트에서 행해지는 온라인 마케팅·홍보 노력들을 통일시키는 것과 관련된 글을 읽을 때 당신은 이렇게 생각할지도 모른다. '소규모 조직 또는 하나의 생산 라인만 있는 업체라면 그것이 쉽지만 우리 회사처럼 많은 브랜드를 거느린 조직에는 여간한 일이 아니다.' 물론 그렇다. 대기업들은 공통적으로 다수의 브랜드, 지역적·언어적 환경 등등을 고려해야 한다. 이들을 솜씨 있게 다루어야 할 때 콘텐츠의 광범위한 다양성을 조정하는 것은 너무나 어렵다. 그러나 크고 넓게 퍼져 있는 조직의 경우 한 회사 사이트로 통합하는 것은 훨씬 더 중요할 것이다. 왜냐하면 통일된 성격을 보여주어야 결실을 거두기 때문이다.

'텍스트론'[6]의 마케팅·웹 커뮤니케이션 부문을 총괄하고 있는 사라 간세이(Sarah F. Gamsey)는 "핵심은 다른 사업 단위, 기업 사무소, 부서들 사이의 협력"이라고 말한다. "텍스트론에서 각 사업 부문은 독립적으로 운영되는 자체 웹사이트를 갖고 있다. 그리고 그것은 조정을 어렵게 한다. 각각의 회사들보다 사람들에게 더 친숙하게 여겨지는 명확한 브랜드이기 때문이다."

연간 수익이 100억 달러에 이르고, 33개국에 3만 7,000여 직원을 거느린 글로벌 기업 텍스트론은 벨 헬리콥터, 세스나 항공기, 골프카 E-Z-GO 등의 브랜드로 널리 알려져 있다. 그 회사는 벨 헬리콥터[7] 같은 개별 브랜드들을 위한 웹사이트를 10여 개 갖고 있다. "검색 기록을 통해 우리는 많은 사람들이 텍스트론 회사 사이트에서 제품과 사업 정보를 찾고 있음을 알게 되었다"고 그는 말한다. "그것은 우리를 잠에서 깨어

나게 했다. 왜냐하면 사람들이 정보를 찾으려고 사업 부문별 사이트로 오고 있다고 생각해왔기 때문이다. 따라서 우리는 사업 부문별 콘텐츠를 더 많이 담는 쪽으로 회사 사이트를 확장했다." 최근 그 새로운 사이트에 방문했을 때, 세스나 항공기[8]의 최고경영자인 잭 펠튼(Jack Pelton)을 주인공으로 등장시킨 영상물을 볼 수 있었다. 훌륭한 제품 사진들도 많이 찾아볼 수 있었다. 또 존 델라마터(John Delamarter)를 비롯한 직원들을 다룬 특집 기사를 읽을 수 있었다. 델라마터는 라이코밍에서 썬더볼트 엔진 프로그램 관리자로 일한다. 그는 특집 기사에서 자신의 업무에 대한 자부심과 즐거움을 이야기했다. 텍스트론은 잘 조직된 온라인 미디어 룸을 두고 있다. 그리고 그 회사의 주식이 뉴욕증권거래소에서 거래되기 때문에 그 사이트에는 투자 설명회 부문도 두고 있다.

"우리는 흥미로운 것들을 진열하기 위해 사업 부문들과 함께 일하며, 그 사이트에 신선한 콘텐츠를 확보하고, 주간 단위의 새로운 이야깃거리로 업데이트하기 위해 노력한다"고 간세이는 말한다. "그러나 좋은 콘텐츠를 유지하려면 내용물과 프로세스를 제대로 관리해야 한다. 거대 사이트에는 엄정한 프로세스가 필요함에도 불구하고 많은 회사들은 이를 과소평가하는 것 같다. 조정과 관리가 절실하다. 예를 들어 나는 인사부의 협조를 얻지 않고는 그 사이트에 필수적인 채용 관련 콘텐츠를 만들 수 없다. 사람들은 당신이 웹마스터에게 콘텐츠를 던져주기만 하면 그대로 작동한다고 믿는다. 하지만 그렇지 않다. 책상 아래에 있는 서버만 붙들고 일하는 사람들의 시대는 끝났다."

그는 텍스트론 사이트가 고객들의 요구를 확실하게 충족시켜주고, 그에 맞추어 모든 것이 제대로 작동하도록 과정과 절차를 적절하게 조합하고 있다. 그리고 그는 부서와 제품 및 회사 사이트들을 관리하는 사람들과 업무를 조정하기 위해 함께 일하는 소규모 팀을 두고 있다. "우리는 모든 것이 새로운지, 세밀하게 검토되는지, 합법적인지 확인하기 위해 콘텐츠 관리 절차를 갖고 있다"고 그는 말한다. "하지만 먼저 해야 할 것은 고객의 소리가 포착되고 그것이 모든 전자 커뮤니케이션 속으로 들어가는 것을 확인하는 일이다. 우리는 사용자들을 콘텐츠 속으로 어떻게 끌어들이고 사이트를 어떻게 이용해 그들과 관계를 맺는지 연구한다. 그들이 우리한테서 곧바로 무엇인가 구입하지 않더라도 그들은 회사 주식 또는 세스나 같은 브랜드를 비롯해 어느 하나에라도 흥미를 갖게 될 것이다." 그는 사람들을 매년 유용성을 테스트하고 연구하는 실험실로 안내한다. 가장 효과적인 업무 처리 방식을 따르고 있음을 확인시키기 위해서이다. "우리는 또한 우리의 모든 닷컴 사이트들을 대상으로 해마다 감사를 벌이는데, 이는 모든 사이트가 표준을 준수하는지 확인하기 위해서"라고 그는 말한다. "그리고 우리는 매년 회사 전반에 걸쳐 웹 주도권을 쥐고 있는 모든 텍스트론 관계자들과 웹 서밋(웹에서의 정상 회의)를 연다. 우리의 개별 사업들은 뚜렷한 공통점을 갖고 있지 않다. 이 때문에 그렇게 하지 않고서는 텍스트론 사람들이 서로 대화할 이유를 찾지 못한다. 그래서 커뮤니티를 구축하려고 한다."

▶▶ 훌륭한 사이트는 과학이 아니라 예술이다

웹사이트들을 연구할수록 중요한 많은 요소들이 한 덩어리로 같이 따라온다는 점을 더 깊이 깨닫는다. 그 사이트의 창안자가 세심하게 걱정하고 그의 열정이 빛나기를 원하는 만큼 그것은 옳다고 여겨진다. 그것은 아름다운 꽃가루들이 퍼지는 것과 같아서 중요하지만 묘사하기가 힘들다. 그러나 나는 확신한다. 핵심은 고객 또는 기부자, 서명자, 투표자들을 이해하고 그들을 위해 특별한 콘텐츠를 구축하는 것이다.(13장에서 당신만의 사이트를 어떻게 만들고 강화할지에 대한 아이디어와 사례를 선보일 것이다.)

훌륭한 사이트들은 그것을 구축하는 이들의 열정에 의존하며, 다른 이들을 돕는 데 헌신하는 사람의 개성을 반영한다. 조직의 목표를 이루기 위해 콘텐츠를 개발할 때 때때로 '과학' 보다는 '예술' 적인 접근법이 성공한다는 사실을 명심하라. 당신이 제공한 콘텐츠는 독특한 개성을 지녀야 한다. 그리고 당신의 개성을 보여주어야만 한다. 양질의 텔레비전 프로그램 또는 영화처럼 잘 만든 웹사이트는 콘텐츠와 전달이 효과적으로 조합되어 있다. 그러나 웹에서 많은 조직들이 콘텐츠 자체보다는 디자인과 전달에 훨씬 더 많은 시간과 돈을 쓴다.

그 덫에 빠지지 말라. 콘텐츠, 디자인, 기술을 조합하는 것은 예술이 힘을 발휘하는 데에서 비롯된다. 개성과 진정성을 포함하는 것과 특정한 고객층에게 다가가는 것은 너무나 어렵다. 웹사이트를 만드는 데 절대적으로 옳거나 그른 방법은 없다는 사실을 반드시 명심하라. 각 조직은 개별적이고 중요한 이야깃거리를 갖고 있다.

이제 이런 아이디어들을 어떻게 실행할지 구체적인 방법에 시간을 할애할 것이다. 이후부터는 웹 콘텐츠를 갖고 고객들에게 직접 다가가는 광범위한 마케팅·홍보 계획을 어떻게 구축하는지 알아볼 것이다.

다음의 각 장들은 고객들을 위해 선도적인 역량을 갖춘 콘텐츠를 개발하고 작성하는 데 좋은 충고가 될 것이다. 최종적으로 나는 보도 자료 프로그램을 채우고, 온라인 미디어 룸을 구축하며, 자신의 블로그와 팟캐스트를 만들고, 소셜 네트워킹 사이트들과 더불어 일하는 데 필요한 상세한 정보를 제공할 것이다. 이런 아이디어들로 성공을 거둔 혁신적인 마케팅 담당자들의 이야기를 듣는 것은 매우 가치 있는 일이라고 믿는다. 이 때문에 계속해서 관련 사례를 살펴볼 것이다. 이는 다른 사람들이 이런 아이디어들을 어떻게 실행해왔는지 보여주고, 당신 자신의 창의적인 활력을 뿜어내도록 돕기 위해서이다.

4부
고객을 위한 콘텐츠를 개발하라

10장
마케팅·홍보 계획 세우기

>> 스타벅스와 4P 법칙

당신의 회사는 훌륭한 제품을 팔고 있는가? 당신이 속한 종교 단체, 비영리 단체, 컨설팅 회사, 학교는 훌륭한 서비스를 제공하는가? 마케팅은 제품에 관한 것만은 아니다! 마케팅·홍보 계획을 수립할 때 반드시 명심해야 할 점은, 당신의 제품과 서비스를 잠시 옆에 제쳐두고, 고객에게만 관심의 초점을 맞추는 일이다. 그 고객들은 당신의 제품을 구입하는 것은 물론 기부금을 내고, 서명하며, 참여하고 또는 지원할 이들을 모두 뜻한다. 제품에서 벗어나 고객에게 관심을 기울이는 것은 어려운 일이다. 그러나 그것은 늘 목표에 한 발 더 다가가게끔 해준다.

스타벅스를 생각해보자. 그 회사의 제품이 훌륭한가? 그렇다. 내 생각에 스타벅스에서 산 커피는 맛이 좋다. 그리고 마케팅 담당자들 대부분이 스타벅스를 선전할 기회를 갖는다면 커피 그 자체, 즉 제품에 초점을 맞출 것이다. 그러나 사람들이 스타벅스에서 구입하는 것이 정말 커피 그 자체 때문일까? 혹시 스타벅스가 고객들의 문제를 해결해주는 것은 아닐까? 스타벅스가 정말로 파는 것은 '잠시 동안 터놓고 이야기할 수 있는 장소'이다. 아울러 스타벅스는 사람들이 만나 문제를 풀기 위한 편한 장소를 제공한다. 내 경우 역시 그렇다. 고객을 만나고 인터뷰하기 위해 한 달에 몇 번씩 스타벅스를 이용한다. 사람들은 또한 인터넷을 무료로 이용하기 위해 스타벅스를 이용하는 것은 아닐까? 스타벅스는 하루에 10분 정도의 시간을 절약하게 해준다. 당신이 커피를 갈고, 커피 메이커에 물을 붓고, 기다리고, 설거지하는 등의 번거로움을 없애주기 때문이다.

누군가에게는 스타벅스가 약간의 과시를 뜻하기도 한다. 그는 자신이 그럴 만한 가치가 있다고 믿는다. 나는 스타벅스가 그 모든 것을 한다고 말했다. 스타벅스는 다양한 고객층에게 호소력을 지닌다. 그리고 그것은 커피뿐 아니라 많은 것을 판다. 당신이 지금 스타벅스를 선전하는가? 그렇다면 고객들을 세분화하고 그들의 욕구를 기초로 그들에게 호소하는 것이 당신의 일이다. 제품에 대해서만 이야기해서는 안 된다.

마케팅 담당자들이라면, 고객이 안고 있는 문제를 풀어주기 위해 접근하는 것이 어려운 일일 수 있다. 우리는 훌륭한 제품과 서비스가 마케팅 목표를 이루는 데 얼마나 중요한지 지속적으로 들어왔기 때문이다. 사실 일반적인 마케팅 교육에서는 여전히 마케팅의 4P, 즉 제품(product), 장소(place), 가격(price), 판촉(promotion)이 중요하다고 가르친다. 그러나 이제 그것은 적절하지 않다. 마케팅과 홍보의 새로운 원칙들을 기초로 웹에서 성공하려면 조직의 목표를 고려하되, '먼저' 고객에게 초점을 맞추어야 한다. 고객을 이해할 때 비로소 당신은 그들에게 다가갈 필수적인 웹 콘텐츠를 만들 수 있다. 그렇다. 마케팅 담당자들은 이 점에 대해 때때로 나와 다툰다. 그러나 다시 한 번 강조하지만, 웹에서 당신의 조직을 홍보할 때 당신이 파는 제품과 서비스는 부차적일 뿐이다.

따라서 당신에게 이 장의 과제, 즉 새로운 원칙을 따르는 마케팅·홍보 계획을 수립할 때 제품과 서비스는 옆에 제쳐두라고 당부하고 싶다. 이 과정에서 초점을 맞추어야 할 가장 중요한 것은 고객이다. 우리는 조직이 성공하는 진정한 목표는 고객이라는 입장에서 일해야 한다. 나를 믿어라. 이는 당신이 이전에 만들었던 마케팅·홍보 계획과는 전혀 다르다.

〉〉조직의 진정한 목표는 무엇인가?

마케팅·홍보 담당자들은 담당 부서의 목표를 회사의 나머지 부문들과 일치시키는 데 많은 어려움을 안고 있다. 그리고 관리팀들은 이런 역기능을 계속 안고 간다. 마케팅 담당자들 대부분이 갖고 있는 목표를 생각해보자. 그것은 장중한 필수 과제 목록 형태를 띠고 있다. "자, 같이 보자. 우리는 전시회를 개최하고, 잡지에 광고하고, 새로운 로고를 만들고, 언론에 보도 자료를 보내며, 홍보용 티셔츠를 만들고, 웹사이트 트래픽을 늘리고, 판매 사원들을 위해 모범 사례를 만들어야만 한다."

이런 것들은 당신 회사의 목표가 아니다! 나는 사업 보고서나 대차대조표에서 '모범 사례'나 '언론 보도', '티셔츠'를 결코 본 적이 없다.

마케팅 부서의 전형적인 목표들과 함께 우리는 지속적으로 오늘의 '벼락 인기'에 초점을 맞추고, 그에 따라 늘 잘못된 것에 초점을 맞춘다. 또한 많은 회사들이 마케팅 업무를 '실수투성이 게으름뱅이가 하는 일' 쯤으로 여기기도 한다. 어떤 조직들에서는 마케팅 부서가 '도장 찍는 경찰(branding police)'로 불리거나, 때로는 실패한 판매 사원들이 모이는 곳으로 여겨지기도 한다. 이것은 하나도 이상할 것이 없다.

마케팅 담당자와 홍보 직원들 대부분은 성공 여부를 평가할 때 잘못된 기준에 초점을 맞춘다. 그들은 웹사이트들에 대해 자주 이렇게 말한다. "우리는 우리 사이트에서 한 달에 독특한 방문자 만 명을 확보하고 싶다." 홍보의 측정 기준도 부적절하기는 마찬가지이다. "우리는 매달 업계 전문지에 세 번 언급되고, 대중적인 잡지에 세 번 이상 다루어지기를 원한다." 당신의 사이트가 트래픽을 수익으로 연결시키는 광고를 통해 돈을 벌지 못했는가? 그렇다면 트래픽은 잘못된 측정 기준이다. 그리고 언론에 보도되는 것 자체가 중요한 것이 아니다. 중요한 것은 사이트를 방문한 이들과 당신을 지지하는 잠재 고객을 수익 올리기, 기부금 권유, 새로운 회원 확보 등과 같은 진짜 목표에 다가가도록 이끄는 일이다.

명확한 목표와 올바른 측정 기준이 부족하다. 이는 어린아이들의 축구 경기를 떠올리게 한다. 아이들은 한데 뒤엉킨 거대한 유기체처럼 공만을 쫓아다니며 움직인다. 그 옆에는 "패스!", "골을 넣어!"라고 소리치며 도와주는 코치들이 있다. 그러나 코치와 부모들이 알고 있듯이 그런 노력은 쓸모없다. 코치가 뭐라고 말하든, 아이들이 그것을 몇 번씩 실행하든 그것은 중요하지 않다. 아이들은 여전히 골 대신 잘못된 목표인 공에 초점을 맞춘다.

마케팅 담당자와 홍보 직원들이 하는 것은 그와 똑같다. 공만 좇아가는 바람에 골대를 보지 못한다. 그러나 더 나쁜 것이 있음을 아는가? 코치(회사 관리팀)들은 실제 우리에게 수익을 비롯한 조직의 실제적인 목표 대신 공(판매 지도 또는 언론 보도, 웹사이트 트래픽 통계치)에 초점을 맞추라고 부추긴다. 최고경영자를 비롯한 회사 임원들은 마케팅 부서를 위한 판매 지도에, 홍보팀을 위한 언론 보도에 기초해 기꺼이 인센티브를 준다. 그리고 우리가 접촉하는 광고·홍보 대행사들 또한 잘못된 측정 기준에 초점을 맞춘다.

마케팅과 홍보의 목적을 조직의 목표와 나란히 맞추어야 한다. 조직들 대부분에게 가장 중요한 목표는 수익의 증가이다. 신생 업체와 막 시작한 기술 관련 회사들은 새로운 소비자들을 창출하는 데 목표를 두고 있다. 이와 달리 기반이 튼튼한 사업체라면 기존 소비자들을 유지하는 데 더 초점을 맞출 것이다. 물론 비영리 단체들은 기부금을 끌어오는 것이 목표일 것이다. 정치인들은 표를 획득하고, 록 밴드는 사람들로 하여금 CD와 아이튠즈 다운로드를 구입하게 하며, 대학교는 고등학생들의 지원을 확보하는 것이 목표이다.

따라서 당신이 첫 번째로 할 일은, 당신의 관리팀, 당신이 속한 종교 단체나 비영리 조직의 동료들, 작은 사업체를 운영하고 있다면 당신의 배우자를 비롯한 중요 조직원들과 함께 사업 목표를 결정하는 것이다. 비영리 단체, 학교, 종교 단체, 정치 캠페인을 다룬다면 목표를 기부금, 지원 신청, 새로운 회원 또는 득표로 정하라. 그것들을 상세하게 써내려 가라. 당신이 써내려간 중요한 것들은 '유럽 지역에서 수익 20퍼센트 증가' 또는 '4/4분기에 매달 100명에 이르는 신입 회원 등록' 또는 '다음 분기에 웹을 통한 기부금 100만 달러 달성하기' 또는 ' 다음해에 다섯 번의 강연회 마련하기' 일 것이다.

이제 올바른 목표에 초점을 맞춘 마케팅과 홍보 계획을 갖고 있다. 그 다음 단계는 고객들에 관해 가능한 한 많이 알고, 그들을 그룹들로 세분화하는 작업이다. 이는 그들에게 한 발 더 가까이 다가가기 위해서이다.

>> 내스카 아빠들을 잡아라

표적으로 삼을 하나 또는 그 이상의 고객 명세서를 확인한 뒤에, 온라인 마케팅과 홍보 노력을 기울여야 성공을 거둘 수 있다. 따라서 당신은 계획을 세우는 과정에서 반드시 고객 명세서를 만들어야 한다. 우리는 이미 3장에서 고객 명세서를 언급했다. 고객 명세서는 다양한 인구·심리 통계학적 그리고 지역 특성별 고객 집단이나 고객 형태를 기술한 것으로, 최상의 예상 목록을 고르고 가장 효과적인 매체를 선정하는 데 필요한 지식을 제공해준다. 이러한 고객 명세서는 당신의 조직 또는 제품에 특별한 관심을 가지고 있거나, 제품이나 서비스로 해결 가능한 문제를 안고 있는 고객층의 형태를 보여주는 표본이다.

먼저 고객 명세서부터 만들어야 한다. 이는 마케팅·홍보 계획을 세울 때 가장 중요한 일이다. 2004년 미국 대통령 선거를 생각해보자. 유력한 두 후보를 위한 홍보 담당자들은 투표자들을 10여 개의 특정한 고객층으로 분류했다. 고객 명세서 대부분은 후보 진영에 남아 있었다. 하지만 '마이크로 타깃'이라고 불리는 고객 명세서 일부는 세상에 널리 알려졌다. 언론 매체들이 그에 대해 기사를 쓰기 시작했기 때문이다. 2004년 대통령 선거 때 잘 알려진 투표자층 중 일부는 '내스카 아빠들'과 '시큐리티 엄마들'이다. '내스카(NASCAR)'는 미국 개조 자동차 경주대회로, 세부 표적으로 삼은 상당수가 내스카 팬들인 시골의 노동 계급 남자들이었다. 시큐리티 엄마들이란 테러를 걱정하고 안전 문제에 관심이 높은 어머니들을 말한다. 이처럼 투표자 수백만 명을 뚜렷한 고객층으로 세분화함으로써 후보들은 고객층 각각에 특별히 호소하는 마케팅 캠페인과 홍보 프로그램을 구축했다. 이런 접근 방식과는 반대로, '무엇에나 들어맞는' 캠페인은 모든 이들을 목표로 삼지만 어느 누구에게도 호소력을 띠지 못한다.

당신 또한 고객층을 세분화해야 한다. 그럼으로써 그 다음에 각 고객에게 다가가는 마케팅 프로그램을 만들 수 있다. 3장에서 소개한 대학교 사례로 다시 돌아가 논의를 확장해보자. 우리는 대학교 웹사이트를 구축하기 위해 다섯 개의 특정 고객 명세서를 확인했다. 졸업한 지 10년에서 15년 된 젊은 동창, 나이 든 동창, 대학교 진학을 고려하는 고등학생, 입학할 가망 있는 고등학생의 부모들, 그리고 기존 고객인 재학생들이다. 잘 만든 대학교 사이트는 이와 같은 뚜렷한 고객층을 구분해 표적으로 삼을 것이다.

'대학교에 진학하려는 고등학생들로부터 추가로 입학 허가 지원서 500건을 더 확보하자', '기부금을 내본 적이 없는 동창들로부터 500만 달러를 끌어들이자'와 같은 마케팅과 홍보 목표는 훌륭하다! 홍보 담당자들이 품어야 할 진짜 목표는 이런 것들이다.

>>고객의 마음을 읽는 고객 명세서

그들의 목표를 확인한 뒤, 대학교의 홍보 담당자들은 고객 명세서를 만들어야 한다. 이는 최종 목표를 달성하기 위해 표적으로 삼을 각 그룹을 위한 것이다. 대학 관계자는 진학할 학교를 모색중인 고등학생들을 표적으로 삼는 고객 명세서를 만들 것이다. 그리고 그들의 부모, 즉 의사 결정의 일부이자 등록금을 지불하는 고객을 위해 다른 고객 명세서를 만들 것이다. 만일 그 대학교가 특정한 형태의 지원자, 이를테면 운동선수들을 표적으로 삼는다면? 이 경우 주요 경기에서 입상한 고등학생을 위한 특정 고객 명세서를 만들 수도 있다. 동창들로부터 기부금을 효과적으로 끌어내기 위해 졸업한 지 10년 안쪽인 젊은 동창생들에게 맞는 고객 명세서를 구축해야 할 것이다.

각각의 고객 명세서를 위해 우리는 이 그룹의 사람들에 대해 가능한 한 많이 알고자 한다. 그들의 목표와 열망은 무엇인가? 그들은 무엇을 고민하는가? 그들이 자신의 문제를 해결하기 위해 의존하는 매체는 무엇인가? 어떻게 해야 그들에게 가까이 다가갈 수 있을까? 우리는 각각의 고객 명세서를 위해 중요한 것들을 세부적으로 알고자 한다. 고객들이 주로 사용하는 단어와 문구는 무엇인가? 그들에게 각각 호소력을 띠는 이미지와 멀티미디어는 무엇인가? 긴 글이 나을까 아니면 짧고 활기찬 문장이 어울릴까? 각각의 고객층들을 이해하고 그 토대 위에서 이런 것들을 써야 한다. 또한 고객들의 성향을 이해하기 위해 그들이 보는 신문이나 잡지, TV 프로그램, 웹사이트들을 같이 보아야 한다. 예를 들어 대학교의 홍보 담당자들은 미국 최고 대학교들의 순위를 매긴 《US 뉴스

&월드 리포트》의 기사를 읽어야 한다. 또 입학할 가망 있는 고등학생들이 읽는 안내 책자들도 보아야 한다. 당신의 고객층들이 무엇을 읽고 보는지, 그것을 당신이 훑어보는 것은 당신으로 하여금 그들처럼 생각하게 만든다. 고객들에 대한 기본적인 연구를 통해 많은 것을 알게 되고, 마케팅은 훨씬 더 많은 효과를 거두게 된다.

고객들을 파악하고 고객 명세서를 개발하는 가장 좋은 방법은 그 계층의 사람들을 인터뷰하는 것이다. 두 대통령 후보의 대리인들이 이미 확인된 고객 명세서를 작성하기 위해 많은 내스카 아빠들과 시큐리티 엄마들을 인터뷰했을 것임은 분명하다. 비슷하게 우리가 예로 든 대학교의 홍보 담당자는 그 학교가 확인한 고객층들에 맞는 사람들을 인터뷰해야 한다. 홍보 담당자들은 그 대학교에 입학할 가망 있는 고등학생들에게 다음과 같은 질문을 던짐으로써 많은 것을 알게 될 것이다. 가고 싶은 대학교를 살펴보기 시작한 것은 언제인가? 대학교를 선택할 때 누가 영향을 끼쳤는가? 우리 대학교를 어떻게 알게 되었는가? 자주 이용하는 웹사이트, 블로그 또는 팟캐스트는 무엇인가?

이런 직접적인 정보를 파악했다면, 표적 고객에게 영향을 끼치는 그 매체들을 들여다보고 이용해야 한다. 그들만의 매체 안에서 오가는 단어와 문구들에 주의를 기울여라. 고등학생들이 마이스페이스 또는 다른 커뮤니티 사이트들에 자주 들른다면 당신도 그렇게 하라. 또 당신은 그들이 사용하는 은어에도 주의를 기울여야 한다. 입학할 가망이 있는 고등학생들 수십 명으로부터 직접 모은 정보와, 이들이 주의를 기울이는 매체들에서 비롯된 정보를 요모조모 따져보아라. 그럼으로써 대학교에 지원하려는 고등학생들을 위한 고객 명세서를 쉽게 만들 수 있다.

"고객 명세서는 전형적인 소비자를 다룬다. 하지만 단순한 직업 묘사가 아니라 사람을 묘사한다"고 아델르 레벨라(Adele Revella)[1]는 말한다. 그는 기술 제품들을 판매하기 위해 20년 이상 고객 명세서들을 활용해왔다. "고객 명세서는 표적 고객에 확실하게 강조해야 할 점을 제공해준다. 그에 힘입어 제품을 광고하는 데에서 벗어나 고객의 시선으로 의사 결정 과정을 이끄는 주변 환경을 돌아보게 된다. 고객 명세서는 전형적인 고객의 배경, 일상적인 활동, 그리고 그들의 문제를 해결하는 데 도움 되는 정보를 포함한다. 당신의 시장에서 더 많이 경험할수록 명세서는 더욱 분명해진다."

엉뚱하게 들릴지도 모르지만 내 생각에 당신은 내스카 아빠들, 시큐리티 엄마들과 더불어 수행한 캠페인 방식처럼 고객층에 이름을 붙여야 한다. 이는 마케팅 대상인 그들과 공감대를 넓히고 그들을 깊이 이해할 수 있는 '내부적인 이름(internal name)'이어야 한다. 이런 고객 명세서는 이름 없고 얼굴 없는 '견본' 보다 훨씬 더 생명력을 띨 것이다.

예를 들어 당신이 표적으로 삼는, 능력이 뛰어난 고등학교 운동선수를 위한 고객 명세서 이름은 '운동선수 샘' 으로 짓자. 거기에 이렇게 적을 수 있을 것이다. "운동선수 샘은 그가 고등학교 신입생이었을 때부터 대학교와 곧 다가오는 지원 절차 방법에 대해 생각하기 시작했다. 그의 코치와 부모는 그의 능력을 인정했고, 그가 좋은 대학교에 들어가거나 장학금을 받을 수 있으리라고 넌지시 말했다. 샘은 자신이 운동을 잘하기는 하지만 그처럼 훌륭한 학교에 입학할 만한 수준은 아님을 잘 알고 있다. 샘은 대학교 신입생인 듯 대학교 웹사이트들을 여러 군데 살펴보기 시작했다. 그리고 집과 가까운 대학교들의 운동선수 페이지를 즐겨 점검한다. 이들 대학교의 게임에 참여하기도 했다. 샘은 좋은 등급을 받았다. 그렇다고 실력이 아주 월등한 것은 아니다. 그에게는 친한 친구들이 있고, 주말에는 그들과 지내고 싶어 한다. 그러나 그는 댄스파티에 자주 드나들지도 않으며, 술과 담배는 피한다. 샘은 마이스페이스에 자주 들르고, 자신만의 마이스페이스 페이지를 갖고 있다. 또 즉석에서 메시지들을 자주 주고받는 온라인 모임도 있다. 그는 온라인에서 나누는 언어, 그리고 에티켓을 잘 알고 있다. 샘은 또한 스포츠 전문지인《스포츠 일러스트레이티드》를 즐겨 읽는다. 그는 졸업을 한 해 앞두고 있기 때문에 대학교 입학을 진지해질 생각할 때임을 알고 있다. 하지만 어디서부터 시작해야 할지는 잘 모른다. 그래서 그는 대학교 웹사이트에서 운동선수 페이지들에 더 많은 관심을 기울인다."

그렇게 당신은 머리를 끄덕거리고, 무엇인가를 정리한 이 고객 명세서에 동의하고 있다. 당신은 "하지만" 하고 묻는다. "내게 필요한 고객 명세서들이 얼마나 많아야 할까?" 어떤 요소들로 그들을 차별화했는지를 기초로 당신의 고객 명세서를 생각하고 싶을 수 있다. 그 인구 통계를 어떻게 세분화시킬 수 있을까? 예를 들어 어떤 조직은 나라별로 전혀 다른 고객 프로필을 갖고 있을 것이다. 당신의 회사가 자동차 분야의 고객과 정부 부문의 고객에게 무엇인가를 판매한다면 이들 고객은 각각 다르다. 중요한 사실은, 당신이 각 고객층에게 다가가는 특정한 마케팅·홍보 프로그램을 만들기 위해 이 고객 명세서의 정보를 사용할 것이라는 점이다. 그러므로 매우 세밀하게 분류해야 한다. 고객들이 당신의 웹 콘텐츠를 접했을 때 다음과 같이 말할 정도가 되어야 한다. "그래, 그게 바로 나야. 이곳은 나와 내 문제를 이해해. 내가 원하는 제품을 갖고 있을 게 분명해."

마케팅 담당자와 홍보 전문가들은 고객 명세서 작성 결과 나온 자료와 프로그램들의 변화에 놀란다. "고객이 어떻게 생각하고 그들이 무엇을 중요하게 여기는지 깊이 이해해야 한다. 그때 비로소 그들에게 무슨 말을 할지, 어디서 어떻게 소통할지 알 수 있다"고 레벨라는 말한다. "마케팅 담당자들은 내게 고객 명세서를 만들 시간이 없다고 투덜대곤 한다. 하지만 바로 그 사람들이 메시지가 옳은지 그른지 토론하는 모임들에서 무수히 많은 시간을 헛되이 낭비하고 있다. 아울러 그들은 누구한테도 공감을 불러일으키지 못하는 프로그램과 도구를 마련하는 데 예산을 낭비하고 있다. 말하기 전에 듣는 것이 훨씬 더 쉽고 효과적이다."

▶▶고객 명세서와 웹 마케팅

효과적인 웹사이트를 구축하거나 온라인 콘텐츠를 사용하는 훌륭한 마케팅 프로그램을 만드는 가장 간단한 방법이 있다. 그것은 당신이 이제껏 만들어온 특정 고객 명세서를 표적으로 삼는 것이다. 아직까지 웹사이트들 대부분은 각각 다른 고객들에게 특정한 정보를 제공하지 않는 거대한 홍보 책자와 같다. 생각해보라. 전형적인 웹사이트는 고객 명세서와 고객의 다양한 문제들에 상응하는 것이 아니라 그 회사의 제품 또는 서비스들로 가득 찬 콘텐츠만 갖고 있다. 이것은 무엇에나 누구에게나 들어맞는 것처럼 보인다.

사실 다른 온라인 마케팅 프로그램들의 사정도 똑같다. 특정한 고객층을 염두에 두지 않은 전형적인 발표 자료와 매체 홍보 프로그램은 고객이 '듣고 싶은' 것이 아니라 조직이 '말하고 싶은' 것을 기초로 만들어졌다. 여기에는 큰 차이가 있다. 고객에게 직접 다가가는 전략을 성공적으로 구사하는 회사들을 보라. 그들은 고객을 위해 자료를 작성한다. 조직의 목표 달성에 적합한 블로그들은 회사 또는 제품이 아니라 고객들과 그들이 고민하는 문제에 초점을 맞춘다.

이제 당신은 양으로 잴 수 있는 조직의 목표를 세웠고, 가까이 다가가고 싶은 고객 명세서를 작성했다. 때문에 마케팅·홍보 계획을 세울 때 당신은 고객에게 가까이 다가가고, 웹 마케팅 프로그램에서 사용할 필수적인 메시지를 개발해야 한다. 고객들과 인터뷰를 진행하고 고객 명세서를 만들었다면 당신의 제품 또는 서비스가 풀어 줄 고객의 고민을 알게 된다. 또 그들이 해답을 구하기 위해 찾아가는 매체도 파악할 수 있다. 그들은 어떤 검색 엔진에 먼저 접근하는가? 그들은 어떤 블로그, 채팅 룸, 온라인 모임, 온라인 뉴스 사이트를 찾는가? 그들은 음성 또는 영상물에 개방적인가? 당신은 한 발 더 나아가기 전에 이런 질문들에 답해야 한다.

>> 고객의 마음을 읽으려면 고객이 되어라

이 책 전반에 걸쳐 고객이 사용하는 단어와 문구를 이해하는 것이 중요하다고 말했다. 효과적인 웹 마케팅 계획을 세우려면 고객들이 이야기하는 방식과 그들이 사용하는 단어 및 문구를 이해하는 것이 필수적이다. 이는 고객들과 긍정적인 온라인 관계를 구축할 뿐만 아니라 효과적인 검색 엔진 마케팅 전략을 세우기 위해서도 중요하다. 고객들이 검색하는 문구들을 당신이 쓰지 않는다면 어떻게 그들에게 가까이 다가갈 수 있을까?

고객들이 실제 사용하는 단어의 중요성을 실례로 살펴보자. 몇 년 전, 나는 '쉐어홀더닷컴'에서 일했다. 이 회사는 '내부 고발자 핫라인'이라는 서비스를 이용하는 이들을 위한 웹 콘텐츠 전략을 만드는 곳이었다. 쉐어홀드닷컴 서비스는 '엔론 사태' 같은 기업 부패 사건들이 터지자, 2002년에 미국 국회를 통과한 '사베인스-옥슬리 법 301조'를 준수하는 공공 기업들을 위해 외부에서 조달된 솔루션이다.

법을 지킬 의무를 진 상장 회사 내부의 재무 담당 임원들을 인터뷰한 것은 필수적이었다. 우리는 또한 고객들이 읽었던 잡지들도 읽었다. 실제로 거대한 사베인스-옥슬리 법 자체를 내려 받아 읽기도 했다. 또한 왜 이 법을 준수해야 하는지 고객들과 함께 논의하는 많은 모임과 행사의 의제들을 연구했다.

고객 명세서를 연구 분석한 결과, 우리는 흔히 '내부 고발자 핫라인 조항'이라고 부르는 이 법을 논의할 때 고객들이 사용하는 핵심 문구를 알게 되었다. 그에 따라 우리는 쉐어홀드닷컴 웹사이트[2]를 위해 만든 콘텐츠에 '미국 증권거래위원회 명령', '완벽한 감사 행적', '사베인스-옥슬리 법 301조', '이면 계약', '안전하고 확실한 직원 보고' 등의 중요한 문구를 담았다.

우리가 고객층 연구에 기초해 만든 웹사이트의 중요한 구성 요소는 콘텐츠였다. 특히 주목해야 할 것은 '내부 고발자 핫라인, 명령 이상의 것'으로 불리는 '웨비나'(Webinar, 웹과 세미나의 합성어로, 온라인을 통한 쌍방향 교육)였다. 이 웨비나에는 미국 증권거래위원회 전임 의장인 하비 피트(Harvey Pitt), 엔론 임원의 자백을 다룬 《도박장(House of Cards)》의 저자 린 브루어(Lynn Brewer) 등 굵직한 초청 연사들이 참여했다. 그들은 고객들이 알고 싶은 것을 가장 효과적으로 가르쳐주었다. 그들은 고객들과 함께 중요한 이슈들을 논의했다. 따라서 생중계로 진행된 그 설명회를 600명 이상이 열성적으로 시청했다.

"우리가 그 서비스를 내놓았을 때, 우리는 시장 점유율이 전무한 상태에서 출발했다. 그 때문에 웨비나가 아주 중요했다." 쉐어홀드닷컴의 마케팅·커뮤니케이션 담당 임원인 브래들리 스미스(Bradley H. Smith)는 이렇게 말한다. "다른 회사들은 우리에 앞서 그 시장에 이미 진입해 있었다. 웨비나는 우리에게 '하비 피트'와 '엔론' 같은 검색 엔진 용어들을 제공해주었고 유명 인사를 끌어 왔다. 검색 엔진은 중요했다. 우리가 이 시장에서 신출내기였음에도 그것은 내부 고발자 핫라인 기술에서 우리 브랜드를 선도자로 올려주었기 때문이다. 선견지명이 있는 고객들 외에 언론 매체들이 우리를 찾아왔고, 《월스트리트 저널》 사설을 비롯해 중요한 언론 기사로 이어졌다.

이 성공에 힘입어 쉐어홀드닷컴은 캐나다 시장에 진출했다. 캐나다에서는 그 법이 '캐나다 증권관리국장 가이드라인 다자 비준서 52~100의 온타리오 증권위원회 및 감사위원회 규칙'이라는 긴 이름으로 불린다. 스미스와 그의 동료들은 캐나다에서 고객들을 인터뷰하고 고객층 연구 작업을 벌였다. 캐나다에서 사용되는 단어와 문구에는 미국과 어떤 차이가 있는지 알아보기 위해서였다. 다른 미국 회사들은 단지 미국의 마케팅 자료들을 그대로 갖고 가 캐나다 시장에 진입하려고 했다. 이와는 달리 쉐어홀드닷컴은 캐나다 고객을 위해 차별화된 웹 콘텐츠를 만들었다. 그 페이지들에서는 캐나다 고객들이 자주 사용하는 특정한 문구들을 사용했다. 예컨대 '거버넌스 핫라인', '법적인 회계 조사 수행' 과 '캐나다 법' 이 그것이었다.

쉐어홀드닷컴의 마케팅 담당자들이 광범위한 고객층 조사를 벌이고 고객들이 사용하는 단어와 문구로 웹 콘텐츠를 만들었기 때문에 쉐어홀드닷컴 페이지들은 자주 찾고 연결하는 곳이 되었다. 또 검색 엔진에서 매우 높은 순위를 차지했다. 이 글을 쓰는 시점에서 쉐어홀드닷컴은 '내부 고발자 핫라인' 문구를 찾는 구글 검색에서 25만 8,000건으로 사실상 1위이다. 검색 엔진과, 미국과 캐나다 양쪽 고객을 겨냥한 훌륭한 웹 콘텐츠에서 비롯된 접속량 결과로 볼 때 그 서비스 출시는 성공적이었다. "그 웹 캐스트 뒤 넉 달 만에 우리는 75명의 고객과 계약을 맺었다"고 스미스는 말한다. "게다가 그 웹 캐스트의 사건 기록 보관소는 그 해 내내 계속해서 우리에게 효과적이었다. 우리 브랜드를 부각시켰고, 판매 모델을 만들어냈다. 그리고 지금까지 쉐어홀드닷컴에서 가장 강력하고 차별화된 서비스 출시에 이바지했다."

시장에서 사용되는 문구를 이해하려면 당신이 거기에 바짝 달라붙어야 한다. 시장의 문제들에 관해 고객들과 인터뷰하고 그들이 쓰는 단어와 문구들을 듣는 것이 최선이다. 물론 그들이 읽는 잡지들을 살펴보는 것만으로도 많은 것을 배울 수 있다. 아직 하지 않았다면, 고객들의 공간에 있는 어떤 블로그라도 점검하라. 그리고 당신의 고객들이 자주 들르는 회의와 세미나들에서 제시된 의제와 주제들을 연구하라. 고객에게 중요한 문구들의 항목을 갖고 있다면 그것을 적극 활용하라. 특별히 고객들에게 호소하기 위해서 뿐만 아니라, 당신이 제공해야 할 것을 고객들이 찾을 때 검색 엔진 결과에서 당신의 페이지들이 나타나도록 하기 위해서이다.

>> 게토레이, 고객을 세분화하라

조직의 목표를 확인했고, 하나 이상의 고객 명세서를 구축했으며, 당신의 제품에 관해 이야기하고 연구하기 위해 고객들이 사용하는 단어와 문구를 조사했다. 따라서 이제 각각의 고객층이 당신의 조직에 무엇을 바라는지 생각해보자. 각각의 고객층을 겨냥해 사용할 메시지는 무엇인가? 2004년 미국 대통령 선거를 다시 돌이켜 생각해보자. 내스카 아빠들과 시큐리티 엄마들 같은 고객층을 확인했다면, 선거 운동은 메시지, 웹사이트, TV 광고, 직접적인 우편 캠페인, 연설회에서 후보들이 이들 그룹에 사용할 구호를 만들어야 한다. 예를 들어 조지 부시는 연설과 광고로 시큐리티 엄마들에게 호소했다. 존 케리보다 그가 당선될 경우 그 가족들이 더 안전해질 것이라는 주장이었다.

당신의 고객 명세서로 이와 똑같은 일을 해야 한다. 당신의 조직이 각 그룹에게 호소하는 것은 무엇인가? 웹에서 그들에게 다가가기 위해 어떤 메시지를 사용할 것인가? 최선의 메시지는 제품에 관한 것이 아님을 명심하라. 각 고객층이 당신에게서 정말로 구입하고자 하는 것은 무엇인가? 그것은 훌륭한 고객 서비스인가? '안전한 선택' 인가 아니면 사치품인가? 예를 들어 볼보는 단지 자동차만 파는 것이 아니다. 볼보는 '안전'을 판매한다.

그리고 다른 고객층은 당신의 조직으로부터 다른 것들을 구입한다는 점을 잊지 말라. 스포츠 음료인 게토레이의 경우를 살펴보자. 게토레이는 수십 년 동안 운동선수들에게 선택받은 음료였다. 게토레이 웹사이트[3]에서 "승리하기를 원한다면 잃어버린 것을 다시 돌려놓아야 합니다"와 "운동 경기 후 초기 30분 안에 심각한 탈수 증상이 일어나는 이들도 있습니다"를 포함해 여러 가지 흥미로운 메시지들을 찾아냈다. 이런 메시지들은 고객의 시선을 사로잡는다. 왜냐하면 그들은 경쟁을 벌이는 운동선수 고객층을 표적으로 삼아, 게토레이가 승리에 어떤 도움을 주는지에 초점을 맞추기 때문이다.

물론 나는 게토레이의 고객층을 다루는 전문가가 아니다. 그러나 프로 또는 아마추어 선수이냐에 따라 그들의 고객 명단을 더 다듬을 수 있을 것이다. 테니스 선수가 자신을 축구 선수와는 다르게 여긴다면, 게토레이는 양쪽 스포츠를 구분해 표적으로 삼는 고객 명세서와 메시지를 만들 수 있다. 또는 남자 선수와는 별도로 여자 선수를 위한 게토레이 고객층을 만들 수도 있다.

게토레이 사이트에서는 결코 보지 못한 또 다른 고객층이 있다. 내가 20대 초반이었을 때로 기억한다. 그때 나는 뉴욕 시의 아파트에 살고 있었고, 독신이었으며, 연이은 파티로 지칠 정도였다. 솔직히 나는 좀 힘겨운 평일 밤에 파티에 나갔고, 한밤중에 집에 기어들어오곤 했다. 물론 다음날 오전 여덟 시까지 월스트리트에 있는 직장에 출근해야만 했다. 그때 지하철역으로 걸어가는 동안 게토레이를 마시는 것이 기분 전환에 도움이 된다는 것을 알아냈다. 게토레이가, 술을 너무 많이 마신 뉴욕의 젊은 직장인들을 위해 특별히 메시지를 개발할 것이라고 기대하는 것은 아니다. 그러나 그런 고객층은, 게토레이가 운동선수들을 위해 풀어주어야 할 것과는 확실히 다른 고민을 갖고 있다. 이런 고객층을 위한 광고를 상상해보라. "지난밤의 술기운이 여전히 몸 안에 남아 있습니까? 수분 회복은 운동선수들에게만 필요한 것이 아닙니다. 게토레이!"

물론 당신의 조직이 풀어야 할 문제들은 고객층별로 다르다는 것이 핵심이다. 그리고 모든 이들을 겨냥한 광범위한 메시지 조합을 사용하는 일반적인 사이트에 의존하는 대신 각 고객층에 맞는 메시지를 개발한다면 온라인 마케팅·홍보 프로그램이 얼마나 효과적인지 알게 될 것이다.

>> 고객에게 다가가는 콘텐츠 개발하기

당신은 언론사의 에디터처럼 생각해야 한다. 고객들이 좋아하는 매체에 초점을 맞춘 콘텐츠로 그들에게 가까이 다가갈 편집 계획을 짜야 한다. 먼저 할 일은, 고객층 별로 조직된 페이지들을 갖춘, 콘텐츠가 풍부한 웹사이트를 만드는 것이다. 그러나 이는 기존 웹사이트를 새로 디자인해야 한다는 뜻이 아니다. 사이트 구조를 변화시키는 것이 필수적인 것도 아니다. 사이트의 나머지 부분은 놔둔 채, 독특한 고객층의 욕구를 반영한 특징적인 콘텐츠를 갖춘 새로운 개별 페이지들을 만들고, 이들 페이지에 적절한 링크들을 만드는 것으로 시작할 수도 있다. 앞에서 예로 든 대학교는 그들이 확인한 각 고객층들을 겨냥한 콘텐츠를 만들 것이다. 샘은 자질 있는 운동선수이자 고등학생으로 대학교에 들어가려고 한다. 그는 자신을 위해 작성된 특정한 콘텐츠, 즉 대학교에서 운동선수가 되는 것이 무엇을 의미하는지 상세히 보여주고, 입학 허가 과정을 조언해주기를 바란다. 그 대학교 사이트는 재학생 운동선수들의 프로필 또는 코치들 가운데 한 명의 블로그를 포함시킬 수 있을 것이다. 나아가 샘을 위해 홈페이지의 적절한 링크와 입학 허가 페이지들을 만들 수 있다. '운동을 전공하는 고등학생들을 위하여' 또는 '고등학생 선수들을 위한 특별 정보' 같은 적절한 홈페이지 링크는 샘의 주의를 끌 것이다.

동시에 그 대학교 관계자는 대입 지원을 고려하는 고등학생 부모들을 위한 페이지도 개발해야 한다. 부모들은 자녀들과는 전혀 다른 문제를 안고 있다. 그리고 부모들을 위해 디자인된 사이트 콘텐츠는 재정 지원과 캠퍼스의 안전 문제를 다루어야 할 것이다.

당신이 확인한 고객들에게 가까이 다가갈 다른 어떤 매체를 웹에서 만들 수 있을지 검토하라. 아마도 당신은 하나 이상의 고객층의 시선을 사로잡을 수 있는 충분한 정보와 이야기를 갖고 있을 것이다. 당신은 고객이 흥미를 보이는 일련의 이슈들에 초점을 맞추어, 고객들에게 직접 다가가는 발표 자료 연재물을 개발하고 싶을지도 모른다. 그것이 고객들에게 다가가기 위한 블로그나 팟캐스트를 시작할 시점이다.

각 고객층을 위한 편집 계획을 만드는 것을 고려해보라. 웹사이트 콘텐츠, 전자책 또는 백서, 블로그들, 발표 자료 등등 방법은 다양하다. 다만 편집 계획을 짤 때, 고객들의 흥미를 일으키는 필수적인 콘텐츠를 만드는 데 초점을 맞추어야 한다. 과거에 했던 방식, 당신의 경쟁자들이 여전히 마케팅하는 방식들처럼 당신의 조직을 위한 홍보 책자를 만드는 것이 아니다. 이제 당신은 자신의 자존심이 아니라 고객들을 위해 일하고 있다.

>> 아기 공룡 플레오, 슈퍼스타가 되다

 2006년 2월, 완구 업체인 유고베는 최신 장난감을 내놓았다. 그 제품은 퍼비 인형 제작자로 유명한 칼레브 청(Caleb Chung)의 작품으로, 태어난 지 일주일 정도 된 아기 공룡 '플레오'[4]였다. 유고베 경영진은 신제품과 회사의 경영에 매우 중요한 시장인 '데모(DEMO) 2006' 행사에 참가했다. 1,500개 기업이 참가 신청을 냈고 그 중 70개 사만 참가했다. 이를 감안할 때 선전용 견본 시장인 이 행사에 있는 것만으로도 성과를 달성한 셈이다. 수많은 마케팅·홍보 덕분에 사전 계약을 따낸 것과 달리, 그 회사는 플레오를 판매 현장에 내놓기까지 여전히 1년 이상을 남겨두었다.
 "플레오가 얼마나 다른지 메시지를 시장에 알리려면 인터넷 홍보 작업이 뒷받침되어야 했다"고 유고베의 마케팅·운영 담당 이사인 다이애나 스턴(Diana Stern)은 말한다. "예전과 달리 인터넷은 소비자들과 더불어 지배적인 영향력을 지니고 있다. 그러나 초반의 성공은 플레오가 다양한 상상력을 불러일으킬 만큼 뚜렷한 차별성을 지녔기 때문이다. 플레오는 지금까지 본 제품들 중에서 놀랄 만큼 훌륭한 제품이다. 플레오를 볼 때마다 넋을 잃고 바라보며 완전히 매료된다."

유고베는 플레오를 '디자인된 생명체'라고 부른다. 플레오는 생명체를 흉내 내고, 사용자와 교감하도록 설계되었으며, 질적으로 향상되었다. 시각·청각·촉각을 갖추었으며, 주변 환경을 탐색하면서 스스로 학습한다. 그는 감각적인 자극에 '반응'한다. 모든 플레오는 특정한 경향을 지닌 채 삶을 시작한다. 그러나 주변 환경과 함께 하는 상호 작용은 그의 행동에 미묘한 영향을 끼친다. 모든 플레오는 결국 독특한 개성을 드러낸다. 그것은 기쁨과 슬픔, 분노와 불쾌감을 느낄 수 있다. 또한 플레오는 피곤할 때 눈꺼풀이 무거워지고 잠에 빠져든다. 데모[5]에 선보였을 때 플레오는 인기가 대단했다. 잇따른 비디오물은 초기의 전염성 물결을 탔다.

"제품 출시 때, 새로운 개념을 기꺼이 포함하려는 제품과 타이밍, 매체의 조합이 우리에게 더없이 효과적이었다"고 스턴은 말한다. 하지만 그것은 단지 시작일 뿐이었다. "그 다음 우리는 소비자 인지도를 높이고 싶었다"고 그는 말한다. "우리는 신생 업체였다. 그리고 시장에는 플레오를 올바로 평가해줄 데가 없었다. 더구나 우리가 쓰고자 했던 '인공 지능', '자동 조절', '상호 작용' 등의 용어는 이미 경쟁 회사 제품들이 사용하고 있었다. 그 때문에 우리는 소비자들이 '그게 정말일까?'라고 의심할지 걱정했다. 때문에 우리는 플레오는 다른 제품들과 다르다는 것을 보여줄 방법을 찾아야 했다. 그리고 우리는 아주 적은 마케팅 예산으로 그것을 해내야만 했다."

플레오를 위한 마케팅·홍보 계획을 세우기 위해 스턴은 제품 발표 시간표를 기초로, 양으로 잴 수 있는 목표를 정하는 것부터 일을 시작했다. "그것은 2007년 3월에 출시될 예정이고, 우리는 크리스마스 시즌을 놓쳐 불운했다"고 그는 말한다. "하지만 그것이 우리에게는 오히려 유리했다. 우리는 플레오를 여유 있게 출시할 수 있고, 더 좋은 제품을 내놓을 수 있기 때문이다. 2007년 상반기에 5만 개 이상을 판매하는 것이 우리의 목표이다."

스턴은 이어 플레오를 찾는 차별화된 고객층을 확인했다. 아기 공룡 로봇의 판매 가격이 약 200달러라는 점은 쉽지 않은 문제였다. "처음에 우리는 일곱 살에서 열두 살 된 아이들이 주된 고객층이라고 생각했다. 하지만 신제품을 사기 위해 인터넷 사이트에서 계약한 사람들이 7,000명을 웃돌았고, 대부분 성인들이었다. 이것은 경이적인 일이었다."

플레오에 관심을 보이는 사람들을 더 많이 파악하고, 마케팅·홍보 프로그램에서 표적으로 삼을 고객층을 구체화해야 했다. 이를 위해 그는 사이트에 등록한 1,900명에게 설문지를 발송해 800건에 이르는 답변을 돌려받았다. 응답률 42퍼센트는 괄목할 만한 수준이다. "응답자들 중 40퍼센트는 로봇 공학과 하이테크 장난감에 높은 관심을 갖고 있는 25세 이상 남성들로부터 온 것임을 알아냈다"고 그는 말한다. "그것은 흥미로운 사실이었다. 이런 이들은 '얼리 어댑터'(남들보다 먼저 신제품을 구입해 사용하는 소비자)일 것이라고 우리는 생각했다. 새로운 기술이나 제품을 빨리 받아들이는 사람들 말이다. 이와 같은 조사를 기초로, 많은 사람들이 플레오를 즐겨 만지작거리고 싶을 것으로 내다보았다. 그리고 우리는 심지어 사람들이 그렇게 할 수 있도록 '소프트웨어 개발 도구(Software Development Kit)'를 내놓기도 했다. 하지만 뜻밖에도 40대에서 60대 여성들도 관심을 보인다는 사실을 알아냈다. 여성들은 플레오가 경이롭고, 그들이 바라는 바로 그것이라고 말한다. 플레오는 모성 본능을 자아내고, 사람들은 그와 사랑에 빠지는 것 같다." 고객층 분류가 유고베로 하여금 각각의 고객층과 더 잘 소통하도록 도와주었을 뿐 아니라 제품 개발에 박차를 가하도록 했다는 사실에 유의하라. 그 회사가 고객들로부터 알아낸 것은 소프트웨어 개발 도구의 발전으로 이어졌다.

각각 다른 플레오의 잠재 고객들에 관한 정보가 수집되었다. 이를 토대로 스턴은 각각의 고객층에 맞는 소통 방식과 마케팅을 발전시키는 전략에 맞추어 일했다. 마케팅·홍보 계획을 수립한 그는 '시프트 커뮤니케이션즈'[6]의 도움을 받아 언론 매체와 블로그들에 접근하기 시작했다. "여성들을 위해 우리는 플레오를 가족 애완동물로 자리매김시킨다"고 스턴은 말한다. "플레오의 가장 강력하고 호소력 있는 특징은 당신과 정서적으로 교감한다는 점이다. 게다가 그것은 귀엽게 보이고, 커다란 두 눈을 가지고 있다. 신비로운 점은 그가 매우 잘 움직인다는 것이다. 그것은 사실적이다. 플레오의 '바디 랭귀지'는 바뀐다. 플레오는 특별하다. 당신과 정서적으로 교류하기 때문이다. 우리 집 개는 플레오를 고양이라고 생각한다. 플레오에 대해 호기심을 갖고 있으며 함부로 대하지 않는다."

'하이테크 얼리 어댑터'들을 겨냥한 전략은 이와는 달랐다. "이들은 온라인에 있고, 팬 사이트들을 구축해 블로그에서 이야기를 주고받았다. 우리는 우선적으로 그들을 표적으로 삼았다." 홍보팀은 '인게이지트'[7] 같은 얼리 어댑터를 표적으로 삼는 영향력 있는 블로그, 그리고 《파퓰러 사이언스》·《PC》 같은 잡지에 실린 글들에 점수를 매겼다. 그들이 희망했던 대로 그와 같은 보도는 몇몇 팬 사이트와 블로그들을 대량으로 탄생시켰다. '나의 플레오'[8], '플레오봇'[9], '장난감 공룡 플레오'[10]가 그런 예이며, 이런 것들은 다른 블로그들에 잇따라 이야깃거리를 제공했다.

상업적인 출시에 앞서 남은 시간 동안 스턴과 홍보팀은 더 젊은이들에게 가까이 다가가는 전략을 내놓았다. "우리는 20대 젊은이들을 표적으로 삼는 전염성 영상물을 이용할 것이며, 누가 만든 플레오 영상물이 가장 나은지 콘테스트를 열 것"이라고 그는 말한다.

마케팅 담당자들 대부분이 일반적인 사이트에만 관심을 기울인다. 그들은 각각 다른 고객층을 표적으로 삼는 것은 미처 생각하지 못한다. 이런 상황에서, 스턴은 플레오를 위해 돋보이는 마케팅·홍보 계획을 세웠다. 그 회사의 신제품을 사려고 열망하는 잠재 고객 수천 명과, 몇몇 팬 사이트들은 제품이 출시되기도 전에 전국적인 언론의 관심을 끌어 모았다. 연구 사례로 삼을 만한 흥미로운 현상이었다. 이 글을 쓰는 현재 그들의 최종 시사회 마케팅·홍보 노력들과 더불어 유고베의 플레오 출시 때 무슨 일이 벌어질지 누가 아는가? 스턴은 말한다. "플레오 출시 뒤에도 우리는 홍보와 마케팅을 위해 인터넷의 영향력이 지속적으로 이어가기를 바란다."

>> **수립한 계획은 반드시 실행하라**

여기까지 읽어준 것에 감사드린다. 새로운 마케팅·홍보 원칙들을 활용한 마케팅·홍보 계획을 세우고 실행할 준비를 갖추었다면, 그것만으로도 훌륭하다! 다음에 이어지는 열 개의 장에서 계획을 실행하기 위한 특별한 조언을 해줄 것이다.

그러나 미리 경고할 것이 있다. 낡은 원칙에 집착하는 많은 이들은 전략을 둘러싸고 당신과 다툴 것이다. 고객에게 직접 다가가고 싶은 마케팅 전문가라면 기업 커뮤니케이션 담당자들로부터 거센 저항을 받을 것이다. 홍보 담당자들은 그들의 대행사들로부터 저항을 받을 것이다. 그들은 예전의 법칙이 여전히 살아 있다고 말할 것이다. 그들은 당신에게 제품, 장소, 가격, 판촉에 초점을 맞추어야 한다고 말할 것이다. 그들은 제품에 대해서만 이야기하면 된다고 말할 것이다. 그들은 언론 매체가 이야기를 전해줄 유일한 길이며, 고객들에게 직접 다가가기 위해서가 아니라 언론인들에게 접근하기 위해서만 보도 자료를 활용할 수 있다고 말할 것이다. 그들은 블로거들을 '파자마 입은 변태들'로 여기며, 그다지 중요하지 않은 존재들이라고 말할 것이다.

그러나 그들은 틀렸다. 이 책에 등장하는 마케팅 담당자들 10여 명이 말하기를, 낡은 원칙은 이제 한물갔다. 수백만 명이 바로 지금 온라인에서 그들의 문제에 대한 해답을 찾고 있다. 그들이 당신의 조직을 찾을 것인가? 만약 그렇다면 그들은 무엇을 찾을까?

명심하라. 웹에서 당신이란 존재는 당신이 보여주는 것 그 자체이다.

11장
온라인에서 조직을 부각시키는 선도 역량

>>콘텐츠는 구체적으로, 목표는 분명하게

당신이 처음부터 여기까지 읽어왔다면, 팔리는 것은 웹 콘텐츠라는 사실을 확신했으리라 믿는다. 솜씨 있게 실행되는 효과적인 온라인 콘텐츠 전략은 행동으로 이어진다. 온라인 콘텐츠를 잘 이용하는 조직들은 명확한 목표를 갖고 있다. 그 목표는 제품을 팔려는 것일 수 있고, 모범 사례를 만들려는 것이거나, 기부금을 확보하려고, 그리고 사람들의 참여를 이끌어내기 위한 것이기도 하다. 또 그 목표에 도달하는 데 직접적으로 공헌하는 콘텐츠 전략을 수립한다. 사람들은 때때로 이렇게 묻곤 한다. "내 생각을 효과적으로 알리려면 어떻게 해야 하는가?" 블로그, 팟캐스트, 백서, 전자책, 이메일 뉴스레터, 웨비나 등 다양한 매체를 활용할 수 있다. 물론 각각의 온라인 콘텐츠 모양새를 갖추기 위한 기술은 약간씩 다르다. 그러나 이들 모든 매체를 통해 당신의 조직은 단순한 광고나 제품 판촉이 아닌, 그것을 넘어 '선도 역량'을 발휘할 수 있다는 사실만은 같다. 잘 만든 백서, 전자책, 웨비나는 아이디어 시장에서 선도 역량을 부각시킴으로써 조직의 명성을 높이는 데 크게 이바지한다. 이런 형태의 콘텐츠는 회사, 컨설턴트, 비영리 조직을 전문가이자 믿음직한 자원으로 자리매김하도록 해준다.

>> 선도 역량을 발휘하는 콘텐츠 개발

선도 역량이란 무엇을 뜻하고, 당신은 그것을 어떻게 효과적으로 발휘할 수 있을까?

이미 짐작했을지 모르지만, 당신이 먼저 해야 할 일은 당신 자신을 고객들 중 한 명으로 생각하는 것이다. 당신이 만든 콘텐츠는 사람들의 문제에 해답을 주는 열쇠일 것이다. 그러나 그것이 당신 회사나 제품에 대해서는 전혀 언급하지 않는다! 자동차 타이어 제조업체에서 일하는 마케팅 담당자라고 상상해보자. 타이어 제품들을 이곳저곳 팔러 다니는 대신, 눈길이나 빗길에서 안전하게 달리는 방법을 전자책에 담거나 영상물로 만들 수 있다. 그런 다음 그것을 사이트에 올리고, 자동차 동호회 등에 무료로 제공해 누구나 퍼갈 수 있게 할 수도 있다. 당신이 외식업체를 운영하고 있고 블로그나 웹사이트를 갖고 있다면? 당신의 사이트에서 이용할 수 있는 웹 페이지 또는 팟캐스트 세트를 갖고 있을 수도 있다. 주제는 '완벽한 결혼 피로연 꾸미기'와 '우리 가족의 행복한 저녁 파티를 위해 알아야 할 것들'을 포함할 수도 있다. 이처럼 팟캐스트 시리즈를 갖춘 요리 조달자는 결혼 피로연이나 저녁 파티 계획을 비롯한 방문자들의 문제를 해결해준다. 그러나 외식 서비스를 직접적으로 팔지는 않는다. 대신 여기에 담겨 있는 아이디어는 이렇다. 음식 조달자로부터 정보를 얻은 이들은 적절한 때 그 조달자를 더 많이 찾아올 것이다.

'라이프투게더'[1]의 컨설턴트이자 목사인 마크 하웰(Mark Howell)은 설교 메시지를 전파하기 위해 선도적인 역량을 갖춘 블로그를 이용한다. "무엇인가를 더 잘 하려고 노력하는 교회 또는 관련 단체 사람들이 우선적인 표적"이라고 그는 말한다. "그래서 나는 세속적인 것 같지만 교회에도 광범위하게 적용될 만한 콘텐츠를 확보하고 있다. 예를 들어 최근 '교회 지도자들이 읽어야 할 다섯 권의 책'이라는 글을 게재했다. 여기서 보편적인 비즈니스 트렌드와 마케팅 전략을 교회에 접목시켰다."

하웰의 블로그를 유명하게 만든 것은 이런 점이다. 그는 상담 서비스 질을 높였을 뿐 아니라, 언젠가 그를 찾아올지 모를 이들을 위해 폭넓고 깊이 있는 정보를 제공한다. 하웰은 "내 개인적인 성향, 내가 쓰는 글의 주제는 이렇다. 교회 지도자들이라도 톰 피터스, 가이 가와사키, 피터 드러커를 비롯한 경영 전문가들의 말에 귀를 기울여라. 그러면 자신이 지니는 열정이 더욱 향상될 것"이라고 말한다. "거기에는 아이디어들이 엄청나게 숨어 있다. 이 경영 전문가들이 말하는 본질을 이해한다면 교회의 발전에 큰 도움이 될 것이다."

>>선도 역량을 담은 콘텐츠 얼개

다양한 형태의 선도 역량을 담은 콘텐츠가 여기에 있다. 당신의 틈새 시장에는 다른 것들이 있을지도 모른다. 우리는 앞 장들에서 많은 매체들을 살펴보았다. 지금부터는 그것들이 당신의 조직이 스스로 선도 역량가로 우뚝 서는 데 어떤 도움이 될지에 초점을 맞출 것이다.

《백서 만들기(Writing White Papers)》의 저자인 미첼 스텔저(Michael A. Stelzer)[2]에 따르면, '백서'는 전형적으로 한 문제에 대한 특정한 입장 또는 해법을 주장한다. "백서는 정부 정책에 그 뿌리를 두고 있는 것이 사실이다. 하지만 지금은 기술 혁신과 제품들을 소개하는 데 쓰이는 일반적인 도구가 되었다. 검색 엔진에서 '백서(white paper)'를 조회하면 기술 관련 이슈들에 초점을 맞춘 수백만 건의 결과들이 쏟아져 나올 것이다. 백서는 핵심 의사 결정자와 유력자들이 해법 실행을 정당화하는 데 활용하는 강력한 마케팅 도구이다." 좋은 백서는 제품 브로슈어가 아니다. 좋은 백서는 고객을 위해 작성되어 문제점을 확정짓고 해법을 제공한다. 하지만 특정한 제품이나 회사를 광고하지 않는다. 백서는 보통 무료이고 때로는 등록 요건을 내건다. 그에 따라 저자들은 백서를 내려 받은 사람들의 이름을 확보하고, 그들에 관한 세부 사항을 찾아볼 수 있다. 많은 기업들이 백서를 '테크타깃'[3]과 '지식 폭풍'[4] 같은 서비스를 통해 기업 웹사이트들에 합쳐 놓는다.

고객들에게 유용한 정보를 주는 재미있고 속 깊은 방법이 '전자책'이다. 그래서 마케팅 담당자들은 전자책을 점점 더 많이 활용한다. 내가 이미 언급했듯이, 지금 당신이 읽는 이 책은 2006년 1월에 내놓은 〈홍보의 새로운 원칙들〉이라는 전자책에서 출발했다. 웹 콘텐츠를 사용하는 마케팅의 목적을 위해, 나는 전자책을 시장이 안고 있는 문제를 확인해 해답을 제공하는 PDF 형태의 문서라고 부른다. 전자책은 복잡하게 구성되어 있다. 촌스러운 백서에 견주어 참신하고 세련된 모습이다. 전자책은 초상화보다는 풍경화 형태를 띠어야 한다고 본다. 잘 만든 전자책은 많은 여백, 흥미로운 그래픽과 이미지, 조밀한 백서보다는 좀더 가벼운 스타일로 쓴 광고 메시지를 지닌다. 내 입장에서 볼 때 마케팅 도구로서 전자책은 무료여야 한다. 그리고 등록 요건도 없는 것이 좋을 것이다.

'이메일 뉴스레터'는 이메일만한 길이를 갖고 있지만, 규칙적인 일련의 선도 역량 콘텐츠를 전달하는 방법으로 엄청난 가치를 지니고 있다. 그러나 내가 본 이메일 뉴스레터 대부분은 기본적으로 회사의 제품과 서비스를 위한 광고일 뿐이다. 내가 무슨 말을 하는지 알 것이다. 나는 매달 어설픈 제품 광고와 10퍼센트 할인 쿠폰을 받는다. 당신은 이와는 다른 형태의 이메일 뉴스레터를 활용해보라. 회사 제품이나 서비스가 아니라, 고객의 문제를 풀어주는 데 초점을 맞춘 이메일 뉴스레터 같은 것을 말이다. 우리가 앞에서 논의한 두 가지 예를 기억하는가? 매달 안전 주행에 관한 뉴스레터를 발간하는 타이어 제조업체, 그리고 파티 계획에 관한 뉴스레터를 만드는 요리 조달자를 떠올려보라.

'웨비나'는 오디오, 비디오, 파워포인트 슬라이드 형식의 그래픽 이미지를 포함하는 온라인 연구 모임이다. 웨비나는 그 웨비나를 후원하는 기업과 상관없는 이들을 크게 다루기도 한다. 예를 들어 나는 기술 회사인 '이시넥스트'[5]가 주최한 '에디터들을 위한 검색 엔진 마케팅'이라는 웨비나에 초청 연사로 참가했다. 온라인에서 검색되는 비법을 알려주는 이 웨비나의 길이는 보통 30분에서 90분 사이이다. 즉석에서 질의 응답하는 시간을 포함해 생방송으로 진행하거나, 사람들이 시간 있을 때면 언제든 볼 수 있도록 미리 녹화해 사이트에 실을 수도 있다.

'위키'는 어느 한 조직에 의해 선도 역량 콘텐츠로 시작된다. 그 조직은 특정 시장에서 중요한 플레이어, 즉 참여자로 비쳐지기를 원한다. 래미트 세시(Ramit Sethi)는 말한다. "당신은 만나고 싶은 사람들에게 가까이 다가가 그들로 하여금 콘텐츠를 만들도록 돕기 위해 위키를 사용할 수 있다." 그는 위키 소프트웨어 도구들을 제공하는 회사인 '피비위키'[6]의 공동 창업자이자 마케팅 담당 부사장이다. "그래서 만약 당신이 어느 회사에 속해 있다면, 이용자들로 하여금 질문을 덧붙이도록 하는 데 위키를 사용할 수 있고 다른 이들은 해답을 줄 수 있다. 그것은 모든 사람들에게 도움이 된다. 사람들은 커뮤니티의 한 부분이 되고 싶어 한다. 그리고 나는 위키가 그들에게 관심사를 토론할 길을 열어주는 것을 더없이 좋아한다." 회사의 후원을 받는 위키를 시작할 때, 조직의 개성과 문화는 중요한 역할을 한다고 그는 말한다. "위키를 위해서는 사람들이 글로 의견을 표현하는 것을 꺼려하지 않는 회사가 최선"이라고 그는 말한다. "하지만 가장 중요한 것은 당신이 이야기할 가치를 지닌 무엇인가를 쌓아두고, 그것을 쉽게 만들 필요성을 느끼는 일이다. 사람들이 모든 종류의 소프트웨어를 설치하고 싶은 것은 아니다. 그들은 일단 타이프 치는 것부터 시작하고 싶을 뿐이다."

'연구·조사 보고서'는 연구 프로젝트 또는 조사 작업을 수행하고 그 결과물을 무료로 펴내는 많은 회사들이 활용한다. 그 연구와 조사가 실질적이고 통계적으로 중요하며 그 결과물이 고객에게 흥미롭다면 이는 효과적인 접근법일 것이다.

'블로그'는 한 주제에 관해 열정적이며 그것을 세상에 알리고 싶은 사람이 작성하는 개인적인 웹사이트이다. 이는 그가 일하는 회사에 영향을 준다. 블로그 작성은 선도 역량을 드러내고, 시장에 진입하는 가장 쉽고 단순한 방법이다.(블로그를 어떻게 시작하는지에 관한 정보는 17장을 참조하기 바란다.)

'팟캐스트'는 예약을 통해 이용할 수 있으며, 어떤 시장에서 선도 역량 콘텐츠로 매우 유명한 일련의 오디오 다운로드이다. 더러는 오디오 물만 좋아한다. 당신의 고객들이 그렇다면 당신의 팟캐스트는 또한 자신을 위한 것이 될 것이다.(자신의 팟캐스트를 어떻게 시작할지에 관한 정보는 18장에서 다룰 것이다.)

'비디오 콘텐츠', '보드캐스트', '블로그'는 정기적으로 업데이트되는 영상물이다. 사람들 대부분이 영상 매체에 친숙하다면, 이것들은 선도 역량을 보여줄 수 있는 좋은 기회를 제공한다.(비디오 관련 정보는 18장에서 찾아보라.)

>> 선도 역량을 돋보이게 하는 콘텐츠 만들기

아이디어 시장에서 콘텐츠로 선도 역량을 발휘하는 기법은 각각 다르다. 그렇지만 일반적으로 고려할 사항들은 있다.

- 회사와 제품에 대해서는 쓰지 말라. 선도 역량 콘텐츠는 고객의

문제를 풀어주거나 질문에 응답하고, 당신과 당신의 조직이 훌륭하고 따라서 함께 사업할 가치를 지니고 있음을 보여주기 위해서이다. 이런 마케팅·홍보 기법은 팸플릿이나 강매와는 전혀 다르다. 선도 역량 콘텐츠는 광고가 아니다.

- 조직의 목표를 먼저 정하라.(10장 참조할 것.) 높은 수익을 원하는가? 사람들이 당신 조직에 돈을 기부하기를 원하는가? 사람들로 하여금 무엇을 사도록 부추기고 싶은가?
- 당신의 목표를 기초로, 콘텐츠를 무료로 아무런 등록 절차도 없이—이 경우 그 콘텐츠를 이용하는 많은 사람들을 확보하겠지만 그들이 누군지 모를 것이다—제공할지 여부, 어떤 종류의 등록 절차—반응도는 훨씬 낮겠지만 접촉한 이들의 명단을 확보한다—를 포함하는 것을 원하는지 여부를 결정하라.
- 고객을 이해함으로써 언론 매체 에디터처럼 생각하라. 고객층이 직면한 문제가 무엇인지 고려하고 그들에게 호소력을 띠는 주제를 개발하라.
- 고객을 위해 작성하라. 사례와 이야기를 활용하라. 재미있게 만들어라.
- 주목을 끌 수 있는 훌륭한 제목을 선택하라. 콘텐츠가 전달하려는 것을 잘 묘사하는 부제들을 사용하라.
- 미친 듯이 노력하라. 당신의 사이트에 찾아보기 쉬운 링크를 갖춘 콘텐츠를 제공하라. 직원들의 소프트웨어 개발 도구(SDK)에 링크를 붙이고, 또한 링크를 제공할 파트너들을 확보하라.
- 우리가 8장에서 보았던 전염성 마케팅 효과를 이끌어내려면 적절

한 리포터, 블로거, 애널리스트들에게 그 콘텐츠가 이용 가능하다는 사실을 알리고 그들에게 다운로드를 받을 수 있는 링크를 제공하라.

>> 외부의 선도 역량가 활용하기

어떤 조직은 고객이 신뢰하는 외부의 선도 역량가들을 채용한다. 그리고 그것은 조직화된 전문가들과 관련되어 있으며 그들과 더불어 일한다는 것을 보여주는 데 효과적이다. 해당 분야의 이웃 블로그에서 선도 역량가를 확보할 수 있다. 또는 백서를 쓰거나, 웨비나에 참여하거나, 생방송 행사에서 고객들에게 이야기할 수도 있다. 예를 들어 소프트웨어 산업의 개척자인 '신콤 시스템즈'는 49개국 13만 5,000명이 읽는 전자 잡지 '신콤 전문가 액세스'[7]를 펴낸다. 신콤 전문가 액세스는 《마케팅 반란(The Fall of Advertising & The Rise of PR)》을 쓴 알 리스(Al Reis), '에너자이저 그로쓰'의 창업자인 리사 니렐(Lisa Nirell), 《원하는 것을 쓰는 법, 쓴 것을 파는 법(How to Write What You Want & Sell What You Write)》을 포함해 20권 이상의 책을 펴낸 스킵 프레스(Skip Press) 같은 수십 명의 비즈니스 리더, 저술가, 애널리스트들로부터 정보를 얻어낸다. 나 또한 신콤의 '전문가 네트워크에 물어보라' 코너의 회원이다. 신콤 전문가 액세스는 신콤의 고객들이 신뢰하는 인물들로부터 얻은 간결하고 객관적인 정보를 제공해 독자들의 업무 수행을 돕는다.

>> 잘 만든 웹 콘텐츠가 나를 돋보이게 한다

"사람들은 때로 내게 '스티브, 제품 관리자들에게 얼마를 지불해야 할까요?'라고 묻곤 한다"고 스티브 존슨(Steve Johnson)[8]은 말한다. 그는 기술 회사들을 위한 최고의 제품 마케팅 업체인 '프래그매틱 마케팅'의 지도자이다. "나는 공정하게 여겨지는 수치를 끄집어내곤 했다. 그러나 내 월급 추정치가 제품 관리자들을 고용하던 시절인 옛 자료를 기초로 한다는 사실을 깨달았다." 실용성을 강조한 프래그매틱 마케팅으로 제품 관리자 훈련 프로그램을 실시했기 때문에, 그 회사는 그 직무 기능에 관련된 모든 분야에서 전문가로 비쳐졌다. 이는 선도 역량을 발휘할 좋은 기회를 제공했다. "우리는 본보기로 삼을 것이 없음을 깨달았다. 따라서 그것을 찾아내기로 결정했다."

존슨은 수천 명으로부터 얻은 자료를 프래그매틱 마케팅의 데이터베이스에 모으기 시작했다. "우리는 '만일 당신이 익명으로 진행하는 조사에서, 당신의 급여 및 직업 관련 정보를 우리에게 알려준다면 당신이 기준 잣대로 삼을 수 있도록 다른 이들의 급여를 알려줄 것'이라고 말했다"고 그는 밝힌다. 그 결과물은 대인기를 끌었고, 그 조사는 해마다 실시했다. "2만 5,000명을 웃도는 사람들에게 배달되는 이메일 뉴스레터에서 우리는 10월 들어 '주목하라, 다음 달 우리는 연례 급여 조사를 벌일 것'이라고 말한다. 그 다음 11월에 조사가 진행중임을 알리고, 사람들에게 조사에 응해줄 것을 요청한다. 우리는 단 며칠 만에 수천 명으로부터 반응을 얻어 자료를 모으고 그 결과물을 웹[9]에 싣는다. 예를 들어 2005년, 우리는 미국 회사에 근무하는 제품 관리층의 평균 연봉은

9만 610달러이고 제품 관리자들의 79퍼센트는 해마다 평균 1만 961달러의 보너스를 받는다는 사실을 알아냈다. 그러나 우리는 또한 그들이 하루에 이메일을 50통 받고, 일주일에 열다섯 번에 이르는 내부 회의로 대략 이틀이라는 시간을 허비한다는 등 다른 정보도 아울러 파악했다. 조사 결과 50퍼센트는 매주 열다섯 번 또는 그 이상 회의 자리에 앉으며, 스무 번 이상 회의에 참석하는 경우도 27퍼센트에 달했다."

존슨은 조사 결과를 기초로 한 선도 역량으로 엄청난 혜택을 본다. "무엇보다 그 자료는 정말로 유용하다"고 그는 말한다. "이제 나는 '제품 관리자들 중 90퍼센트는 대학교를 졸업했고 46퍼센트는 석사 과정을 마쳤다'는 것처럼 무슨 말을 할 수 있는 권위를 지니고 있다. 그러나 더 중요한 것은, 우리가 가까이 접근해 훈련 서비스를 팔고자 하는 고객들, 즉 제품 관리자들이 우리를 선도 역량가로 인정한다는 점이다. 이는 우리가 기술 제품 관리자들에게 유용한 최신 정보를 확보한 덕분이다. 그리고 우리 웹사이트에 있는 자료는 검색 엔진 마케팅에 매우 유용하다. 따라서 첨단 기술 사업 분야에서 제품 관리자들에 관한 정보를 찾는 어느 누구라도 반드시 우리를 찾게 된다."

이는 마케팅 · 기업 커뮤니케이션 담당자들을 위한 새로운 세계이다. 웹은 당신의 아이디어가 잠재 고객 수백만 명에게 즉각 확산되는 손쉬운 방법을 제공한다. 진정한 선도 역량 형태의 웹 콘텐츠는 전통적인 마케팅과 홍보로는 수행하기 어려운 방식으로 수천 명의 고객에게 영향을 끼칠 잠재력을 지니고 있다.

웹과 블로그 영역의 힘을 마케팅에 끌어들이려면 우선 '명령과 통제' 마인드를 버려야 한다. 마케팅과 홍보의 새로운 원칙은 우리에게 광고를 중단하고 그 대신 고객들을 이해하며, 고객의 문제와 연관된 이야기를 함으로써 우리 생각을 전달하라고 권한다. 새로운 원칙은 다른 모든 이들에게 당신의 메시지를 외치는 것이 아니라, 계속 이어지는 토론에 참여하는 것이다. 잘 만든 웹 콘텐츠는 진실한 선도 역량으로 이어져 한 조직을 같이 일하고 싶은 존재로 부각시킨다.

12장
고객을 모으는 효과적인 글쓰기

>> 무슨 말을 어떻게 표현할까?

고객들, 그리고 당신 회사를 다루는 언론 매체들은 당신의 제품이 어떤 특정한 문제들을 해결할 수 있는지 알고자 한다. 그리고 그들은 그것이 효과적이라는 증거를 원한다. 마케팅과 홍보는 고객들과 맺는 관계의 시작임과 동시에 행동을 이끌어내야만 한다. 그리고 고객의 문제에 초점을 맞추어야 한다. 고객들은 그들 자신의 말투로 듣고자 한다. 매번 무엇인가 작성할 때마다 당신은 소통 기회를 잡는 것이다. 심지어 보도 자료 작성에서도 그렇다. 판매 과정의 각 단계에서 잘 작성된 자료는 고객들의 이해력을 높여준다.

어떤 글을 쓰려면 마케팅·홍보 계획(10장 참조할 것)의 대상으로 삼은 하나 또는 그 이상의 고객층을 위한 '특별한 것'을 써야 한다. 해당 분야에서 남용되는 전문 용어는 최대한 피해야 한다. 그 고객층이 실제로 사용하지 않는 표현이라면. 정보 기술 분야에서 '기공(起工)', '산업 표준', '첨단' 같은 말들은 공문서 투의 경직된 표현일 뿐이다. 경직된 용어를 너무나 자주 사용하는 최악의 사례는 B2B(기업간 전자상거래) 정보 기술 회사들인 것 같다. 어떤 이유 때문인지 정보 기술 회사의 마케팅 담당자들은 제품이 고객의 문제를 어떻게 해결하는지 설명하는 데 많은 어려움을 느낀다. 이들은 제품이 고객의 문제를 어떻게 풀어주는지 이해하지 못하거나, 이해하는 데 너무나 게으르다. 이 때문에 고객을 위한 글을 쓸 수 없고, 그 제품이 어떻게 작동하는지 명확한 설명을 생략한 채 어물쩍 넘어간다. 대신 애매한 전문 용어로 치장한 쓸데없는 말을 남발하기에 바쁘다. 마케팅 자료와 보도 자료에서 끝나는 말은 보통 '사업 과정을 유연화하는', '사업 목적을 성취하는', 또는 '조직의 자원을 보전하기 위한' 등이다. 이것들이 정말 '산업을 선도하는' 해법인가?

>> 온기와 활기를 잃어버린 언어들

내가 몇 년 동안 분석한 웹사이트 수천 여 개와 매주 받는 보도 자료 수백 건은 이런 의미 없고 상투적인 표현들로 뒤덮여 있다. 보도 자료를 읽을 때 잠시 멈추어 내 자신에게 이렇게 호소하곤 한다. "기공, 산업 표준, 시장을 선도하는 첨단 제품? 토할 것만 같다고!" 구호처럼 반복되는 똑같은 단어들! 그런 딱딱한 표현은 나는 물론 다른 사람들의 신경까지 거슬리게 할 정도로 많다. 당신은 아는가? 회사들은 소통에 너무나 서툴다.

　이런 단어와 문구들을 얼마나 많이 사용하고 있는지 정확히 알고 싶었다. 그래서 분석해보았다. 먼저 경직된 표현을 일삼는 홍보 담당자 및 언론인들을 조사해 남용되는 단어와 문구들을 뽑아보았다. 그런 다음 분석에 도움을 받기 위해 뉴스 검색 사이트인 '팩티바'[1]에 들어갔다. 팩티바 데이터베이스에서, 2006년 1월 1일부터 그해 9월 30일 동안 북미 지역의 보도 자료 통신사들에 전달된 자료들을 분석했다. 분석에 포함된 보도 자료 통신사들은 비즈니스 와이어, 캐나다 뉴스와이어, CCN매튜스, 컴웹닷컴, 마켓 와이어, 무디스, PR뉴스와이어, 프라임 뉴스와이어 등이었다.

　결과는 놀라웠다. 보도 자료 통신사들은 그 아홉 달 사이에 38만 8,000개를 웃도는 보도 자료들을 집중적으로 배포했다. 그리고 그것들 중 7만 4,000개가 적어도 공통된 문구를 사용한 것으로 나타났다. 가장 많이 쓴 표현은 '차세대(next generation)'로, 9,895번이나 사용했다. 다음 단어나 문구들은 각각 5,000회 이상 쓰였다. '탄력적인(flexible)', '활기찬(robust)', '세계적 수준(world class)', '측정 가능한(scalable)', '용이한(easy to use)'. 이어 자주 사용한 문구들로는 '첨단의(cutting-edge)', '중요한 임무(mission critical)', '시장을 선도하는(market leading)', '산업 표준(industry standard)', '턴키(turnkey)', '기공(groundbreaking)'이었다. 또 잊지 말아야 할 것들은 보도 자료에서 각각 1,000회 이상 사용된 '상호 호완적인(interoperable)', '최고 품질(best of breed)', '사용자 친화적인(user friendly)'이었다.

>> 표정 없는 글로 무엇을 얻을 것인가?

'탄력적인', '측정 가능한', '기공', '산업 표준', '첨단의' 같은 단어들을 만나면 내 눈은 생기를 잃어버린다. 내 자신에게 이렇게 묻곤 한다. "이 말이 무엇을 뜻하는 거야?" 당신의 제품을 설명할 때 '산업 표준'이라는 표현은 아무런 의미도 지니지 못한다. 표준화의 어떤 측면이 고객들에게 그다지 중요하지 않다면 말이다. 그 다음 문장에서 나는 당신이 '산업 표준'으로 무엇을 말하고자 하는지 알고 싶다. 또한 그 표준이 왜 중요한지, 그리고 그렇게 말한 것이 정말 사실인지 증거를 제시해 주었으면 하고 바란다.

사람들은 때때로 이렇게 반문한다. "내가 속한 곳에서는 다들 그렇게 쓴다. 무엇이 문제란 말인가?" 역기능이 어떻게 생겨나는지, 이들 문구가 왜 남용되는지에 대한 해답이 여기에 있다. 마케팅 담당자들은 고객이 직면한 문제를 모르고, 설령 안다고 해도 자신의 제품이 그 문제를 어떻게 해결해줄지 알지 못한다. 경직된 표현은 이런 배경에서 비롯된다. 우선, 마케팅 담당자는 일련의 제품 특징을 설명하기 위해 해당 조직의 제품 관리자 및 다른 사람들을 귀찮게 따라다닌다. 그런 다음 마케팅 담당자는 고객들이 듣고 싶다고 여겨지는 표현을 분석해서 모방한다. 고객의 요구가 아니라 제품의 기능을 기초로 하고 있다. 이들 비효율적인 마케팅 담당자들은 제품 관리자가 제공한 표현을 들고 마이크로소프트 워드의 '파인드 & 리플레이스' 모드로 가서 '제품'을 '해법'이라는 단어로 대체한다. 그런 다음 최상급의 전문 용어로 번쩍거리는 과대 선전물을 만들어낸다. 자동적인 단어 대체를 통해 "우리 제품이 당신의 문제를 해결해줄 것"이라고 큰소리친다. 그들이 즐겨 사용하는 '속임수'가 바로 이것이다. 그러나 이는 오히려 사람들이 '바로 이것이다!'라는 확신을 갖는 기회로부터 멀어지게 할 뿐이다.

경직되고 천편일률적인 표현으로 접근하는 데 따른 또 다른 문제점은 그것이 당신 회사를 돋보이게 하지 못한다는 사실이다. 마케팅 담당자들이 당신을 위해 만들어준 그 표현을 보라. 그것이 당신에게 여전히 의미 있는가? 다른 회사의 것과 대체될 수 있는 마케팅 언어는 고객에게 왜 당신의 회사 제품을 선택해야 하는지 제대로 설명하지 못한다.

이들 단어와 문구는 주로 B2B 영역에서 활동하는 정보 기술 회사들에서 자주 쓰인다. 당신이 신발류처럼 정보 기술 분야와는 다른 제품을 위해 보도 자료를 작성해야 한다면 위의 문구들 중에서 사용하고 싶은 것이 별로 없을 것이다. 비영리 조직, 종교 단체, 록 밴드, 그리고 다른 조직들의 사정도 똑같다. 당신은 이런 문구들을 사용하지 않을 것이다. 교훈은 똑같다. 당신이 속한 회사와 분야의 편협한 전문 용어를 피하라. 그 대신 고객을 위해 작성하라.

> 지속 가능성 그룹은 에너지 비효율성의 원인을 연구하고, 지방의 사업체들로 하여금 재생 가능한 에너지와 에너지 효율적인 기술들—지역 사회의 벌충 매입(buy-in)을 잠재적인 행동 변화로 촉진하는 쪽으로 향한 먼 길을 갈—을 이용하도록 촉진하는 계획을 수립하기 위해 테스크포스 팀을 소집해왔다.

이것이 도대체 무슨 말인가? 또는 잘 알려진 회사의 '기업 개관' 페이지 첫 번째 문구에서 따온 다음과 같은 사례를 보자. 당신은 그 회사를 추측할 수 있는가?

○○○는 창조적인 콘텐츠 질과 이례적인 이야깃거리라는 풍부한 유산을 기반으로 어디에도 견줄 데 없는 엔터테인먼트 경험을 만들어 신뢰를 얻고 있다. 오늘날 ○○○는 네 개의 주요 사업부로 나뉘어 있다. …… 각 사업부는 세계적인 성장을 극대화하기 위해 통합되고 잘 연결된 사업들로 조화롭게 구성되어 있다.

>>단어 하나로 이미지가 바뀐다

마케팅·홍보는 고객들, 언론인들과 잘 엮여야 하고, 그들과 관계를 맺는 시작점이어야 한다. 마케팅·홍보 계획을 수립하는 과정(10장)에서 보았듯이, 이것은 표적 고객층을 이해하는 지점에서 일을 하고 그들을 명백한 구매 부문이나 고객층으로 세분하는 방법을 이해할 때 시작된다. 이런 과정이 마무리되면, 각 고객층의 상황을 확인하라. 그들이 안고 있는 문제는 무엇인가? 사업적인 고민인가 아니면 욕구인가? 그런 다음 시장에서 자신의 전문성을 펼쳐 보일 준비를 해야 한다. 여기에 한 가지 원칙이 있다. 무엇인가를 작성할 때 제품이 아니라 고객들과 더불어 시작하라.

앞에서 소개한 회사의 과대 선전을 떠올려보라. 그것이 세계적인 엔터테인먼트 기업 디즈니의 회사 소개 페이지[2]라고 추측하겠는가? 디즈니의 마케팅·홍보 담당자들은 이미 제공한 것을 다시 보여주는 '죽은'

단어들을 떠올리는 대신, 소비자들이 엔터테인먼트 기업으로부터 무엇을 원하는지 생각해야 한다. 왜 문제를 정하는 일부터 하지 않는가? "오늘날 수많은 텔레비전 및 영화 팬들은 미국 엔터테인먼트 산업의 현 상황에 낙담하고 있다. 그들은 오늘날의 영화와 쇼는 너무나 모방적이고, 엔터테인먼트 회사들은 시청자들의 지적 능력을 존중하지 않는다고 여긴다." 성공적인 마케팅 담당자들은 고객의 문제를 해결할 수 있다고 확신시키기 위해 '살아 있는' 언어를 사용할 것이다. 자주 보지 못하는 친척에게 말하는 것처럼 당신의 고객에게도 그렇게 이야기하라. 친절하고 친숙하게 대할 뿐 아니라 공손한 태도를 지녀라. "우리 고객들처럼 우리는 영화와 TV쇼에 관심을 두고 즐긴다. 그것이 바로 우리가 이 분야에서 선두를 차지하는 이유이다. 우리는 늘 그렇게 맹세한다." 나는 디즈니와는 아무런 관련을 맺고 있지 않으며 디즈니의 사업을 잘 알지 못한다. 하지만 나는 TV쇼, 비디오, 테마파크 방문 등 많은 디즈니 제품과 서비스들을 구입해왔다. 내가 제안한 것처럼 무엇인가를 실제로 작성하려는 디즈니 사람들에게 그것은 이상하게 여겨질 것이다. '고급 엔터테인먼트 콘텐츠' 보다는 '영화와 TV쇼' 같은 문구를 사용하는 디즈니의 마케팅·홍보 담당자들에게 그것은 이상하게 느껴질지도 모른다. 그러나 그것은 고객들과 맺는 인적 네트워크 구축에 절대적으로 중요하다.

>>피드백의 힘

여기서 잠시 웹에서의 소통과 피드백의 힘을 설명해야겠다. 2006년 10월 12일, 내 블로그[3]에 "경직된 표현 고시"라는 제목의 글로 이 연구 결과물을 처음 펴냈다. 그리고 그 다음날, 보도 자료를 내보냈다. 하지만 '경직된 표현 고시(gobbledygook manifesto)'라는 문구를 넣어도 구글에서는 검색 결과가 하나도 없었다. 나는 웹에서 쓰일 수 있는 한 문구를 의도적으로 만들어냈다. 단지 3주 만에, 블로거 수십 명이 나와 다른 이들의 블로그에 '경직된 표현 고시'를 다루고 100건 이상의 논평을 남긴 결과, 이 문구를 치면 구글에서 500건의 검색 결과가 나타났다. 3주 만에 0에서 500이 된 것이다. 더 좋은 것은, 나와 다른 이들의 블로그를 읽는 독자들이 경직된 단어와 문구의 남용 사례들을 제시했다는 사실이다. '최선의 실무(best practices)', '주도적인(proactive)', '시너지(synergy)', '대화 시작하기(starting a dialog)', '상자에서 벗어나 생각하기(thinking outside of the box)', '혁신적인(revolutionary)', '상황에 맞는 능숙함(situational fluency)', '패러다임 전환(paradigm shift)' 따위가 그것이다.

'스미스-윈체스터'의 홍보 서비스 담당 부사장인 데이브 슈미트(Dave Schmidt)는 나와 만나, 2006년 9월 일반 경제지 및 업계 전문지 편집인들을 대상으로 실시한 조사 결과를 공유했다. 슈미트는 편집인들에게, 남용되는 단어와 문구들의 사용 실태를 물었다. 그가 지켜보았고 보도 자료와 회사가 올린 글들에서 각각의 문구들이 남용되고 있음을, 얼마나 많은 편집인들이 동의하는지 알아 싶어서였다. 그는 80명의 편집인들로부터 응답을 받아냈다.

- 선도하는(Leading) — 응답한 편집인들 중 대부분인 94퍼센트가 남용하고 있다고 느낀다. 모든 이들이 선도하는 무엇이 되고 싶기 때문에 진정한 지도자는 더 이상 어디에도 없다.
- "우리는 ~에 흥분해 있다." — 80명의 편집인들 중 76퍼센트가 지적한 말이다. 회사들은 또한 이렇게 밝힌다. '우리는 기쁘다', '우리는 감격스럽다' ······. 당신은 이런 것들 중 하나인 최고경영자 인용문을 따오는 편집인을 상상할 수 있는가? 인쇄물에서 보고 싶은 단어들로 된 대변인 말을 인용해야 한다.
- 솔루션(solutions) — 응답자들 중 68퍼센트가 꼽은 용어이다. 솔루션이라는 단어는 보도 자료에서 남용된 탓에 솔루션 제공자들조차 회피할 정도로 훼손되었다.
- "광범위한 영역" — 80명의 편집인들 64퍼센트가 꼽았다. 이는 정확한 작성을 피하는 게으른 사람의 수단이 되어버렸다.
- 견줄 데 없는(unparalleled) — 응답한 편집인들 중 62퍼센트가 이 말을 언급했다.
- 탁월한(unsurpassed) — 53퍼센트에 이르는 편집인들이 남용한다고 느낀 표현이다.

경직된 단어와 문구를 남용한 사례를 뽑아준 많은 이들에게 감사드린다. 당신이 웹에서 무엇인가를 만들어, 속 깊은 정보를 **빠르고 효율적**으로 시장에 진입시키기 위해 그것을 활용하고, 그런 다음 사람들로 하여금 본래의 그 저작물을 훨씬 더 좋게 만드는 제안을 내놓도록 하는 것은 매우 신선하다.

온라인·오프라인 콘텐츠는 행동을 이끌어낼 수 있어야 한다. 그러려면 고객의 문제에 초점을 맞추어야 한다. 고객들은 그들 자신의 어투로 작성된 것을 원하며, 그 다음 증거를 원한다. 무엇인가를 작성할 때 당신은 소통하고 확신을 심어줄 기회를 확보한 것이다. 효율적인 마케팅 프로그램과 연결되어 있고 제대로 작성된 자료는 판매 과정의 각 단계에서 고객들로 하여금 당신 회사가 어떻게 그들을 도울 수 있는지를 쉽게 이해하게 해줄 것이다. 훌륭한 마케팅 사례는 너무나 드물다. 고객을 돕는 데 초점을 맞추면 대부분 판매가 증가하고, 고객 유지 비율을 높이며, 더 많은 언론 매체에 게재될 것이다. 이것이 바로 마케팅·홍보 담당자들이 원하는 성과가 아닌가.

13장
웹 콘텐츠가 구매에 미치는 영향

>> **콘텐츠가 풍부해야 사람들이 머문다**

요즘 사람들은 무엇인가를 사고 싶을 때 첫 번째로 들르는 곳은 거의 다 웹이다. 어떤 시장에서든 잠재 소비자들은 기초 조사를 위해 온라인에 들어간다. 그들이 당신의 사이트에 접근했을 때 진실은 드러난다. 당신은 그들을 판매 과정으로 끌어들이는가, 아니면 그들을 떠나도록 하는가?

제품을 팔아줄 수 있는 손님들이 검색 엔진과 디렉토리, 즉 자료방을 이용해 당신의 사이트에 접근하거나, 다른 사이트를 거쳐 그것에 연결하거나, 마케팅 캠페인에 반응을 보일 때, 당신은 표적을 맞춘 메시지를 전달할 기회를 포착한 것이다. 당신이 제공해야 할 서비스를 그들이 찾는 바로 그 시점에 말이다. 그러나 마케팅 담당자들은 자체 웹사이트의 잠재력을 제대로 알지 못한다. 출발 때부터 고객을 끌어당겨 판매 완료

때까지 사이트에 머물도록 해야 한다. 사람들은 광고를 찾아보려고 웹사이트에 가지는 않는다. 그들은 콘텐츠를 탐색하고 있다. 정보를 원할 때 그것을 제공함으로써 당신은 그들과 오랜 기간 수익성 있는 관계를 맺을 수 있다. 편집인과 에디터들은 독자 수를 고민한다. 당신 또한 그래야 한다.

이 장에서 우리는 이 책에서 이미 도입한 일부 아이디어와 개념들을 사용할 것이다. 3장에서 우리는 조직의 온라인 콘텐츠로 고객에게 직접 가까이 다가가는 방법을 알아보았다. 아울러 10장에서 고객층을 확인해 개별적인 접근법으로 각각을 표적으로 삼는 세부 계획을 짰다. 훌륭한 콘텐츠는 당신의 고객들에 관한 것일 뿐 당신에 관한 것이 아님을 명심하라. 이제 고객들을 확보해 그들로 하여금 구입은 물론 기부하고, 참여하며, 서명할 준비를 하는 곳으로 움직이게 하는 웹사이트를 어떻게 만들 수 있는지 아이디어를 제공할 것이다. 물론 그것은 웹 콘텐츠의 목적이다.

웹사이트가 매력적인 디자인을 갖추고 HTML를 포함한 모든 기술적인 면들이 적절하게 작동하는 것은 중요하다. 그러나 이런 면들은 이 책에서 다룰 범위의 바깥이다. HTML, XML, ASP, 자바 스크립트, 그리고 다른 웹 언어들을 작성하는 방법을 다룬 책들은 이미 많이 있다. 색깔, 글자체, 로고 배치 등 디자인 측면을 바로잡아주는 것들도 많이 있다. 이들 요소는 전반적인 사이트에 중요하다. 그러나 콘텐츠가 어떻게 웹사이트에서 행동을 불러일으키는지에 초점을 맞추고 싶다. 왜냐하면 콘텐츠 측면은 자주 간과하기 때문이다.

콘텐츠의 힘을 잘 받쳐주기 위해 당신은 무엇보다 먼저 사이트 방문자들이 그 사이트에서 원하는 것을 찾을 수 있도록 도와주어야 한다. 누군가 처음 한 사이트를 방문할 때 그 사이트는 고객에게 메시지를 전달한다. 그러면 그 고객은 여러 가지 생각을 할 것이다. 이 조직은 내게 관심이 있는 걸까? 그것은 내가 맞닥뜨리는 문제에 초점을 맞추는가? 그 사이트는 그 회사만의 편협한 정보만 담고 있는가? 마음속의 고객들과 더불어 설계하고 조직한 사이트 내비게이션, 즉 안내 장치가 절실하다. 당신의 회사나 그룹이 제품, 지리, 또는 정부 구조 따위로 조직된 그런 방식을 단순하게 모방하는 것은 금물이다. 왜냐하면 고객층이 웹사이트를 이용하는 방식은 당신 회사의 내부 우선순위와 거의 부합하지 않는다. 당신의 필요를 기초로 사이트를 조직하는 것은 자신에게 절실한 것을 찾고자 하는 사이트 방문자들을 혼란에 빠뜨린다.

사람들이 사이트를 찾아온 방법 또는 전형적인 구매 사이클에 초점을 맞추면서 구매 과정을 가능한 한 소상하게 파악해야 한다. 그 과정에서 서로 보완할 수 있도록 온라인상의 소통과 동시에 오프라인에서 무슨 일이 벌어졌는지도 살펴보라. 예를 들어 전자 상거래 사이트와 인쇄된 상품 목록을 갖고 있다면, 양쪽에서 기울이는 노력이 구매 과정을 받쳐주고 강화할 수 있도록 콘텐츠와 메시지를 조정하라. 예를 들어 온라인 구매를 안내하기 위한 URL(인터넷 www에 서버가 있는 장소를 지시하는 방법)을 상품 목록에 포함시켜라. 그리고 사람들이 혼란스럽지 않도록 똑같은 제품 설명서를 사용하라. B2B 세계의 상품 전시회에서는 인터넷 주도권을 적극 활용해야 한다. 예컨대 부스(칸막이 좌석)에서 이메일 주소를 끌어 모은 다음 당신의 사이트에 있는 특정 전시회 메인 페이지와 함께 이메일을 같이 보내는 방식이다. 온라인과 오프라인 양쪽에서 구매 과정을 소상하게 이해한다면 당신은 구매 결정에 영향을 끼치는 웹 콘텐츠를 만들 수 있다.

>>도서관, 고객의 취향에 맞게 전문화하다

온라인상의 관계맺음은 잠재 고객이 당신의 홈페이지를 두드리는 그 순간에 바로 시작된다. 그가 우선 필요로 하는 것은 거기에서 자신이 어떻게 다루어지는지 보는 일이다. 그것이 바로 당신이 각각 뚜렷한 고객층을 위한 세부 콘텐츠로 사이트를 만들어야 하는 이유이다. 잠재 고객은 어떻게 주체적으로 선택하는가? 그것이 그들의 직무, 지리적 여건, 그들이 일하는 분야에 기초하는가? 고객들에 대한 명확한 이해를 기초로 한 적절한 링크 조합을 만드는 것이 중요하다. 이는 홈페이지에서 고객들을 위해 특별히 만든 페이지로 재빨리 이동시켜줄 수 있도록 하기 위해서이다.

예를 들어 89개 장소에서, 3,200명의 직원이 감독하며, 소장품 5,060만 항목을 갖춘 '뉴욕공공도서관'[1]은 다양한 수많은 방문자들을 응대하는 웹사이트를 갖고 있다. 이 도서관 사이트는 그 사이트에서 직접 자료를 내려 받는 매우 다양한 고객층, 즉 온라인과 오프라인 양쪽에서 도서관 서비스를 이용하는 이들에게 호소력을 지닌다. 이 도서관 사이트가 응대하는 몇몇 고객층의 예를 들어보면 다음과 같다.

- 이 도서관의 디지털 정보 소장품들을 보고 싶은 세계 곳곳의 학

자들.
- 뉴욕시 북부의 브롱크스에 살면서 스페인어를 모국어로 구사하는 사람들. 이 도서관은 기초적인 컴퓨터 사용법과 학습 기회를 제공한다. 이는 이 도서관의 '브롱크스 코너'에서 스페인어로 진행된다.
- 뉴욕에 체류하는 동안 5번가에 있는 아름다운 주요 도서관 빌딩을 돌아보고 싶은 사람들.
- 이 도서관의 유명한 세트를 이용하는 영화 스튜디오, TV 프로듀서, 사진가들. 여기서 촬영된 몇몇 영화로는 〈티파니에서 아침을〉, 〈고스트 버스터즈〉, 〈스파이더맨〉 등이 있다.
- 도서관에 기부하는 개인, 재단, 기업들.

뉴욕공공도서관 사이트는 이들 고객층—다른 고객층과 마찬가지로—각각에 가까이 다가가는 상세한 콘텐츠를 담고 있다. 뉴욕공공도서관 웹사이트의 첫 페이지는 '도서 검색 및 조사'(특정한 책을 원하는 사람들을 위한 도서관 카탈로그에 무엇이 들어 있는지에 대한 정보), '도서관들'(뉴욕시에 사는 이들을 위한 도서관 지부 정보), '디지털 도서관'(전 세계에서 누구나 내려 받을 수 있는 정보), '뉴스', '도서관 생방송!'(사건들), '도서관 후원'(이 도서관에 돈 또는 시간을 기부하고 싶은 이들을 위한 회원 자격 및 정보 제공)을 포함해 일곱 개 주요 부문으로 나뉘어 있다. 각각의 메인 페이지는 이 거대한 웹사이트를 쉽게 훑어볼 수 있도록 하는 추가 정보를 보유하고 있다.

많은 조직들이 사이트 내비게이션에 접근하는 한 가지 방법은, 당신의 제품 또는 서비스가 해결해줄 문제를 토대로 랜딩 페이지에 연결하는 것이다. 각각의 표적 고객층이 스스로 찾고 있을 법한 문제들을 확인하는 것부터 시작하라. 체인 점포 관리 사업을 하고 있다면, 홈페이지에 '소비자들에게 제품을 더 빨리 갖다 주어야 한다' 또는 '제품을 수출하고 싶다' 같은 링크들과 더불어 아래로 펼쳐지는 형식의 '드롭다운' 메뉴를 둘 수 있을 것이다. 각 경로마다 고객들의 문제에 초점을 맞춘 콘텐츠를 두고, 각 고객층들을 위해 만든 랜딩 페이지로 이어진다. 단골손님이 될 듯한 사람들이 오면, 이런 문제들을 해결해주고, 그 과정에서 공감대를 형성하며, 당신의 전문성을 전해주고, 고객들의 마음을 움직여 실제로 구매하도록 할 기회를 잡은 것이다.

>> 고객을 감동시키는 웹사이트의 조건

고객들과 그들의 구매 과정에 초점을 맞춘 사이트를 만들 때 몇 가지 고려할 점이 있다.

그들이 좋아하는 매체와 성향을 고려하라

2006년 하반기 한 회의에서, 《비즈니스 블로깅(Blogging for Business)》의 저자 테드 데모포울로스(Ted Demopoulos)[2]와 인상 깊은 대화를 나누었다. 우리는 블로그 활동 대 팟캐스트 서비스, 사람들의 학습 방식, 그리고 사이트에 어떤 콘텐츠를 배치할지 이야기를 나누었다. 테드가 제기한 점은 흥미로웠다. 그것은 양자택일 문제가 아니라는 주장이었다.

"각각 다른 형태의 메시지를 보유하는 것은 가치 있는 일"이라고 그는 말한다. "나는 책 읽기를 좋아한다. 또 자동차를 운전하거나 자전거를 탈 때, 또는 잔디를 깎는 동안 정보를 전해주는 오디오를 자주 듣곤 한다. 하지만 비디오를 좋아하지 않는다. 그것은 책읽기와 다르다. 그것은 그 자체의 속도로 나아간다. 책처럼 내 나름대로 더 빠르게 훑어보거나 쉽게 스쳐지나갈 수 없다. 그리고 그것은 오디오와 달리 전적인 주의력을 요구한다." 물론 다른 사람들은 테드와 의견이 다르다. 그들은 책읽기보다는 영상 콘텐츠를 좋아한다. 우리는 모두 각각 다른 학습 방식과 매체 선호도를 지니고 있다. 따라서 사이트에 고객을 위해 설계된 적절한 콘텐츠를 확보해야 한다. 이는 각각 단일한 형태를 가져야 함을 뜻하는 것이 아니다. 그러나 당신은 사진을 덧붙인 텍스트는 물론 오디오 또는 비디오 콘텐츠를 늘리는 것을 고려해야 한다. "사람들은 각각 다른 형태의 매체를 좋아할 뿐 아니라, 각자에게 맞는 매체로 배울 때 좋은 효과를 거둔다. 이는 심리학 연구 결과가 증명한 바"라고 데모포울로스는 덧붙인다. "마케팅 담당자들은 실용적인 다양한 형태의 메시지를 확보하고 있어야 한다. 심지어 그 메시지가 똑같더라도, 그것들은 각각 다른 그룹의 사람들에게 호소력을 지닐 것이다. 예를 들어 누군가는 전자책을 원하겠지만, 당신은 똑같은 그 콘텐츠를 '텔레-세미나' 형태로 전환할 수 있다."

자신만의 개성 있는 사이트를 개발하라

분명하고 적절하며, 기억할 만한 사이트를 만드는 것이 중요하다. 또 그런 목표에서 중요한 요소는 콘텐츠의 분위기 또는 어감이다. 당신 사이트에 방문한 이들이 콘텐츠와 상호 작용할 때 당신의 조직에 대한 뚜렷한 인상을 떠올릴 수 있어야 한다. 재미있고 쾌활한가, 아니면 경직되고 보수적인가?

예를 들어 구글 홈페이지에서 검색할 때 'I'm Feeling Lucky' 버튼을 누르고 시작할 수 있다. 그것은 1순위 검색 결과의 웹 페이지로 직접 이동할 수 있는 재미있고 유쾌한 방법이다. 이 짧은 문구 하나는 구글에 관한 많은 것을 말해준다. 그리고 거기에는 더 많은 것이 들어 있다. 예를 들어 구글이 아프리카 사람들은 물론 줄루족까지 포괄하는 100개 이상의 언어 모음집에는 '엘머 퍼드 언어'[3]로 구성된 것도 있다. 1940년대 만화 영화 시리즈의 주인공으로, 토끼한테 늘 봉변을 당하는 사냥꾼 캐릭터를 기억하는가? 엘머 퍼드는 혀가 약간 짧은 탓에 'r'과 'l'을 'w'로 발음하는데, 이에 착안하여 구글은 'I'm Feeling Lucky'를 'I'm Feewing Wucky'처럼 모든 것을 엘머 퍼드 언어로 번역한다. 신선하지만 보수적인 회사에는 효과적이지 않을 것이다. 그것은 이상하고 부적절하게 비쳐질 것이다.

'액센추어' 홈페이지[4]는 그와는 반대의 경우이다. 이 글을 쓰는 시점에서 액센추어 로고 바로 아래에는 '높은 성과(High Performance)', '전달된(Delivered)'이라는 문구가 있다. 거기에는 "500명이 넘는 특급 선수들과 함께 한 연구 및 경험에서 비롯된 결과를 보라"는 제안과 더불어 타이거 우즈의 사진, 그리고 "타이거 우즈처럼 되면 무엇을 얻는지 우리는 안다"는 메시지가 있다.

구글과 액센추어 모두 효과적이다. 왜냐하면 그 사이트의 개성은 회사의 개성과 함께 작동하기 때문이다. 당신의 개성이 무엇이든 조화를 이루는 방법은 한 가지뿐이다. 그것은 모든 사이트 자료와 다양한 콘텐츠가 사이트의 애초 분위기에 정확히 일치하도록 하는 것이다. 사이트의 개성과 성격에서 나타나는 강점은 득이 된다. 방문자들이 사이트에서 찾는 콘텐츠에 의존하면 당신의 회사와 더불어 감정적이고 개인적인 관계맺음을 발전시킬 것이다. 웹사이트에서는 친밀하고 믿을 만한 목소리를 주고받을 수 있다. 이메일을 주고받는 저쪽 끝의 친구와 더불어 이야기하는 것처럼 말이다.

이미지로 나만의 이야기를 전하라

콘텐츠는 문자에 제한되지 않는다. 똑똑한 마케팅 담당자들은 사진·오디오 자료·비디오 작품·만화·도표·그래프 등등 다양한 형태의 콘텐츠를 이용한다. 정보를 제공하고 사이트 방문자들을 즐겁게 하기 위해서이다. 사진은 특히 많은 사이트들에서 중요한 구실을 한다. 이미지가 웹사이트의 통합 요소임을 페이지 방문자들이 깨달을 때 사진은 강력한 힘을 발휘하는 콘텐츠이다. 그러나 행복하고 겉보기에 좋아 보이는 이국적인 모델이나 풍경을 담은 사진들처럼 일반적인 '낡은' 사진들은 오히려 부정적인 효과를 나타낼 것이다. 사람들은 그 사진이 당신 회사 사람들의 것이 아님을 즉각 알아차린다.

기술적인 문제를 다룬 문서의 사진, 도표, 그래프, 그리고 다른 비문서 콘텐츠를 한 사이트에 덧붙일 때 이미지 크기에 주의하라. 동영상인 플래시 비디오처럼 정신을 혼란스럽게 하는 멀티미디어를 이용하는 데에도 주의해야 한다. 방문자들은 콘텐츠에 빨리 접근하기를 바라며 빨리 받을 수 있는 사이트를 원할 뿐, 혼란스러워지는 것을 바라지 않는다.

서로에게 도움 되는 콘텐츠 도구를 추가하라

사람들을 어떤 사이트 콘텐츠에 연계시키는 것은 방문자들을 끌어들여 그들의 관심을 불러일으키고 실제로 구매하도록 하는 훌륭한 방법을 제시한다. 상호 작용하는 도구로는, 금융 관련 사이트들에서 찾을 수 있는 애플리케이션(응용 프로그램)을 인용하고, 도표로 만든 자료, 정치 후원 사이트들에 있는 '국회의원에게 이메일 보내기' 도구 같은 것들이 있다. 상호 작용하는 콘텐츠는 방문자들이 사이트 콘텐츠에 스스로 빠져들도록 한다. 그리고 그것은 판매 사이클을 통해 그들이 돈 쓸 준비를 하게 한다.

피드백 고리를 사용할 수 있도록 하라

사이트 이용자들이 당신의 회사와 상호 작용하게 해주는 것은 훌륭한 사이트임을 입증하는 품질 증명서이다. '우리와 접촉하기(contact us)' 정보를 찾아보기 쉽게 하는 것은 그다지 새삼스럽지 않은 필수 사항이다. '평가하기(rate this)' 버튼 같은 직접적인 피드백 메커니즘, 온라인 포럼, 다시 시청하기, 그리고 댓글 게재 기회를 주는 것은 사이트 방문자들에 의한, 그들을 위한 가치 있는 정보를 제공한다.

고객이 다른 사람과 교류하는 길을 열어라

해당 회사의 제품 또는 서비스를 이용하는 사람들 사이에 활발한 커뮤니티가 이루어지고 있는가? 그렇다면 그것을 잠재 고객들에게 보여주어야 한다. 이를 위해 아주 효과적인 방법이 온라인 포럼 또는 위키—소비자들이 다른 사람과 공유하고 서로 도울 수 있는 곳인—이다. 당신의 사이트에서 교류하는 기존 소비자들의 모임은 그들뿐 아니라 잠재 고객들에게도 훌륭한 마케팅 통로이다!

전염성 강한 콘텐츠를 만들어라

8장에서 전염성 마케팅을 다루었음을 기억하는가? 사람들이 당신의 사이트 관련 정보를 친구나 동료들에게 전해주거나 그들의 블로그 안에서 당신의 콘텐츠에 연결하는 것 역시 훌륭한 마케팅 기법이다. 웹 콘텐츠는 전염성 마케팅을 위한 좋은 소재를 제공해준다. 콘텐츠가 흥미롭거나 유용하면 사이트 방문자들은 친구들에게 링크를 보내주는 경향이 있다.

다른 사람들이 그것을 목청껏 외치도록 부추기기 위해 사이트 곳곳에서 입소문을 만드는 것이 쉽지는 않다. 차례차례 전달되는 가치를 지닌 콘텐츠를 창출하는 과정은 결코 호락호락하지 않다. 그것은 좀더 조직적으로 실행될 때 일어나기 때문이다. 그럼에도 그 과정을 돕기 위해 당신이 할 수 있는 몇 가지 일이 있다. 사이트 콘텐츠를 만들 때 콘텐츠 이용자들이 무엇을 건네주고 싶은지 주의 깊게 살피고, 그 콘텐츠를 찾기 쉽고 연결하기 쉽게 만들어라. 몇 달 또는 몇 년 뒤에 방문할 때, 어느 누구도 죽어 있는 링크를 찾지 않도록 실제 URL들을 튼튼하게 만들어라. 전염성 마케팅으로 성공하려면 재미있고 가치 있는 이야기를 엮고, 그것을 찾기 쉽고 공유하기 쉽도록 만들어야 한다.

>> 웹 콘텐츠를 확실히 전달하는 RSS 기능

언론 매체에 종사하는 우리와 같은 부류와 애널리스트 커뮤니티가 RSS(맞춤형 정보 구독)를 통해 정보를 얻는 것은 아주 쉽다. RSS는 웹 마케팅 전략의 한 요소로 매우 중요하다. 내가 시장, 회사, 아이디어들을 추적할 때 가장 좋아하는 방법이다. 정보가 RSS 형태로 존재하기만 하면, 파이어폭스 같은 RSS 인식 브라우저 또는 뉴스게이터 같은 웹 응용프로그램은 변환할 자료를 점검하고 웹 페이지에서 이것을 보여준다. 전달된 정보를 확보하는 것은 내 스스로 그것을 찾아 여기저기 헤매 다녀야 했던 시절보다 훨씬 쉬워졌다. RSS와 뉴스 모음 소프트웨어는 사용하기 쉽고, 일반적으로 무료이며, 어떤 장치로부터 정보를 얻는 방법을 제공해준다.

RSS는 점점 많아지고 성가신 이메일 채널을 건너뛸 수 있는 강력한 정보 관리 도구를 제공해준다는 점에서 특히 좋다. 내가 좋아하는 웹사이트, 언론 매체 특약점, 그리고 RSS를 공급하는 블로그들은 내가 꼭 보고 싶어 하는 것을 모아놓은 내 자신의 '고객 편집물(custom compilation)'이다.

놀랍게도 극소수 회사들만 신디케이트(연합) 뉴스 및 콘텐츠용 RSS를 확보하고 있다. RSS 자료가 특정한 욕구를 갖고 있는 틈새 고객들에게 얼마나 좋은지 다들 잘 모른다. BBC, 뉴욕타임즈, 워싱턴포스트 같은 주요 사이트와 수천여 매체들 대부분은 RSS를 확보해 배치하는 방법을 배워야 한다. 보도 자료, 블로그 게재물, 제품 업데이트, 또는 미국 증권거래위원회 서류 정리 같은 개별적인 아이템들로 분류할 수 있는 콘텐츠 거의 대부분을 RSS로 결합시킬 수 있다.

    '넷플릭스'는 RSS 자료[5]를 제공한다. 비디오 애호가들은 이 자료를 구하기 위해 등록 절차를 거친다. 그들의 관심사를 반영한 신제품을 받아보기 위한 것이다. 사용 가능한 자료는 넷플릭스 톱 100, 보도 자료, 다큐멘터리 톱 25, 코미디 톱 25, 클래식 톱 25, 그리고 더 많은 것들을 포함한다. 이런 것들은 재미있는 콘텐츠만 고르는 특정 고객들을 표적으로 삼는다. 따라서 내가 독립 영화 팬이고, RSS 자료에 서명하고, 또 언제든 독립 영화 관련 콘텐츠가 넷플릭스 사이트에서 바뀌면 RSS 판독기를 통해 그 사실을 알게 된다.

    모든 것에 들어맞는 표준적인 마케팅 모델과 크게 다른 점이 이것이다. 그것은 고도로 목표 지향적이며, 필요로 하는 소규모 고객층에 직접 전달된다. 그러나 기업들 대부분이 웹에서 고객에게 판매하는 전형적인 방식은 이와 반대이다. 당신이 소비자라면, 그 조직은 "특별한 제안"이라는 제목의 이메일을 보내기 위해 회원 가입을 유도한다. 이런 이메일을 두세 통 정도 받아보면, 그것들은 전체 고객들에게 전달되는 표적 없는 메시지일 뿐이고 당신에게 별로 가치가 없다는 것을 금방 알게 된다. 상업용 이메일 목록은 관계 주요 회원들로부터 무시당할 것이 틀림없다. 대중들에게 무차별적으로 보내는 낡은 이메일 광고물에 견주어 취사선택된 정보를 제공하는 넷플릭스의 접근법이 어떻게 다른지 주목하라.

≫콘텐츠를 판매 사이클로 직접 연결하라

가장 성공적인 사이트를 갖춘 마케팅 담당자들은 고객들을 판매 사이클로 끌어들이기 위해 특별한 콘텐츠를 설계한다. 구매를 고려하는 이들은 구매 전에 늘 심사숙고하기 마련이다. 단순하고 값싼 것, 한 예로 아이튠즈에서 노래를 내려 받기로 결정하는 경우 그 과정은 매우 단순하고 불과 몇 초 만에 이루어질 것이다. 하지만 자동차를 새로 구입하거나, 자녀를 대학교에 보내거나, 일자리를 구하는 것 같은 주요한 결정을 내리는 과정은 몇 주 또는 몇 달씩 걸릴 수 있다. B2B 판매에서 그 사이클은 많은 단계와 다양한 고객층을 포함할 것이며, 마무리하는 데 몇 달 심지어 몇 년이 걸릴 수도 있다.

효율적인 마케팅 담당자들은 콘텐츠를 작성하고 사이트에 그것을 조직적으로 배치할 때 웹사이트 방문자들의 구매 사이클을 감안한다. 판매 사이클 초기 단계에 있는 사람들은 그들의 문제와 당신 회사의 해법에 관한 기본적인 정보를 원한다. 그 과정을 따라 한 발 더 나아간 이들은 제품과 서비스를 비교해보고자 한다. 이에 따라 그들은 당신 회사의 제품 관련 정보를 알고자 한다. 그리고 구매자들이 그들의 신용 카드를 확인하려고 할 때, 그들이 구매 또는 기부, 서명 등을 신속하게 마무리 지을 수 있도록, 콘텐츠로부터 직접 이어져 사용하기 쉬운 메커니즘이 요구된다.

매우 긴 판매 사이클의 한 예로 앞에서 다룬 대학교 사례를 떠올려보라. 미국의 경우, 고등학생들은 보통 졸업 학기 가을에 대학교에 지원하고 어느 학교에 갈지는 봄에 결정한다. 하지만 판매 사이클은 훨씬 일찍 시작된다. 학생들은 보통 졸업 학기 전 해에 대학을 직접 방문한다. 그러나 학생들이 대학교 웹사이트를 처음 방문할 때는 신입생일 때가 많다. 대학교 웹사이트는 고등학생이 대학과 만나는 첫 번째 장소이다. 그리고 그것은 입학 허가를 신청할 준비를 갖추지 않은 젊은 10대 고객들에게 2, 3년 동안 서비스를 제공해야 한다. 장기간의 판매 사이클에 걸쳐 지속적인 관계를 발전시키기 위한 적절한 콘텐츠를 만드는 것은 오로지 한 조직이 고객층을 잘 파악하고 판매 과정을 소상하게 이해할 때만이 가능하다. 대학교 홍보 담당자는 고등학생들에게 적절한 콘텐츠를 제공해야 한다. 그들이 입학하면 대학교 생활이 어떨지, 입학 허가 과정에 필요한 것은 무엇인지 감을 잡을 수 있도록 해주어야 한다.

고객과 판매 사이클을 이해하는 데 초점을 맞추고, 그 사이클을 통해 방문자들을 구매 지점으로 연결해주는 적절한 콘텐츠를 개발하는 데 초점을 맞추어야 좋은 사이트라고 할 수 있다. 몇 년에 걸친 내 조사 결과에 따르면, 대다수 사이트들은 거의 온라인 홍보물이나 일방적인 광고 매체에 지나지 않는다. 이런 사이트들은 너무나 비효율적이다. 많이 이들이 찾는 사이트를 만들고 싶은가? 그렇다면 그 핵심은 콘텐츠임을 이해해야 한다. 그때 비로소 마케팅 담당자들만이 웹으로부터 중요한 기회를 얻을 수 있다.

▶▶상품과 구매 사이의 친근한 자극

해당 시장에서 전문성과, 잠재 고객들의 문제를 푸는 지식을 선보인

뒤에 비로소 이제 당신은 제품과 서비스를 소개하게 된다. 회사의 제품들에 관련된 콘텐츠를 만들 때 제품들 사이의 차별성을 만들기보다는 구매자와 그의 문제들에 몰두한 채 잠시 기다려라. 사람들이 살까 말까 하는 구매 과정의 중립 지대에서 당신의 콘텐츠와 상호 작용할 때 관련 콘텐츠, 즉 이메일 뉴스레터, 웹을 기반으로 한 세미나인 웨비나, 또는 팟캐스트를 제공하는 것이 적절하다. 그러나 이것만은 명심하라. 당신이 누군가의 이메일 주소 또는 다른 세부 접촉 수단들을 요청한다면 그 대가로 당신은 똑같이 값비싼 무엇인가를 제공해야 한다.

단골손님이 될 듯한 사람들은 당신의 회사를 찌르고, 쑤시고, 시험해 본다. 당신 조직이 어떤 부류인지를 알아보기 위해서이다. 그들은 또한 의문을 품는다. 잘 설계된 사이트들이 제품 또는 서비스를 물어볼 수 있도록 한 장치를 포함하는 바로 그런 이유 때문이다. 그러나 적절하고 융통성이 있어야 한다. 당신 회사와 상호 작용할 수 있는 다양한 방법을 제공하라. 또 그 사이트의 어떤 페이지에서도 곧바로 이용 가능한 인접 정보를 만들어라. 클릭 한 번으로 옮아갈 수 있도록 하는 것이 최선이다. 또한 이것을 마음속에 새겨라. 구매자들은 특히 값비싼 제품을 들고, 당신이 어떻게 반응하는지 알아보려고 당신을 시험할 것이다. 따라서 이들의 질문에 우선적으로 답해야 한다. 이 단계에서 당신은 사람들이 이렇게 생각해주었으면 하고 바랄 것이다. "같이 사업할 수 있는 조직이군. 이 회사와 거래하는 소비자들은 만족감을 보이는 것 같아. 그리고 나와 내 요구에 즉각 반응을 보이고 있어."

>> 판매는 멈추고, 대화를 이어가라

소비자가 구매 과정의 마지막에 접근할 때, 당신은 판매를 편리하게 해주는 도구를 제공해야 한다. 구매자들은 당신의 제품들 중 어떤 것이 그들에게 적절한지 확신하지 못한다. 따라서 온라인 광고 선전물을 제공해야 한다. 또 그들의 요구 사항에 관한 특정한 세부 항목들로 접근한 다음 적절한 제품을 제안해야 한다.

거래가 마감되었더라도 한 단계가 더 남아 있다. 새로운 고객과 온라인 대화를 계속 이어가야 한다. 고객 이메일 뉴스레터 또는 고객 전용 커뮤니티 사이트에 그 고객을 추가하라. 그가 당신 조직 안의 전문가 및 마음 맞는 다른 고객들과 상호 작용할 수 있도록 하기 위해서이다. 또한 고객들이 제품과 판매 과정을 더 개선할 수 있는 피드백을 줄 수 있도록 충분한 기회를 제공해야 한다.

>> 오픈 소스 마케팅 모델

'슈가CRM'[6]의 공동 설립자이자 현재 최고경영자인 존 로버츠(John Roberts)는, 경쟁자들이 낡은 원칙을 고수하는 동안 훌륭한 웹 콘텐트를 통해 성공적인 새 사업을 일구었다. "슈가CRM은 CRM을 위한 상업적인 오픈 소스 소프트웨어 응용 프로그램이라는 점에서 차별성을 지닌다"고 그는 말한다. CRM(Customer Relationship Management, 고객 관계 관리) 소프트웨어는 판매, 마케팅, 고객 서비스 부서에서 활용된다. 고객 명단을 관리하고, 고객들과 벌이는 상호 작용을 추적하며, 판매원들의 거래 마무리를 돕고, 소비자의 문제를 다루기 위해서이다.

"나는 제품에 돈을 쓰는 대신 판매와 마케팅에 많은 돈을 써버리는 회사에서 일하는 것이 피곤했다. 그래서 2004년 4월, 뜻을 같이 하는 이들과 슈가CRM을 만들었다. 다른 회사들에게 소프트웨어를 판매하는 방법은 길거리에 수많은 판매원들을 배치해 제품 개발에 들인 돈에 상응해 판매와 마케팅에 평균 7달러를 쓰는 것이었다. 인터넷의 진화를 지켜보면서 우리는 더 좋은 방법이 있음을 알아차렸다. 제품을 만들고, 그것을 사용하고 싶은 사람들과 상호 작용하며, 우리 제품을 위한 마케팅 수단으로 그 상호 작용 결과를 활용하기 위해 인터넷을 이용하는 것이었다. 우리는 인터넷을 활용해 단 2년 만에 900여 명의 유료 고객을 확보했다."

슈가CRM의 기반은 '슈가포지'[7]로 불리는 오픈 소스 소프트웨어 사업이다. 이를 위해 프로그램 코드는 누구나 무료로, 등록 절차 없이 사용할 수 있다. 컴퓨터에 능통한 사용자들은 그것에 변화를 꾀해 더 알맞은 새로운 버전의 소프트웨어를 구축할 수도 있다. 그 말 그대로, 오픈 소스 슈가CRM을 이용하는 60개 언어의 200개 프로젝트가 있다. "우리는 개인적인 정보를 일체 묻지 않는다"고 로버츠는 말한다. "당신은 그 응용 프로그램을 내려 받아 사용할 수 있다. 무료이고 어떠한 정보도 요구하지 않는다. 기술에 투자하고 공개된 환경에서 그 소프트웨어를 작성하는 것이 인기의 비결이다."

슈가CRM은 커뮤니티의 공헌으로 만들어진 지식 기반인, 매우 활동적인 '사용자 커뮤니티 포럼'[8]과 '슈가위키'[9]로 그 커뮤니티를 뒷받침한다. 마케팅·홍보 수단인 이 웹 콘텐츠 포럼을 흥미롭게 만드는 점은, 그것이 고객들뿐 아니라 고객이 아닌 이들에게도 똑같이 열려 있다는 점이다. 많은 회사들이 상호 작용하는 커뮤니티들을 갖고 있지만, 비밀 번호로 보호되는 한 귀퉁이에 그것들을 가두어둔다. 슈가CRM에서 그것은 공개된 자리에 드러나 있어서 흥미를 느낀 다른 잠재적인 사용자들에게 실제로 무슨 일이 진행되는지 보여준다. "그 포럼 내 온라인상에는 언제나 수백 명이 있다"고 로버츠는 말한다. "그들은 프로그램 오류(버그), 응용 프로그램 개조 방법, 심지어 소스(원천) 코드를 이용하는 방법에 대해서도 논의한다."

웹 콘텐츠를 통해 슈가CRM은 우선 그 제품을 사람들에게 선보인다. 그 다음 사용자들로 하여금 온라인 모임과 슈가위키에 참여하도록 부추긴다. 또 그 동안에 무료 작동 제품들을 제공하고, 더 큰 조직들에 기업 버전 슈가CRM을 판매함으로써 최종적으로 돈을 번다. 이 모든 웹 콘텐츠는 그 회사의 마케팅 엔진 기능을 하면서 편의를 제공한다. "이는 소프트웨어의 미래를 보여준다. 다른 CRM 회사들에서 그러는 것처럼 당신에게 무엇이 좋은지를 이야기하는 거대한 판매 집단 대신, 우리는 무료 제품 및 사이트의 콘텐츠로 그것을 증명해보자고 말한다."

상업적인 슈가CRM 사이트에는 그 회사가 확인한 판매원, 마케팅 담당자, 지원부서 직원, 경영진, 관리자 등 다섯 개의 고객층 각각을 위한 역할별 광고 선전물이 있다. 수익을 기대하는 80명의 직원과 투자자들로 이루어진 슈가CRM은 아주 확실한 이윤 추구 사업이다. 로버츠는 분명히 그의 유료 고객 기반을 수천 개의 회사로 확대하기를 원하고 있다. 그러나 그는 '슈가포스(SugarForce.org)'의 무료 공개 소스 사이트와 슈가

CRM(SugarCRM.com)의 유료 버전을 완전하게 분리해 유지한다. 그는 농담 삼아 "우리는 교회와 국가를 분리시켜 유지한다"고 말한다. "무료 버전은 다른 버전을 사도록 하려는 '미끼 제품'이 아니다. 이 사업 모델로 성공하려면 당신의 소프트웨어를 사용하는 이들이 한 푼도 지불하지 않을 수도 있다는 사실에 편안한 마음을 지녀야 한다. 많은 회사들은 그 사실에 불편해할 것이다. 그러나 우리가 파악한 바로는, 당신은 닫혀 있고 독점적인 회사 또는 거대한 판매 및 마케팅 자금 조달을 통해 배타적으로 성장하는 회사보다 훨씬 더 크고 가치 있는 온라인 생태계를 만들 수 있다."

훌륭한 웹사이트로 거듭나기 위한 열쇠는 고객들을 이해하고 특별히 그들을 위해 가치 있는 콘텐츠를 구축하는 것이다. 그러나 최종 단계가 하나 더 남아 있다. 효율적인 마케팅 담당자들은 지속적으로 평가하고 개선한다. 언제든지 웹 콘텐츠를 수정하는 것은 너무나 쉽기 때문에 그 사이트에서 사람들이 무엇을 하는지 평가해야 한다. 각각 다른 다양한 랜딩 페이지의 콘텐츠를 테스트하는 것이 도움이 될 것이다. 랜딩 페이지에서 무료 백서와 무료 광고 선전물을 제공한다면 더 많은 클릭을 끌어내는 데 어떤 것이 더 효과적인지 잴 수 있을 것이다. 뿐만 아니라 거기에 얼마나 많은 사람들이 반응해 실제로 무엇을 사는지도 측정할 수 있을 것이다. 이런 방법으로 당신은 클릭 숫자뿐 아니라 제공 형태별 수익을 알아낼 수 있다. 또 그것을 미래의 랜딩 페이지에 활용할 수 있다. 실질적인 자료를 확보한 당신은 가치 있는 수정 작업을 한다. 당신이 홈페이지 링크들의 순서를 바꿀 때 무슨 일이 일어나는지 단지 지켜보기만 할 수도 있다. 사람들은 때때로 단순히 맨 위 항목에 있는 것을 클릭한다. 그 밖의 다른 것이 맨 위에 있다면 어떤 일이 벌어질까?

물론 제품의 우수성, 광고, 언론 매체, 브랜드 인지도 향상은 여전히 중요하다. 그러나 똑똑한 마케팅 담당자들은 잘 알고 있다. 웹에서는 구매 과정에 단단하게 통합되어 있는 효과적인 콘텐츠 전략이 중요한 성공 요인임을 말이다.

5부
나를 세상에 알리는 다양한 방법들

14장
고객에게 직접 다가가는 발표 자료 사용법

>>새로운 보도 자료 원칙들

  5장의 매혹적인 사례 연구가 보여주듯이 웹은 보도 자료의 원칙을 바꾸어놓았다. 고객들은 이제 당신의 보도 자료를 구글, 야후, 또 다른 검색 엔진들에서, 수직적으로 연결된 시장의 포털에서, RSS(맞춤용 정보 전달) 판독기로 읽는다. 이를 통해 똑똑한 마케팅·홍보 전문가들은 보도 자료를 고객들에게 직접 다가가도록 고안해 책을 베스트셀러 1위에 밀어올리고, 더 많은 웹 트래픽을 끌어내며, 더 많은 기부금을 확보하고, 더 많은 제품을 판매한다.

  다시 한 번 강조하지만, 주류 언론 매체와 매체 관련 프로그램이 더 이상 중요하지 않다고 말하는 것은 아니다. 대부분의 시장에서 주요 언론 매체와 업계 전문지는 여전히 중요한 위치를 차지하고 있다. 그러나 당신의 우선적인 고객은 더 이상 한줌밖에 안 되는 언론인들이 아니다.

검색 엔진 및 RSS 판독기로 이어지는 인터넷 접근권을 갖춘 당신의 고객은 수백만 명에 이른다. 고객에게 직접 다가가는 보도 자료 프로그램으로 어떻게 시작했는가? 5장에서 살펴본 새로운 보도 자료 원칙들을 돌이켜보자.

- '빅뉴스'가 있을 때만 보도 자료를 보내지 말라. 언제든 그것을 보낼 이유를 찾아라.
- 극소수 언론인들을 겨냥하는 대신 당신의 고객들에게 직접 호소하는 보도 자료를 만들어라.
- 풍성한 키워드의 광고 문구로 가득 찬 보도 자료를 작성하라.
- 고객들로 하여금 어떤 방법으로든 당신의 보도 자료에 반응하도록 하는 제안 내용을 포함시켜라.
- 잠재 고객을 당신의 웹사이트 메인 페이지로 데려오도록 보도 자료에 연결점들을 배치하라.
- 검색과 브라우징, 즉 훑어보기를 위해 보도 자료 전달 방식을 최적화하라.
- 당신의 보도 자료가 검색되도록 테크노라티, 디그, 딜리셔스를 위한 '소셜 미디어'(쌍방향 의사소통을 가능하게 해주는 인터넷 기반 기술) 꼬리표를 붙여라.
- 보도 자료를 갖고 사람들을 판매 과정 속으로 이끌어라.

이 장에서 우리는 보도 자료 전략을 개발하기 위해 이런 원칙들을 활용할 것이다.

>> 효과적인 보도 자료 전략을 개발하라

다시 한 번 말하지만, 보도 자료 프로그램을 시작할 때 생각해야 할 가장 중요한 점은 고객들을 위해 작성해야 할 절실한 필요성이다. 10장에 묘사했듯이, 마케팅·홍보 계획의 고객 특성 조사 부분에서 무엇을 배웠는지 떠올려보자. 그리고 고객이 알아야 하는 것을 기초로 보도 자료를 위한 편집인 달력을 만들어야 한다. 고객들에게 직접 다가가는 보도 자료 전략을 실행하는 것은 온라인 뉴스 서비스를 제공하는 것과 같다. 당신은 고객들이 온라인에서 당신의 조직을 찾아 당신에 관해 더 많은 것을 파악하는 데 필요한 정보를 그들에게 제공하고 있다.

에디터처럼 생각한다는 것은 곧 콘텐츠의 핵심적인 중요성을 가슴 깊이 새기는 것이다. "공적인 관계에서 모든 것은 콘텐츠가 주도한다"고 브라이언 헨니건(Brian Hennigan)은 말한다. 그는 데이터 기반 관리 회사인 '디비에이다이렉트'[1]의 마케팅 커뮤니케이션 관리자이다. "나는 시장과 내 잠재 고객들에게 접근하기 위해 보도 자료를 즐겨 사용한다. 보도 자료로 100달러를 벌기 위해 당신은 세상에 이야기를 전할 수 있다." 헨니건은 디비에이다이렉트 아이디어를 시장에 주입할 수 있도록 더 길고 더 많은 상세한 백서들로 그의 보도 자료를 보충한다. "나는 보도 자료를 기사처럼 쓴다"고 그는 말한다. "우리는 시장의 욕구와 기업가적인 트렌드를 흥미롭게 여긴다. 그리고 우리는 그 트렌드를 다루고 있다."

보도 자료를 어떻게 작성할지에서 근본적인 변화를 불러일으켰듯이 무엇을 첫 번째로 써야 할지 의문을 품을 수 있을 것이다. 최고의 원칙은 이렇다. 빅뉴스는 좋지만, 그것을 마냥 기다리지 말라. 당신의 조직이 하는 일을 다루어라.

- 예전의 문제에 새로운 시도를 하는가? 보도 자료를 써라.
- 독특한 시장을 형성하는가? 보도 자료를 써라.
- 함께 나눌 재미있는 정보를 갖고 있는가? 보도 자료를 써라.
- 최고경영자가 회의에서 연설하는가? 보도 자료를 써라.
- 상을 받았는가? 보도 자료를 써라.
- 제품에 다른 특징을 추가하는가? 보도 자료를 써라.
- 새로운 고객을 확보했는가? 보도 자료를 써라.
- 백서를 발간하는가? 보도 자료를 써라.

>>유통 서비스를 통한 보도 자료 발간하기

고객들이 살펴보도록 보도 자료를 발간하는 가장 좋은 방법은 발표 자료를 자신의 웹사이트에 게재하는 동시에 보도 자료를 다루는 통신사 한 곳에 보내는 것이다. 보도 자료 유통 서비스를 이용하는 장점은 이렇다. 당신의 발표 자료는 야후, 구글, 라이코스 등 많은 온라인 뉴스 서비스 업체들에 전달될 것이다. 보도 자료 유통 서비스의 상당수는 업계 전문 웹사이트들로도 이어진다. 사실상 당신은 보도 자료 하나로 웹사이트 수백 개에 자주 접근할 수 있다. 이런 접근법은 당신의 발표 자료가 뉴스 검색 엔진 및 수직으로 연결된 시장 사이트들에 의해 색인으로 분류된다는 강점이 있다. 그런 다음 누군가 당신의 보도 자료에 포함된 단어나 문구, 예컨대 '프레스토(presto)'를 찾을 때, 그 잠재 고객은 당신을 찾아오게 된다. 추가된 보너스로, 보도 자료를 색인으로 분류한 사이트들로부터 당신의 분야에 관한 알림(alert)을 요청한 이들은 중요한 보도 자료를 사용할 수 있다는 '알림'을 받을 것이다.

보도 자료의 통신 유통을 위한 수많은 선택 사항이 있다. 여기에서 미국의 보도 자료 유통 서비스 업체 일부를 소개한다. 캐나다 시장을 다루는 'CCN매튜스'[2] 같은 서비스 업체들이 다른 나라들에도 존재한다. 다양한 서비스 업체들을 보고 당신 스스로 그것들을 비교하라.

- 비즈니스 통신 : www.businesswire.com
- 마켓 통신 : www.marketwire.com
- 프라임뉴스 통신 : www.primezone.com
- PR뉴스 통신 : www.prnewswire.com
- PR웹 : www.prweb.com

구글 뉴스를 포함해 온라인 뉴스 서비스 업체들에 당신의 보도 자료를 선보이려면, 보도 자료 유통 서비스 업체가 제공하는 기본적인 발표 자료의 보도 서비스를 구입해야만 한다. 뉴스 보도는 기자들에게 전달되는 발표 자료의 지리적인 유통망을 기초로 하고 있다. 나는 보스턴에 거주하기 때문에, 나를 위한 서비스를 갖춘 가장 저렴한 유통망은 보스턴 지역에 있다.

그 서비스들은 또한 전국적인 유통망처럼 당신이 고려하는 부가 서비스 선택 사항들을 많이 갖고 있다. 그러나 보도 자료 유통 서비스 대부분이 구글 뉴스처럼 온라인 매체로 이어지는 유통망을 포함하고 있다는 사실만은 반드시 알아야 한다. 따라서 선택할 때 다음과 같은 점을 명심하라. 보도 자료를 보내는 목적이 검색 엔진 및 수직으로 연결된 사이트들을 거쳐 고객들에게 다가가는 것이라면, 한 서비스 업체가 제공한 뉴스 룸과 지리적인 접근성을 극대화하는 것은 그다지 중요하지 않다. 중요한 것은 당신의 발표 자료가 주요 온라인 뉴스 사이트들에 확실히 포함되도록 하는 일이다.

>>흥미를 느낀 고객에게 접근하려면

많은 보도 자료 유통 서비스 업체들은 또한 그들 보도 자료의 RSS 자료를 제공한다. 그리고 그것은 다른 사이트, 블로그, 언론인, 개인들도 사용할 수 있다. 이것은 무엇을 뜻하는가? 이는 당신이 그 서비스로 보도 자료를 발간할 때마다 당신의 시장 범주에서―유통 서비스가 제공하는 것처럼―RSS 콘텐츠 자료의 구독을 신청해온 수천 명이 그 보도 자료를 본다는 것을 의미한다. 따라서 보도 자료에 자동차 산업에 중요한 내용이라고 꼬리표를 붙인다면, 당신의 보도 자료는 '보도 자료 유통 서비스' 업체의 자동차 RSS 자료를 신청해온 누구에게나 또는 어떤 사이트에나 배달될 것이다. 그리고 구글 뉴스 같은 온라인 뉴스 서비스 또한 RSS 자료의 특성을 지니고 있어서, 키워드와 문구를 토대로 한 자료를 받을 수 있게 해준다. 당신의 보도 자료가 어떤 사람에게 중요한 단어나 문구를 포함할 때마다 당신의 보도 자료에 붙어 있는 이메일 또는 RSS 자료를 거쳐 링크가 곧 실시간에 가깝게 나타날 것이다.

>>웹사이트에서 보도 자료를 동시에 발간하기

보도 자료를 당신의 웹사이트 가운데 적절하고 쉽게 찾아볼 수 있는 곳에 게재하라. 많은 조직들이 웹사이트에 미디어 룸과 언론 코너를 두고 있으며, 그것은 이상적이다.(온라인 미디어 룸을 어떻게 만들지는 15장에 구체적으로 설명했다.) 콘텐츠가 적절한 내용을 유지하는 동안 오래, 아마도 몇 년간은 보도 자료를 그대로 보관해야 한다. 이것은 매우 중요하다. 온라인 뉴스 사이트들 대부분이 뉴스 기록을 두세 달 이상 유지하지 않는다. 잠재 고객들이 보도 자료 콘텐츠를 어느 서비스 업체를 통해 배포된 몇 주 뒤에 얻으려면 그들은 그것을 틀림없이 구글 뉴스와 다른 사이트들에서 찾을 것이다. 그러나 그 보도 자료가 당신의 사이트에 구글의 색인으로 분류되는 영구적인 링크로 남아 있지 않다면 그들이 그 다음해에 검색할 때는 그것을 찾지 못할 것이다.

>>보도 자료에 포함된 링크의 중요성

특히 당신의 발표는 당신 자신의 사이트보다는 뉴스 서비스 업체 및 다양한 사이트들이 전달할 것이다. 이 때문에 보도 자료에 당신의 웹사이트 콘텐츠로 이어지는 링크를 만드는 것은 매우 중요하다. 이런 링크—더 많은 정보를 지닌 특정한 제안 내용 또는 랜딩 페이지를 가리키는—는 고객들이 보도 자료에서 웹사이트의 특정 콘텐츠로 옮겨 가게 한다. 그런 다음 고객들을 판매 과정으로 끌어들일 것이다. 이는 앞 장에서 우리가 이미 보았던 바이다.

그러나 보도 자료에 링크를 포함시키는 것에는 이것 말고도 또 다른 혜택이 있다. 보도 자료가 온라인 뉴스 사이트 같은 다른 사이트에 게재될 때마다 온라인 뉴스 사이트로부터 당신의 웹사이트로 이어지는 '인바운드 링크'(내부로 들어오는 연결)는 웹사이트의 검색 엔진 순위를 높여 준다. 왜냐하면 검색 엔진은 인바운드 링크를 페이지 순위 매기기 알고리즘(연산 방식)을 위한 중요한 기준의 하나로 활용하기 때문이다. 따라서 보도 자료가 사이트로 이어지는 링크를 갖고 있고 그것이 웹에 색인으로 분류될 때, 사이트의 페이지 순위를 실질적으로 높일 수 있다! 달리 말하면, 보도 자료가 웹사이트 어느 곳에 나타나고 보도 자료에 웹사이트의 URL을 가리키는 링크가 있을 때, 검색 엔진은 URL이 가리키는 그 페이지의 순위를 높일 것이다. 얼마나 좋은가! 링크를 포함한 보도 자료를 보내는 것은 검색 엔진에서 자신의 웹사이트 순위를 높여준다.

▶▶ 고객의 키워드에 집중하라

이미 언급한 것처럼 웹 마케팅 담당자들이 무엇보다 먼저 배워야 할 것은 고객을 이해하고 그 다음 그들의 정보 욕구를 채워주는 일이다. 에디터처럼 생각하기 시작하고 행동을 이끌어내는 보도 자료를 만드는 좋은 방법은 고객의 문제에 초점을 맞춘 다음 그에 따라 보도 자료를 만들고 전달하는 것이다. 고객들이 쓰는 단어와 문구를 사용하라. 만나보고 싶은 사람들이 어떻게 검색하는지 생각하라. 또 이런 단어와 문구들을 포함하는 보도 자료 콘텐츠를 개발하라. 고객 특성을 돌이켜 생각해봄으로써 거기에 필요한 정보를 확보할 수 있다. 자기중심적이어서는 안 되며, 당신의 조직만 다루는 것도 곤란하다. 고객들의 문제가 무엇인가? 그들은 무엇을 알고 싶어하는가? 이런 문제들을 묘사하기 위해 그들이 사용하는 단어와 문구는 어떤 것인가? 그렇다. 나는 이미 몇 번씩 이것을 말해왔다. 그것이 더없이 중요하기 때문이다.

2006년 10월, 미국의 재테크 잡지인 《키플링어》는 '크루즈컴피트닷컴'[3]을 믿을 수 있는 여행 사이트 25곳 중 하나로 꼽혔다. 크루즈컴피트닷컴은 다양한 여행사들로부터 특정한 자료와 항구를 기초로 한 크루즈 관련 인용문을 확보하도록 도와준다. 크루즈컴피트닷컴은 고객들이 검색하는 문구들을 기초로 보도 자료를 활용해 사람들에게 가까이 다가간 좋은 사례이다. 예를 들어 2006년 10월 휴가철을 앞둔 기간에, 그 회사는 종합 뉴스 제공 회사인 마켓와이어를 통해 "크루즈 노선이 뜨거운 휴가철의 가격으로 돛을 올린다"는 제목을 단 보도 자료를 내놓았다. 중요한 것은 그 자료의 초반부 문장이었다. "…… 추수감사절 크루즈, 크리스마스 크루즈, 새해맞이 크루즈를 포함해 7박 일정의 휴가를 1인당 1,000달러 이하로 쉽게 예약할 수 있다"는 세 가지 중요한 문구를 포함했다. 이 자료에서 '추수감사절 크루즈', '크리스마스 크루즈', '새해맞이 크루즈'를 언급한 것이 트래픽을 늘렸을 뿐 아니라 검색 이용자들을 판매 과정으로 이끌어냈다. 보도 자료에 포함된 이 세 문구는 각각 휴가철 크루즈 상품을 전시했던 크루즈컴피트닷컴 안에 의도적으로 만든 메인 페이지에 무수하게 연결(하이퍼링크)되었다. '크리스마스 크루즈' 링크를 클릭한 사람은 누구나 크리스마스 크루즈[4] 상품 거래로 직접 이어졌다.

이 사례를 더 흥미롭게 만든 점은 따로 있다. 내가 2006년 10월 후반에 이 기사를 썼을 때, 크루즈컴피트닷컴의 휴가철 크루즈 보도 자료는 '추수감사절 크루즈', '크리스마스 크루즈', '새해맞이 크루즈'를 찾는 구글 뉴스 검색 결과들에서 상단에 올랐다. 더 중요한 것은, 보도 자료의 링크들이 이들 페이지를 구글 웹 검색 결과 항목들의 맨 꼭대기로 밀어 올렸다는 사실이다. 예를 들어 '크리스마스 크루즈'라는 문구로 찾은 크루즈컴피트닷컴 메인 페이지는 583만 개에 이르는 구글 검색 결과 항목들 가운데 네 번째 순위에 올랐다.

"사람들은 휴가철을 위한 여행을 계획하고 있음을 우리는 잘 알고 있다"고 크루즈컴피트닷컴과 함께 활동하는 컨설턴트 하이디 앨리슨-셰인(Heidi M. Allison-Shane)[5]은 말한다. "굉장히 싼 여행 상품이 있고, 여행사가 이것을 팔아야만 했다. 이 때문에 우리는 고객들에게 바로 지금이 예약할 시점이라는 사실을 전달하기 위해 보도 자료를 이용한다." 크루즈컴피트는 각각의 보도 자료에 이상적인 문구들을 포함하고 있으며, 각 보도 자료는 사이트로 이어지는 적절한 링크를 지니고 있다고 그는 확신한다. 이 전략은 잠재 고객들에게 다가가는 것을 "사람들이 검색할 것 같은 바를 간단하게 이해하고 그런 다음 적절한 콘텐츠를 마련해놓은 그 사이트의 페이지로 그들을 연결해주는" 문제로 여기게 한다고 그는 말한다. "우리는 올바른 콘텐츠를 마련하려고 했으며, 고객들에게 적절한 것에 초점을 맞추었다. 그리고 그들이 필요로 하는 링크들을 제공하기 위해 노력했다. 이 일은 어렵지 않다."

크루즈컴피트닷컴의 보도 자료 프로그램은 그 사이트의 구글 검색 순위를 높임으로써 성과를 거둔다. 그러나 보도 자료는 또한 고객들이 적절한 문구를 검색할 때 이들 고객에게 직접 다가간다. "표적을 맞춘 보도 자료를 보낼 때마다 우리는 그 사이트의 웹 트래픽이 급증하는 것을 본다"고 그는 말한다.

보도 자료에 사용할 자신의 문구들을 고안할 때, 전문 용어의 덫에 빠지지 말라. 고객들이 하는 것처럼 생각하고, 말하고, 작성하라. 비록 제품 및 서비스에 맞게 잘 개발된 어휘를 갖고 있을지라도 이들 단어가 잠재 고객들에게 반드시 많은 정보를 전해주는 것은 아니다. 보도 자료 또는 다른 형태의 웹 콘텐츠를 만들 때 고객들이 사용하는 단어와 문구들에 초점을 맞추어라. 검색 엔진 마케팅 도구처럼 보도 자료는 거기에 포함된 키워드와 문구들만큼 가치를 지닐 뿐이다.

>> **적절한 소셜 미디어 꼬리표를 포함시켜라**

보도 자료 유통 서비스 업체들 상당수가 소셜 미디어 꼬리표를 포함시키는 방법을 제공하고 있다. 보도 자료를 테크노라티, 디그, 딜리셔스 같은 서비스에서 찾기 쉽도록 하기 위해서이다. 그것들을 이용하라! 소셜 미디어 꼬리표는 당신의 보도 자료를 훨씬 더 쉽게 찾을 수 있게끔 해준다. 예를 들어 세계 곳곳의 많은 사람들이 흥미로운 최신 블로그 포스트들을 찾기 위해 참조하는 테크노라티 검색 엔진은 또한 보도 자료 콘텐츠를 포함한다. 따라서 내가 자주 하듯이 테크노라티의 '마케팅' 범주를 점검하면, 블로거들이 '마케팅' 꼬리표를 단 최신 블로그 게재물뿐 아니라 보도 자료를 펴낸 조직이 꼬리표를 단 어떤 보도 자료라도 볼 수 있게 된다. 핵심은 이렇다. 온라인 세상에서 당신은 보도 자료가 가능한 한 많이 적절한 곳에 진열되고 거기서 확실하게 검색할 수 있도록 최선을 다해야 한다.

'시프트커뮤니케이션즈'의 토드 데프렌(Todd Defren) 회장은 '소셜 미디어 틀'[6]을 만들었다. 잘 만든 보도 자료의 다양한 꼬리표와 관련 사진·오디오 자료 등의 다른 특징들을 쉽게 기억하도록 하기 위해서였다. "모든 보도 자료 콘텐츠는 웹에서 완전히 마무리될 것"이라고 그는 말한다. "따라서 왜 그 콘텐츠를 사용할 수 있는 누구에게나 접근할 수 있도록 그것을 배치하지 않는가? 전통적이거나 새로운 매체 언론인들 모두 촘촘하게 연결된 환경에서 일하는 데 익숙하다. 또 딜리셔스 같은 사회적 저작 사이트 및 디그에 덧붙은 버튼들을 통해 전반적인 맥락을 제공하는 이들에게 그것은 익숙하다. 보도 자료 틀은 그 모든 것들을 수행하기 위해 기억하기 쉽게 해준다." 데프렌의 보도 자료 틀은 보도 자료를 개발할 때 사용할 수 있는 훌륭한 도구이다. 왜냐하면 그것은 보도 자료를 더 유용하고 더 찾기 쉽게 만들어주는 사용 가능한 모든 특징들 가운데 최선의 것을 선택하도록 도와주기 때문이다.

>> 언론 매체를 대하듯이 고객을 대하라

많은 회사들은 홍보·언론 관련 프로그램에 광범위한 자원을 쏟아붓는다. 이런 노력의 결과는 그 회사 웹사이트의 뉴스 부문 속에 종종 묻힌다. 보도 자료를 읽기 쉬운 한 두 문단으로 다시 고쳐 쓰는 것을 고려하라. 그리고 그것을 고객과 잠재 고객들을 위한 이메일 뉴스레터로 만들어라. 또는 흥미를 느낀 누구에게나 소식을 전달할 수 있도록 RSS 자료를 만들어라. 그리고 당신의 직원들을 잊지 말라. 그들이 당신의 소식을 안다면 가장 훌륭한 전도사가 될 수 있다.

너무나 많은 조직들이 너무나 자주 홍보 프로그램―소수 언론인들을 겨냥하지만 똑같은 정보를 다른 구성원들에게 전달하는 데 실패하는―에 많은 돈을 써버린다. 또는 새로운 판매를 유발하도록 설계된 회사의 광고 프로그램은 사람들을 광고 메시지와 부합하지 않는 웹사이트로 이끌 것이며, 이는 흥미 상실로 이어진다. 안타깝게도 온라인과 오프라인 모두 판매, 마케팅, 커뮤니케이션을 통합하는 데 실패하면 항상 기회를 잃어버릴 것이다. 다행인 것은, 웹이 비교적 단순한 업무로 보도 자료 프로그램을 더 큰 온라인 전략에 통합시켜 준다는 점이다.

당신이 전혀 고려하지 않았을 한 가지가 더 있다. 보도 자료 시리즈를 포함하는 정기적인 편집 달력을 확보하는 일은 당신의 회사가 '바쁘다' 는 것을 또한 의미한다. 사람들이 온라인 미디어 룸에 와서 보도 자료가 없는 것을 알아차린다면, 그들은 종종 당신의 회사가 앞으로 나아가지 않고 제자리에 머물러 있다고 추측할 것이다. 또는 해당 분야에 이바지할 아무것도 갖고 있지 않다고 여길 것이다. 새로운 마케팅 세계에서, 양질의 조화로운 보도 자료 콘텐츠는 주식회사 또는 비영리 조직에게 바쁜 시장 참가자, 해당 분야의 활동적인 전문가, 관심을 기울여야 할 믿음직한 자원이라는 인상을 심어준다.

15장
언론 매체보다 효과적인 온라인 미디어 룸

>> 온라인 미디어 룸은 홍보용?

'프레스 룸' 또는 '프레스 페이지'라고도 불리는 '온라인 미디어 룸'은 언론 매체들을 위해 특별하게 제작한 웹사이트의 일부이다. 이 페이지가 홍보 직원들의 접촉용 정보만을 담은 보도 자료 목록에 불과한 조직도 있다. 그러나 많은 회사와 비영리 조직들은 이용 가능한 정보를 오디오, 비디오, 사진, 보도 자료, 배경 정보, 재무 자료 등 다양한 형태로 엄청나게 담은 정교한 온라인 미디어 룸을 갖고 있다. 많은 공개 회사들이 보유한 온라인 기업 설명회 룸 역시 온라인 미디어 룸에 가깝다. 그러나 이 글은 온라인 미디어 룸에만 집중하고자 한다.

가치 있는 온라인 미디어 룸을 만들기 전에 고려할 점이 있다. 그것은 언론인들뿐 아니라 온갖 부류의 다양한 사람들이 온라인 미디어 룸을 방문한다는 사실이다. 잠시 중단하고 진정으로 흠뻑 젖어보라. 고객들은 당신이 관여하는 웹사이트의 언론 매체 관련 페이지를 방문해 그 주위에서 어슬렁거리고 있다. 고객뿐만이 아니다. 협력 업체, 투자자, 협력 업체의 직원들 모두 이 페이지를 방문한다. 나는 사람들이 어느 조직의 역사를 알고 싶을 때 먼저 온라인 미디어 룸에 갈 것이라고 확신한다. 이는 내가 조사한 방문자 통계는 물론 온라인 미디어 룸 담당자들과 나눈 이야기를 토대로 한 것이기도 하다.

방문자들은 웹사이트의 메인 페이지가 기본적으로 안정적일 것이라고 기대한다. 그것은 자주 업데이트되지 않는다. 하지만 그들은 또한 보도 자료와, 한 사이트에서 언론 매체들을 표적으로 삼는 페이지들이 한 회사에 관련된 최신 정보를 보여줄 것으로 기대한다. 보도 자료 부문은 웹사이트에서 방문객이 많은 곳 중 하나이다. 자체 웹사이트 통계 수치를 점검해보라. 얼마나 많은 방문자들이 온라인상에서 당신의 보도 자료와 다른 언론 매체 페이지들을 읽었는지 알게 된다면 깜짝 놀랄지도 모른다.

따라서 언론 매체뿐만 아니라 고객을 위한 온라인 미디어 룸을 설계해야 한다. 고객들을 표적으로 삼는 미디어 룸을 구축함으로써 당신은 이들 페이지를 강력한 마케팅 수단으로 삼을 수 있다. 이를 통해 언론인들을 위한 더 개선된 매체 사이트를 만들게 될 것이다. 나는 온라인 미디어 룸 수백 개를 세밀하게 검토해왔다. 그 결과 가장 좋은 온라인 미디어 룸은 고객들과 더불어 구축된다는 사실을 깨달았다. 이 접근법은 약간 근본적인 것으로 들리겠지만 나를 믿어라. 그것은 아주 효과적인 방법이다.

>>최적의 무료 검색 엔진, 온라인 미디어 룸

보도 자료가 사이트에 게재될 때, 검색 엔진 로봇은 그 콘텐츠를 찾아 그것을 색인으로 분류하고, 단어와 문구를 비롯한 요소들을 기초로 순위를 매긴다. 보도 자료 페이지는 웹사이트의 다른 어떤 부분보다 자주 갱신된다. 이 때문에 자주 업데이트되는 페이지에 특히 반응하는 검색 엔진 알고리즘은 보도 자료 페이지에 매우 높은 순위를 매겨 우선적으로 트래픽을 그곳으로 끌어온다.

"검색 엔진의 작동 방식 때문에 잘 조직된 미디어 룸은 훨씬 더 높은 순위의 검색 결과를 확보한다. 그것이 더 많은 트래픽을 이끌어낸다는 데에는 의문의 여지가 없다"고 디 램뷰(Dee Rambeau)는 말한다. 그는 전문적인 비즈니스 커뮤니케이션 담당자들을 위한 온라인 도구 공급 업체인 '퓨얼 팀' 설립자이자 관리 담당 파트너이다. "온라인 미디어 룸의 검색 엔진이 모두 포착하는 새로운 콘텐츠 조합을 역동적으로 늘려가는 것이 보도 자료이다. 각각의 보도 자료는 색인으로 분류될 수 있는 자신의 페이지를 만들어낸다. 구글을 비롯한 검색 엔진들은 그 사이트의 다른 페이지에 있는 비슷한 콘텐츠와 이어져 있는 새로운 콘텐츠를 좋아한다. 적극적인 회사들은 보도 자료를 자주 보냄으로써 이를 이용해 검색 엔진에서 높은 순위를 차지한다. 보내는 빈도에 따라 검색 엔진 순위가 달라진다. 당신이 보도 자료 10개를 갖고 있으면 좋고, 20개면 더 좋으며, 100개면 훨씬 더 좋다.

>> 온라인 미디어 룸 운영은 이렇게

온라인 미디어 룸은 조직의 웹사이트에서 중요한 부분이고, 효과적인 미디어 전략을 세울 때도 빠져서는 안 된다. 잘 만든 온라인 미디어 룸은 언론인들의 관심을 끌어 당신의 회사를 긍정적으로 집중 조명하는 효과를 발휘할 것이다. 더 중요한 것은 온라인 미디어 룸이 고객들을 판매 과정 안으로 이끌 수 있다는 점이다. 이는 회사에게 더 많은 사업 기회를 제공하고, 수익 제고 및 고객 유지라는 회사의 진정한 목표를 달성하는 데 이바지한다. 내가 온라인 미디어 룸 수백 개를 점검해본 결과 대부분은 필수적인 콘텐츠를 전달하는 데 실패하는 것으로 나타났다. 그것들이 예쁘게 보이기는 한다. 그러나 문제는 디자인과 그래픽을 앞세울 뿐 언론인들 그리고 당신의 고객이 필요로 하는 콘텐츠가 아니라는 점이다. 여기 당신의 온라인 미디어 룸이, 내가 지금까지 보아온 것들 중 가장 효과적으로 작동하게 도와줄 팁 목록이 있다.

당신이 콘텐츠를 통제하라

온라인 미디어 룸의 장점을 생각할 때, 마케팅·홍보 담당자들 대부분이 한 가지 중요한 항목을 간과하고 있다. 그것은 IT 부서나 웹 마스터, 그 밖의 다른 이들이 아니라 바로 당신 자신이 콘텐츠를 통제해야 한다는 점이다. 이때 가장 좋은 실행 방법은 당신의 온라인 미디어 룸을 고객과 언론인들에게 가까이 다가가는 도구로 설계하는 것이다. 사이트의 나머지 부문에서 요구하는 콘텐츠 게재 원칙들을 고려하지 않아도 된다.

PR뉴스통신의 퓨얼 팀[1] 또는 미디어 룸[2]이 제공한 전문적인 온라인 미디어 룸 콘텐츠 관리 응용 프로그램을 이용한다면 웹사이트의 한 코너를 당신이 통제할 수 있다. 간단한 도구들만으로도 그 코너를 언제든 업데이트할 수 있다. 다른 부서 또는 다른 사람에게 도와달라고 요청하지 않아도 된다. 따라서 웹사이트의 다른 부분들을 장악하고 있는 이들의 욕구가 아니라 당신 자신과 고객, 언론인들의 욕구를 토대로 시작해야 한다.

고객의 욕구를 분석하라

새로운 온라인 미디어 룸을 설계할 때 또는 전체적으로 다시 설계해야 할 때 고객이 무엇을 원하는지부터 분석하라. 사이트를 예쁘게 꾸미고 보도 자료를 만들기 전에, 그 사이트가 마케팅, 홍보, 미디어 전략에 들어맞는지 충분히 분석하라. 마케팅·홍보 계획의 한 부분으로 고객층의 특성을 고려하라. 친근한 언론인들과 대화를 나누어라. 그래야 그들이 필요로 하는 것을 알 수 있다. 누가 온라인 미디어 룸의 잠재적인 이용자들이며, 어떤 콘텐츠가 그들에게 도움이 될까? 정보를 수집했을 때 고객과 언론인들의 욕구를 온라인 미디어 룸에 반영하라. 사이트를 디자인할 때는 마케팅·홍보 담당자보다는 에디터처럼 생각하려고 노력하라. 에디터는 표적 고객층을 주의 깊게 확인하고 정한다. 그런 다음 각각 뚜렷한 고객층의 욕구를 충족시키는 데 필요한 콘텐츠를 개발한다. 사이트의 그래픽 요소, 색깔, 글자체, 그리고 다른 영상 표시 장치들도 중요하다. 하지만 콘텐츠 욕구를 분석하는 과정에서는 뒷자리로 밀어두어야 한다.

검색용 보도 자료를 최적화하라

　가장 좋은 온라인 미디어 룸은, 어떤 사람들은 콘텐츠 검색을 원하고 다른 이들은 훑어보기를 한다는 점을 토대로 구축된다. 많은 사람들은 그들이 찾는 것을 이미 알고 있다. 예컨대 최근의 보도 자료 또는 최고 경영자의 이름 같은 것처럼. 그들은 특정한 질문에 대한 대답을 원한다. 그러므로 검색 엔진을 추가함으로써 그것이 검색될 수 있도록 콘텐츠를 최적화해야 한다.

　사람들이 콘텐츠를 이용하는 두 번째 방법은 아직 알지 못하는 사실을 듣는 것이다. 이때는 무엇을 물어야 할지도 모른다. 이 때문에 훑어보기 기능 또한 중요하다. 그 덕분에 사용자들은 검색중에 지금까지 몰랐던 유용한 자료를 우연히 만난다. 웹에 정통한 마케팅 담당자들 다수가 검색 엔진 최적화가 중요하다는 사실을 잘 알고 있다. 그럼에도 불구하고 그들은 또한 사이트가 훑어보기를 위해 설계되어야 한다는 사실을 자주 잊어버린다. 이 대목에서 실패하는 것은 특히 불행하다. 왜냐하면 온라인 보도 자료 페이지 위에서 발생하는 수많은 트래픽은 검색중 이들 페이지를 훑어보는 이들로부터 비롯되기 때문이다.

　당신은 어떤 방법으로든 방문자들이 질문할 생각조차 하지 못한 가치 있는 정보를 주어야 한다. 다양한 훑어보기 방법을 포함시켜라. 예를 들어 저마다 다른 고객층들을 위한 맞춤형 보도 자료로 이어지는 다양한 링크를 만들 수 있다. 같은 보도 자료라도 제품, 지리, 시장에 따라 달리 만들 수도 있다. 기업들 대부분은 보도 자료를 시간의 역순—최신 자료는 그 페이지의 맨 위에, 오래된 것들은 어딘가에 가려진다—으로 단순하게 분류한다. 주요 보도 자료를 위해서는 이 방식이 좋다. 그러나 사람들이 자료를 훑어볼 수 있도록 추가적인 내비게이션(안내 장치) 연결 점들을 두어야 한다. 또한 사람들이 보도 자료를 인쇄할 수도 있음을 잊지 말라. 따라서 인쇄하기 편한 형태, 즉 HTML뿐 아니라 PDF 포맷으로 제공하라.

기사 쓰기 쉽도록 배경 정보를 만들어라

당신은 온라인 미디어 룸 안의 눈에 잘 띄는 곳에 당신의 회사와 관련된 배경 자료를 모아두어야 한다. 여기에는 기본적으로 언론인들이 당신과 당신의 제품 및 서비스 관련 기사를 쓰기 원하는 많은 정보를 담아야 한다. 설립 때부터 지금까지의 회사 역사와 연표, 경영진 일대기, 투자자 프로필, 임원들의 면면, 제품과 서비스 정보는 물론 투자자들에 관련된 정보, 최근의 언론 보도로 이어지는 링크는 언론인들의 시간과 노력을 줄여줄 것이다.

적절한 내비게이션 링크로 이 콘텐츠를 찾기 쉽고 훑어보기 편하도록 만들어라. 온라인 미디어 룸의 또 다른 핵심적인 요소는, 소비자들 주변에 마련된 정보 조합 및 그들이 제품과 서비스를 사용하는 방법이다. 지금껏 그런 예를 거의 보지 못했다. 소비자들이 사용하는 단어를 다룬 사례 연구는 언론인뿐 아니라 소비자들 자신을 위해 특히 유용하다. 명심하라. 언론인의 수고를 덜어줄수록 그는 당신의 조직을 더 많이 다룬다. 그가 빡빡한 마감 시간에 몰려 있을 때는 더욱 그렇다.

멀티미디어 콘텐츠를 포함하라

혁신적인 커뮤니케이션 담당자들은 사이트 방문자들과 언론 매체에 정보를 주기 위해 사진, 도표, 그래프, 오디오 자료, 비디오 작품 같은 비문서 콘텐츠를 활용한다. 언론인들이 퍼내고 즉각 활용될 수 있도록 미리 승인한 경영진의 사진, 로고 이미지, 제품 사진을 비롯한 콘텐츠를 포함시켜라. 경영진의 연설 또는 제품 시연회 같은 오디오·비디오 작품, 사진, 로고를 TV와 라디오 방송뿐 아니라 신문 기사에도 사용할 수 있게끔 제공해야 한다. 다시 한 번 말하지만, 언론인 외에도 많은 사람들이 이 콘텐츠에 접근할 것이다. 따라서 언론 매체뿐만 아니라 일반 고객을 위한 적절한 사례들도 포함시켜라.

상세하고 가치 있는 자료를 곁들여라

가치 있는 콘텐츠를 전달하기 위해 온라인 미디어 룸을 이용하는 커뮤니케이션 담당자들은 긍정적인 이야기를 더 많이 기록하는 것 같다. 그러나 조직들 대부분은 수준 높은 콘텐츠를 게재하는 것을 주저한다. 그들만이 그것을 독점한다고 믿기 때문이다.

많은 사이트들에서, 상세한 제품 명세서와 가격 목록 같은 정보까지도 홍보 부서를 거치거나 복잡한 승인 절차를 마쳐야만 이용할 수 있다. 그러나 자유롭게 이용할 수 있다면 이것은 언론인들을 설득해 기사를 쓰게끔 하는 콘텐츠이다.

기업, 정부 대행사, 또는 비영리 조직에서 일하는 모든 커뮤니케이션 담당자와 마케팅 전문가들은 사이트에 어떤 콘텐츠를 담는 것이 적절한지 정하기 위해 애쓴다. 그러나 기업 이미지를 걱정하는 경영진, 너무나 자주 "안 돼!"라고 말하는 법무팀, 자신들이 유일한 지식의 원천일 때 판매 실적을 더 쉽게 올릴 수 있다고 믿는 마케팅 직원들 탓에 '독점적인' 콘텐츠를 게재하는 데 필요한 승인을 얻기가 어려울지도 모른다. 하지만 당신이 관여하는 미디어 룸의 콘텐츠가 기자와 고객들에게 더 많은 가치를 지녔다고 여겨질수록 당신의 회사는 그들에게 더 매력적으로 보일 것이다. 이것은 의심의 여지가 없다.

가능하다면 세계로 넓혀 가라

웹은 전 세계적으로 멀리 더 쉽게 다가갈 수 있도록 해준다. 따라서 적절한 시기에 지역 정보를 만들어 세계 곳곳의 소비자들에게 전달하는 것은 한 조직이 지역 및 전 세계 언론인들 모두에게 다가갈 수 있게 해준다. 많은 조직들은 본국 시장만을 목표로 한 사이트 콘텐츠만 포함하는 실수를 저지른다. 당신의 사이트를 글로벌 스탠더드, 즉 세계 표준으로 일으켜 세워라. 이를 위해서는 다양한 국가 소비자들로부터 비롯된 사례 연구 또는 미터법 측정 같은 지역 표준과 함께 제품들을 묘사한 명세서를 제공해야 한다. 때때로 작은 것들이 큰 차이를 만든다. 예를 들어 미국과 거래할 경우, 다른 나라들이 표준 A4 용지를 사용하는 반면 미국은 편지지 크기를 사용한다는 사실을 명심하라. 따라서 양쪽 형태로 적절하게 인쇄되는 보고서와 자료들을 확보해두는 것이 두루 유용하다. 지역 언어로 콘텐츠를 제공하는 것 또한 당신이 관여하는 사업의 세계적인 측면을 보여주는 데 도움이 된다. 그렇다고 이런 필요성이 온라인 미디어 룸 전체를 모두 번역해야 한다는 것을 뜻하는 것은 아니다. 지역 언어로 기본적인 정보를 갖춘 간단하고 분명한 메인 페이지, 몇몇 보도 자료, 사례 연구 한두 개, 그리고 적절한 지역 접촉 정보만으로도 충분하다.

이해하기 쉬운 콘텐츠를 제공하라

효과를 거두려면, 자신의 조직에 관한 언론인들의 지식수준을 뒷받침하는 특별한 미디어 룸 콘텐츠를 디자인해야 한다. 어떤 언론인들은 당신의 회사를 한 번도 다루지 않았을 수도 있다. 그들은 이해하기 쉬운 언어로 활자화된 것을 원한다. 어떤 기자나 애널리스트는 몇 년 동안 그 회사를 다루어 왔을 수도 있다. 그런 경우 경영진과 개인적인 친분을 맺고 있으며, 당신, 당신의 경쟁자, 그리고 당신의 시장에서 벌어지는 일을 많이 알 것이다. 이들을 위한 콘텐츠 또한 필요하다. 그는 당신의 자료를 다른 것들과 비교해보고 싶을 것이다. 그러므로 그는 상세한 회사정보, 특징과 장점을 적은 목록, 당신의 고객들과 관련된 내용을 필요로 한다. 물론 모든 기자들은 필요한 것을 재빨리 잡아채기 위해 콘텐츠로 직접 이어지는 쉬운 내비게이션을 필요로 한다.

내 경험상 온라인 미디어 룸 대부분은 보도 자료 뭉치를 넣어둔 온라인 브로슈어와 다를 바 없다. 웹에서 제공되는 좋은 기회를 놓치지 말고 온라인 미디어 룸에서 잡아채야 한다. 언론인들의 다양한 이해 수준에 따라 직접 쉽게 연결되는 콘텐츠를 제공함으로써 기사를 쓰기 쉽도록 도와주어라.

경영진의 일정표를 만들어라

언론인들에게 긍정적인 영향을 끼치는 가장 좋은 방법은 개인적으로 그들을 방문하는 것이다. 많은 언론인들은 정기적으로 열리는 전시회·회의·행사에 참석하고, 그 시간을 이용해 관련 대표자들을 만난다.

언론인들이 당신의 조직을 달력에 올려놓고 관심을 갖게 하는 가장 좋은 방법은 경영진이 나오는 장소를 확실히 알려주는 것이다. 연설회, 전시회와 회의 참석, 그리고 다른 행사들을 모두 온라인 미디어 룸의 별도 달력에 일람표로 만들어라. 예정되어 있는 행사들을 확실하게 일람표로 만들고, 국제적인 행사들을 모두 포함하는 것도 잊지 말라. 오래된 목록들도 행사 뒤 최소한 몇 달은 보관하라. 이는 해당 분야에서 당신이 전문가임을 보여주기 위해서이다.

일람표는 확실하게 늘 새로운 것으로 유지하라. 이런 정보들 또한 언론 매체에만 한정되지 않음을 잊지 말라. 고객들이 회사 행사에 참석하지 않을지라도 당신의 회사가 활동적이며 경영진이 강연자 및 추천인으로서 잘나간다고 여길 것이다. 이는 기업의 신뢰도를 높이고, 해당 분야에서 리더라는 이미지를 심어준다.

언론인들의 흥미를 유도하라

언론 매체를 위해 특별한 제안 내용을 포함시키는 것이 좋다. 가장 간단하게 제안할 수 있는 것은 경영자 인터뷰이다. 하지만 일종의 시험 또는 시범적인 제안을 포함시키지 않을 이유는 없다. 그곳에서 언론인들은 당신의 제안을 테스트하거나, 행사에 참석하며, 당신의 조직이 하는 일을 어떤 식으로든 경험한다. 심지어 언론인들을 위한 별도의 등록 형태 및 특별한 제안 내용으로 랜딩 페이지를 독특하게 만들 수도 있다. 온라인 미디어 룸의 보도 자료와 다른 페이지들 안에 이런 링크를 포함시켜라. 이는 흥미를 느낀 언론인들을 랜딩 페이지로 이끌고 오기 위해서이다.

블로거들을 따뜻하게 대하라

당신의 회사를 다루는 블로거들은 당신이 관여하는 온라인 미디어 룸을 방문한다. 질문에 재빨리 응답함으로써, 당신 회사의 보도 자료 비표 이메일 목록에 블로거들을 포함시킴으로써, 그들의 요청에 따라 경영진 인터뷰를 허용함으로써 그들을 부추겨라. 그들은 유력하며, 전통적인 언론인들처럼 존중받기를 원한다. 그렇게 하는 것이 당신에게 유리하다.

경직되고 한정된 말투를 피하라

나는 일주일에 평균 100개 이상의 보도 자료를 살펴본다. 어떤 자료는 잡지 기사, 곧 출간될 책, 또는 내 블로그에 관련 기사를 써주기를 바라는 회사들로부터 내게 직접 전달된다. 온라인 미디어 룸을 뒤져 찾아낸 회사들로부터 오는 자료도 있다. 나는 일주일 동안 많은 온라인 미디어 룸을 방문해 보도 자료뿐 아니라 다른 이용 가능한 콘텐츠를 읽는다. 불행히도 온라인 미디어 룸 대부분은 전문 용어, 이해하기 어려운 약어, 자기 본위의 무의미한 표현들로 가득 차 있다. 나는 새로 떠오르는 회사들에 관심이 있지만 딱딱한 공문서 말투를 해독할 정도로 여유 있는 것은 아니다. 나는 보도 자료에 평균 10초 정도 눈길을 준다. 이해할 수 없는 단어와 문구로 작성한 것일수록 좌절감을 느끼고, 그 즉시 자료를 삭제한다. 당신의 어머니가 당신의 글을 이해할 수 없다면 기자들 또한 그럴 것이다.

>>온라인 미디어 룸에 필수적인 RSS 자료

대안적인 콘텐츠 경로를 제공하기 위해 많은 조직들이 디지털 전달 방식을 온라인 미디어 룸의 한 부분으로 이용한다. 언론인과 블로거들을 위한 이메일 뉴스레터, RSS 자료 등이 그런 예이다. 이는 콘텐츠를 언론 매체와, 관심을 보이는 다양한 사람들에게 직접 보내준다. 똑똑한 조직들은 잠재 고객, 기존 고객, 투자자, 언론 매체를 쉽게 업데이트하기 위해 RSS를 이용하고 있다. 그러나 가치 있는 정보를 공유하기 위해 매우 간단한 이 마케팅 기법을 이용하는 조직들은 아직 너무나 드물다.

RSS 자료는 당신 회사의 웹사이트 전반에 덧붙일 수 있고 덧붙여져야만 한다. 그것은 본질적으로 정기적인 업데이트 콘텐츠를 예약하는 장치이다. 이 때문에 많은 조직들은 RSS 예약 페이지를 온라인 미디어 룸의 일부로 갖고 있으며, 보도 자료 콘텐츠를 전달하는 방법으로 그것을 이용한다. 마이크로소프트, IBM, 인텔 같은 회사들은 RSS 장치로 정보를 종합해 언론 매체, 월스트리트의 애널리스트, 소비자, 협력 업체, 판매 대리점, 소매업자 같은 외부의 특정 고객에게 다가간다. 예를 들어 인텔[3]은 '인텔 제품', '인텔 프레스 룸', '인텔 투자 설명회', '인텔 소프트웨어', '네트워크 형성 및 소통', '인텔 소매 센터', 'IT@인텔'을 포함한 자료들을 제공한다. 그것은 또한 브라질, 중국, 프랑스, 독일, 이탈리아, 일본, 러시아 등 특정 나라에서 RSS 자료를 제공한다. 흥미를 느낀 사람들이 주요 신문 및 잡지 사이트의 언론 매체 자료 및 독립 블로거들의 자료를 받기로 예약하는 것과 같은 방식으로 인텔로부터 정확한 기업 정보를 받기로 예약하는 일은 얼마나 신선한가. 이것은 온라인 마케팅의 주요 전달 수단이 사람들의 요구에 따라 전달된 훌륭한 콘텐츠임을 보여주는 사례이다.

온라인 미디어 룸은 단지 언론인들뿐 아니라 다양한 사람들이 모이는 장소이다. 그것은 조직 차원의 웹사이트에서 간섭, 승인 과정, IT 지원 없이 당신이 통제할 수 있는 장소이다. 따라서 그것은 마케팅·홍보 담당자들이 시장에 콘텐츠를 투입할 수 있는 엄청난 기회를 안겨준다. 웹에서 성공은 곧 콘텐츠이다. 그리고 콘텐츠를 시장에 투입하는 가장 쉬운 방법은 RSS 자료와 온라인 미디어 룸을 통하는 것이다.

16장 언론 홍보를 위한 새로운 원칙들

>>휴지통에 버려지는 자료들

웹은 기자 및 편집인들과 소통하는 길을 매우 쉽게 열어주었다. 요즘에는, 수천 명에 이르는 기자들 관련 데이터베이스에 예약 정보를 판매하는 상업적인 서비스 업체를 통하거나, 단순히 검색 엔진을 이용함으로써 몇 초 만에 기자들의 이메일 주소를 찾을 수 있다. 너무나도 많은 홍보 담당자들이 부탁받지도 않은 상업적 메시지를 기자들에게 마구 전송하고 있다. 이런 말을 하기는 싫지만, 홍보 담당자들은 스팸 메일 발송자인 스패머와 동의어가 되어버렸다. 이는 내가 이야기를 나눈 많은 언론인들도 공감하는 바이다. 홍보 담당자들은 한 번에 언론인 수백 또는 수천 명에게 보도 자료와 선전물을 무차별적으로 쏟아댄다. 기자들 각자가 실제로 무엇을 다루는지는 고민조차 하지 않는다. 언론 매체와 관련된 집적 자료가 그런 업무를 아주 간단하게 만들어놓았기 때문이다.

홍보 자료를 무차별적으로 퍼붓는 것으로는 기자와 편집인들의 관심을 끌 수 없다. 그것은 현명한 전략이 아니다.

▶▶표적 없는 글은 아무도 읽지 않는다

이미 말한 바와 같이, 나는 홍보 대행사 직원과 기업 커뮤니케이션 담당자들로부터 매일 수십 개에 이르는 보도 자료, 광고 선전물, 알림장을 받는다. 다른 언론인들처럼 내 이메일 주소는 내가 쓴 기사, 블로그, 책, 그리고 《E콘텐츠》의 웹사이트 등 많은 곳에서 쉽게 이용할 수 있다. 쉽게 이용할 수 있다는 말은 내 주소가 다양한 집적 자료 및 언론인 목록에 붙어 있다는 것을 뜻한다. 불행하게도 내 이메일 주소는 또한 홍보 대행사와 회사들의 언론인 목록에도 있다. 물론 내 허락을 받은 것은 아니다. 그들에게 새로운 발표 내용이 있을 때마다, 그 주제가 무엇이든 상관없이 나는 널리 퍼뜨려진 메시지를 받게 된다. 그러나 이처럼 불특정 다수에게 뿌린 광고 선전물, 곧 스팸을 뿌려대는 홍보 접근법은 절대 효과를 거둘 수 없다. 더 나쁜 것은, 그것이 당신의 조직을 '나쁜 녀석들'로 낙인찍는다는 점이다. 그것은 너무나 우울한 소식이다.

좋은 소식도 있다. 여기 효과적인 '새로운 원칙'을 활용하는 접근법이 있다. 그것은 기자들이 당신을 더 많이 다루도록 그들의 손 안에 그리고 화면 위에 당신의 메시지를 갖다 놓는 데에 매우 효과적이다. 기자들은 기사를 쓰기 위해 늘 흥미로운 회사, 제품, 아이디어를 찾고 있음을 잊지 말라. 그들은 당신을 찾고자 한다. 당신은 웹사이트와 온라인 미디어 룸에 훌륭한 콘텐츠를 갖고 있는가? 그렇다면 기자들은 검색 엔진을 통해 당신을 찾아올 것이다.

언론인들에게 가까이 다가가기 위해 일방적인 스팸이 아닌 전혀 다른 방법을 시도하라. 기자들마다의 기사와 그들의 블로그를 읽음으로써 그들이 주로 다루는 분야에 관심을 기울여라. 또 그들을 위해 특별하게 만든 '표적을 맞춘' 자료를 작성하라. 또는 블로그에 논평을 남기거나 정보를 줌으로써 기자들과 특별한 관계를 맺어라. 단순히 한 회사의 메시지를 알리기 위한 야바위꾼이 되지 말고, 기사 원천인 그물망의 일부가 되어라. 당신의 조직에서 당신 또는 누군가 한 기자의 취재 공간에서 블로그를 작성한다면 그것을 알려라. 왜냐하면 블로그에 쓴 것이 기자가 기사를 쓸 때 주요한 소재가 될 수 있기 때문이다. 블로거들에게도 보내는 것을 잊지 말라. 널리 읽히는 블로그 글은 단지 당신의 고객들에게만 전달되는 것이 아니다. 기자와 편집인들도 기사 아이디어를 찾기 위해, 또 앞서가는 흐름을 읽기 위해 이들 블로그를 읽는다.

>> 언론 홍보를 위한 새로운 원칙들

웹은 원칙을 바꾸어놓았다. 전통적인 홍보 기법을 여전히 따른다면 비효율적이라고 나는 확신한다. 성공하려면 언론 홍보의 새로운 원칙을 고려하라.

- 표적 없이 아무데나 뿌리는 선전물은 스팸이다.

- 해당 주제를 다루지 않는 기자들에게 보내는 보도 자료는 스팸이다.
- 아직까지 당신을 모르는 기자들은 지금 당신의 조직과 제품들을 찾고 있다. 그들은 틀림없이 구글과 '테크노라티' 같은 사이트들에서 당신을 찾을 것이다.
- 당신이 블로그에 무엇인가 다룬다면 그 영역을 다루는 기자들이 찾아올 것이다.
- 블로거들에게도 소재를 던져주어라. 중요한 블로그들에서 다루는 것은 주류 매체로부터 주목받게 해준다.
- 당신이 최근 보도 자료를 보낸 것이 언제였는가? 당신의 조직은 '바쁘다'는 것을 확실히 보여주어라.
- 언론인들은 훌륭한 온라인 미디어 룸을 원한다!
- 전부는 아니지만, 어떤 기자들은 RSS 자료를 좋아한다.
- 기자들과의 개인적인 관계는 중요하다.
- 당신의 제품이 어떤 기능을 갖고 있는지 기자들에게 말하지 말라. 고객 문제를 어떻게 풀어주는지 그들에게 말하라.
- 그 기자가 블로그를 갖고 있는가? 그것을 읽어라. 거기에 댓글을 달아라. 기자들이 처음 블로그에 쓴 주제를 파악하고, 당신이 블로그에 쓸 때마다 그와 관련된 메시지를 보내라.
- 기사 소재를 던지기 전에, 당신이 표적으로 삼는 발간물 또는 라디오 프로그램이나 TV를 읽고 보아라!
- 어떤 기자가 무엇에 흥미를 갖고 있는지 파악했다면, 그의 욕구에 맞게 특별히 고안된 개성 있는 소재를 보내라.

>>블로그와 언론 홍보

블로그에서 당신의 조직이 눈에 띄도록 만드는 것이 점점 더 중요해졌다. 당신의 고객들에게 다가가기 위해서 뿐만 아니라 당신의 분야를 다루는 주류 언론 매체에 접근하기 위해서도 그렇다. 기자와 편집인들은 기사 아이디어를 찾기 위해 블로그를 읽기 때문이다. 유력한 기자들을 다루듯이 그렇게 유력한 블로거들을 다루어야 한다. 그들의 작품을 읽고, 특별히 표적을 맞춘 것으로 그들에게 유용한 정보를 보내라. 그들에게 경영진과의 인터뷰를 제안하라. 그리고 시제품과 샘플을 제공하라. 그들에게 점심식사를 제안하라.

"틈새에서 팔리는 회사 또는 제품이라면,《월스트리트 저널》처럼 주요 매체 편집인들의 주목을 끌지는 못하겠지만, 당신에게 흥미를 보이는 틈새 블로거들을 잡을 수는 있을 것"이라고 '뉴스텍스'[1]의 사장 래리 슈바르츠(Larry Schwartz)는 말한다. 뉴스텍스는 블로그들을 합쳐 놓은 회사로, 일반 회사·금융 기관·정부 대행사의 수백만 명에게 배급하는 것을 목적으로 한다. "예를 들어 당신이 첨단 기술 사업에 종사한다고 생각해보자. 그러면《월스트리트 저널》에 실리는 것보다는 뉴스 블로그 웹사이트인 '기즈모도'[2]가 당신의 제품을 다루고, 기즈모도에서 당신의 사이트로 이어지는 링크를 확보하는 것이 더 중요할 것이다. 사람들이 제품을 온전히 파악하는 길은 점점 더 블로그로 통한다. 그리고 당신은 또한 종종 당신 사이트로 이어지는 링크를 갖고 있다. 어떤 사람이 당신의 제품을 찾기 위해 영업점에 왔을 때가 바로 '진실의 순간'이라는 말을 늘 들어왔다. 이제 진실의 순간은 블로그로부터 당신의 사이트로 이어지는 링크에 접속할 때이다."

주류 언론 매체에 하듯이 유력한 블로거들에게 소재를 던져라. 그것은 북적대는 아이디어 시장에서 주목받는 중요한 방법이다. 그러나 블로거와 기자들이 당신을 찾도록 자신의 블로그를 갖는 것이 훨씬 더 효과적이다. "블로그 활동은 언론 매체 커뮤니티에서 자주 다루는 기회로 이어진다"고 존 블로솜(John Blossom)은 말한다. 그는 조사·분석 기관인 '쇼어 커뮤니케이션즈'[3] 사장이다. 그는 2003년 3월부터 블로그 활동을 해왔고, 출판사와 언론 매체 시장 관련 글을 쓴다. "뜻하지 않게 내 블로그 덕분에 나는 언론 매체의 속성을 지니게 되었다. 나는 일부 거대 블로거들로부터 호응을 얻었다. 그 때문에 블로그 활동이 언론에 노출될 기회를 잡는 좋은 방법임을 알게 되었다. 언론이 선택하면 그 증폭 효과는 괄목할 만하다. 언론인들은 내 블로그를 읽고 인용하기 위해 내게 다가온다. 때로는 한 번도 만나지 않은 기자가 나를 기사에 인용하기도 한다. 예를 들어 《파이낸셜 타임즈》의 한 기자는 최근에 내 글을 기사에 활용했다. 오로지 내 블로그를 기초로."

>> 언론 매체에 흥미 있는 기사거리를 주려면

마케팅 담당자들이 알고 있듯이 당신의 회사, 제품, 경영진이 적절한 발간물에 등장하는 것은 훌륭한 마케팅이다. 해마다 홍보에 수십억 달러를 쓰는 것이 그런 이유 때문이다. 내가 염려하듯이 그 대부분은 헛되이 쓰이는데도 불구하고.

당신의 회사가 기사로 실릴 때, 당신은 그 발간물의 독자들에게만 직접 다가가는 것이 아니다. 당신은 또한 훗날 재판(再版) 또는 웹 링크를 이용해 잠재 고객들 개개인을 소상하게 파악할 수도 있다. 언론 보도는 정당성을 획득했음을 뜻한다. 내가 여러 번 말해왔듯이 널리 흩뿌린 무차별적인 광고 선전물은 무의미하다. 특정한 발간물을 표적으로 삼기를 원한다면 무엇을 어떻게 해야 할까?

- 한 번에 기자 한 명을 표적으로 삼아라. 발간물을 읽을 시간을 갖고 그 다음 특정 언론인에게 보낼 독특한 소재를 고안하는 것은 놀랄 만한 성과를 거둔다. 그가 썼던 특정한 기사를 언급하라. 그런 다음 당신의 회사 또는 제품이 겨냥하는 그 언론인에게 왜, 어떻게 흥미를 불러일으킬 수 있을지 설명하라. 이메일을 꼭 열어 보도록 하기 위해 그 이메일의 주제 라인으로 표적을 확실하게 잡아야 한다.
- 최근에 나는 한 회사로부터 내가 원하는 주제에 맞추어 특별하고 완벽하게 만든 자료를 받았다. 그 홍보 담당자는 내 블로그를 이미 읽었고 내 관심사를 알고 있었다. 그래서 나는 그 회사의 최고 경영자와 인터뷰하기 위해 몇 분 만에 이메일 답장을 보냈다.
- 그 언론인이 큰 그림을 이해할 수 있도록 도와주어라. 때로는 어떤 도구나 서비스 또는 조직이 실제 더 큰 흐름에 어떻게 들어맞는지 이해하는 것은 어렵다. 특정한 제품 또는 서비스가 왜 흥미로운지 큰 그림을 그려준다면 그만큼 언론인은 할 일을 덜 수 있다. 때로는 이 때문에 그 언론인은 어느 때든 당신이 속한 영역의

트렌드에 관련된 기사나 칼럼에서 당신을 언급할 것이다.

- 당신 제품을 사용하거나 당신 회사와 함께 일하는 방법을 설명하라. 기자들은 회사 대변인으로부터 제품 작동법과 관련된 수백 가지 자료를 건네받는다. 그러나 그것을 실제로 사용하는 사람으로부터 작동중인 제품에 대해 듣는 것이 훨씬 더 유용하다. 소비자들과의 인터뷰를 성사시켜 주거나 당신 제품 또는 서비스에 관해 문서로 작성된 사례 연구를 제공하라. 그러면 언론인들이 당신 회사와 관련된 기사를 쓰는 것이 훨씬 더 수월할 것이다.

- 요청받지 않았다면 이메일 첨부 자료를 보내지 말라. 예전과 달리 요즘에는 뜻밖의 이메일 첨부 자료를 열어보는 언론인은 극히 드물다. 심지어 인정받는 회사로부터 온 것도 그렇다. 많은 홍보 담당자들이 여전히 이메일 첨부 파일로 보도 자료를 작성한다. 그렇게 하지 말라. 그 대신 내용이 간명한 이메일을 보내라. 다른 추가 정보를 요청받는다면 그때 첨부 파일을 덧붙일 수 있다. 그러나 당신이 무엇을, 왜 보내는지 보여주는 이메일에 참조 사항을 확실하고 명백하게 붙여라. 그 언론인이 그에 관해 요청하는 것을 잘 기억하게끔 하기 위해서이다.

- 잠재적인 접촉 지점을 곧바로 추가하라. 최근 나는 한 대기업 임원을 인터뷰하기로 했다. 열정적인 홍보 담당자가 그 일을 성사시켰고, 우리는 인터뷰할 날짜와 시간에 동의했다. 그러나 나는 약속한 후속 정보를 이메일로 받지 못했다. 그 정보에는 그 임원을 접촉할 수 있는 전화번호가 담길 예정이었다. 말할 필요도 없이 그 인터뷰는 성사되지 않았다. 약속한 대로 후속 조처를 확실하게

하라.

- 그것은 쌍방향의 길임을 잊지 말라. 언론인들은 당신이 기사 소재를 던져주기를 기대한다! 기자들은 당신이 말해야 할 것을 알고자 한다. 홍보에서 스팸 문제가 불거지는 것은 불행이다. 그것은 언론인들을 짜증나고 힘들게 한다.

최근 한 모임에서 만난 한 회사 경영자는 새로운 트렌드에 관해 논평했다. 거기서 나는 칼럼에 쓸 반짝이는 아이디어를 구했다. 기뻤다. 그것이 내 일을 수월하게 해주었기 때문이다. 칼럼 주제를 생각해내는 것은 어려운 일이다. 그래서 많은 도움을 필요로 한다. 그 경영자의 회사는 칼럼 아이디어에 완벽하게 들어맞았다. 그리고 그가 내게 말해준 트렌드 사례로 그의 제품을 소개할 것이다. 그 대화가 없었다면 칼럼은 결코 쓰지 못했을 것이다. 직접적으로 제품을 선전하려 들었다면 결코 효과를 거두지 못했을 것이다. 기자들은 늘 신선한 아이디어를 필요로 한다. 부디 잊지 말기를.

"내가 쓴 것을 읽고 내가 실제로 쓸 것 같은 기사를 위해 개별화된 산뜻한 소재를 내게 보내주어라. 그것이야말로 홍보 담당자들이 해야 할 가장 효과적인 일"이라고 《보스턴 글로브》 경제 담당 기자인 피터 하우웨(Peter J. Howe)는 말한다. 그는 20년 동안 《보스턴 글로브》에서 일했고, 최근 7년 동안 원격 통신·인터넷·에너지를, 요즘에는 항공 회사들을 다루고 있다. 그는 이메일로 기사 소재를 받되, 스팸이 아님을 알 수 있도록 도와주는 주제 라인을 갖춘 것을 좋아한다. '보스턴 글로브 기자 피터 하우웨를 위한 홍보물'은 실제로 관심을 끌어내는 데 매우 효과적이다.

하우웨가 홍보 담당자들의 업무 수행 방법에 가장 불만스러워하는 점은 다음과 같다. 너무나 많은 이들이 그에게 기사 소재를 던지기 전에 그가 무엇을 기사로 쓰는지 아무런 생각도 하지 않는다. "만일 당신이 단순하게 구글닷컴의 뉴스 검색에 '보스턴 글로브 피터 하우웨'를 입력하고 앞부분에 뜬 기사 열 개만 읽는다면 내게 기사 소재를 던지는 홍보 담당자들 중 98퍼센트보다 훨씬 더 많은 일을 할 수 있을 것"이라고 그는 말한다. "나를 화나게 하는 것은, 너무나도 많은 홍보 담당자들이 《보스턴 글로브》가 다루는 것과 '네트워크 월드', 'PCR 와이어리스 뉴스', '니트위트빌레 주간 뉴스'가 다룬 것 사이의 차이에 대해 아무런 감각도 갖고 있지 않다는 점이다. 내게 기사 소재를 보내기 전에 내가 무엇을 어떻게 다루는지 전혀 이해하지 못한다면 그것은 자신의 시간을 낭비하는 것과 같다. 그것은 더할 나위 없이 큰 문제이다."

그는 또한 크고 넓게 생각하라고 말한다. "당신이 작은 소재를 갖고 있다면 내게 던져 달라. 하지만 또한 더 큰 이야기를 생각하라. 그것이 1면 또는 주말판 첫머리 기사로 적절할 수 있도록"이라고 그는 말한다. "그것은 심지어 당신의 회사가 경쟁사들 뒤에 언급되는 것으로 끝날 수 있을 것이다. 하지만 120자짜리 단신보다 1면 기사로 실리는 것이 낫지 않은가."

고객이 당신의 제품을 파악하기 위한 통로로서 주류 언론은 여전히 중요하다. 모든 사람들이 당신의 회사, 제품, 또는 경영진 이름을 보게 될 것이라는 점을 제쳐두고라도 주요 언론에 언급되면 권위를 인정받는다. 기자들은 해야 할 일을 잔뜩 안고 있어서 홍보 담당자들의 도움을 필요로 한다. 그러나 원칙은 변한다. 주목받기 위해 당신은 웹에서 당신의 이야기를 어떻게 전할지, 그리고 언론인들에게 당신의 이야기를 어떻게 해줄지 현명해져야만 한다.

6부
온라인 마케팅, 이렇게 하라

17장
세상과 하나 되는 블로그 활동

>> 세상을 바꾸는 작지만 큰 힘, 블로그

블로그는 이제 어떤 조직이 자신의 생각을 시장에 내보일 수 있는 주류 매체이다. 블로그 독자들은 똑똑한 블로거들에 의해 공유되는 정보를 실질적이고 진정한 몇몇 커뮤니케이션 형태 중 하나로 본다. 고객들은 광고를 의심하며, 최고경영자의 발표를 현실감 있는 접촉 범위 밖에 있는 것으로 여길 뿐이다. 그러나 크고 작은 기업, 비영리 기구, 종교 단체, 또는 정치 캠페인 조직 내부의 누군가가 작성한 좋은 블로그는 주목을 끈다.

동시에 최근 몇 년 동안 블로그에 대한 수많은 과대광고를 보아왔다. 경제 잡지들은 블로그와 블로그 활동이 당신의 사업을 변화시키는지 숨막히도록 열정적인 기사를 정기적으로 다룬다. 내 블로그가 내 삶을 변화시켜 왔듯이 블로그가 당신의 사업과 삶을 변화시킨다는 데에 전적으로 동의한다. 그러나 여전히 블로그 활동에는 어떤 불가사의한 점이 있는 것 같다. 당신이 전에 그것을 하지 않았다면 말이다.

이 장은 블로그를 구축하는 방법에 관한 기초를 세워줄 것이다. 그러나 블로그를 작성하기 전에 당신의 시장에 있는 블로그들을 점검할 것을 권한다. 또 자신의 블로그를 작성하기 전에 몇몇 블로그들에 논평이나 댓글을 남기는 방식으로 블로그 영역에 발을 들여놓기 바란다. 4장을 다시 읽어보는 것도 좋다. 4장에서 블로그들을 소개했고, 성공적인 블로거들의 사례를 보여준 바 있다. 다른 이들의 블로그에 논평이나 댓글을 달기 시작하면서 자신의 블로그 활동 목소리를 개발하고 자신이 온라인상에서 무엇을 토론하기를 좋아하는지 감을 잡을 것이다. 그 정도면 훌륭하다! 당신은 다른 이들의 블로그에서 실태를 경험하고 있다. 그들과 비슷하다면 자신의 블로그를 작성하고 싶어 몸이 근질근질할 것이다. 글을 남기는 것이 몹시 지루한 일로 여겨지는가? 그렇다면 당신은 블로거가 되기에 알맞지 않다. 그래도 좋다. 블로그를 쓰는 경우보다는 블로그를 읽는 이들이 더 많다.

이 장에서 블로그 활동에 관한 모든 것을 말하기는 불가능하다. 사례 연구와 기초 정보는 확실한 출발을 도와줄 뿐이다. 자신만의 블로그 목소리를 찾기 위해 직접 실험하는 것이 가장 좋은 방법이다. 다른 이들의 블로그를 읽고 보아라. 그리고 다른 블로거들의 스타일 중에서 당신이 무엇을 좋아하고 싫어하는지를 정확하게 파악하라. 덧붙여 데비 웨일(Debbie Weil)이 쓴 《기업의 블로그 활동(The Corporate Blogging Book)》[1]을 읽어보기 바란다.

>>블로그에 무엇을 쓸 것인가?

사람들은 블로그에 무엇을 쓸지 자주 고심한다. 마케팅·홍보 전문가들은 특히 그렇다. 그런 태도는 블로그에 무엇인가 쓰기에 적절하지 않다. 자신에게 물어야 할 첫 번째 질문은 "누구에게 가까이 다가가고 싶은가?"이다. 많은 사람들에게 그 답은 고객, 기존 소비자, 애널리스트 및 언론 매체 같은 유력자들이다. 당신이 열정을 느끼는 주제를 찾아야 한다. 그 주제에 들뜨지 않거나 쓰는 일이 고통스럽다면 그 노력을 이어갈 수 없다. 그 일을 계속 이어가고 제대로 해내려면 블로그 작성은 필수적이다.

초보 블로거들은 대부분 너무나 많은 것을 다루려고 한다. 좁은 주제부터 시작해 넓혀갈 공간을 남겨두는 것이 좋다. 진정성을 지녀라. 사람들은 한 주제에 대해 열정적으로 말하는 정직한 목소리를 찾고 싶어 블로그를 읽는다. 그것이 당신의 스타일인지 아닌지 고민할 필요는 없다. 당신이 흥미를 불러일으키고 가치 있는 정보를 제공한다면 독자층은 늘어날 것이다.

캔자스 주의 가정·이혼 분야 전문 변호사로 활동중인 그랜트 그리피스(Grant D. Griffiths)가 블로그[2]를 만든 것은 2005년 3월이었다. "법률가라는 직업에서, 그리고 다른 어떤 직업을 가진 사람이라도 분명한 표적을 정해야 한다는 사실을 알게 되었다"고 그는 말한다. 그의 블로그는 특정 고객층을 겨냥해 작성된다. "나는 다른 법률가들을 위해 블로그를 작성하지 않는다. 대중들을 위해 작성한다. 더 특별하게는 가정 문제 전문 변호사를 필요로 하는 캔자스 지역 주민들을 위해 작성한다. 블로그는 나의 사무실 현관이고, 작은 간판, 사무실 표시, 신문과 전화번호부 광고 구실도 한다."

그는 2005년 8월 이후, 그의 블로그 때문에 그를 찾아오는 새로운 고객들로 일주일에 평균 약 10여 통의 이메일 질문을 받았다. "그리고 그 블로그를 통해 평균적으로 일주일에 사건 두세 개를 의뢰받는다"고 그는 말한다. "당신이 캔자스와 가족법에 관련되는 어떤 것을 검색 엔진 안에 써넣는다면 내 블로그는 보통 첫 페이지의 상위권에 떠 있다. 나는 지난해에 지역 전화번호부 광고를 중단했다. 다른 변호사들과 이야기해보면 전화번호부에 광고하지 않는 것이 걱정스럽다고 말한다. 광고하지 않으면 더 이상 일감을 따낼 수 없으리라고 염려한다. 그들은 그것이 전통적인 마케팅 방법이기 때문에 전화번호부 광고 없이는 변호사처럼 느껴지지 않는다고 말한다."

블로그 검색 전문 업체인 테크노라티는 〈블로그 공간 현황〉[3] 보고서를 통해, 2006년 10월 현재 5,700만 개를 웃도는 블로그를 찾아냈고, 새로운 블로그가 매일 약 10만 개씩 개설된다고 밝혔다. 이는 새로운 블로그가 1초마다 하나씩 태어남을 뜻한다. 엄청난 경쟁을 벌이는 셈이다. 따라서 당신은 굳이 자신까지 그렇게 해야 하는지 의문을 품을 수도 있다. 그러나 우리가 2장에서 논의했던 롱 테일 이론을 떠올려보라. 당신이 캔자스 가족법에 관한 블로그처럼 틈새 블로그를 운영한다면 5,700만 개의 블로그들과 경쟁하지 않아도 된다. 당신은 다른 블로그들이 거의 없는 공간에서 글을 쓰고 있다. 그리고 의심할 여지없이 당신의 이야기에 흥미를 느끼는 독자들을 찾게 될 것이다. 작은 틈새를 갖고 있다면 독자 수백 명의 흥미만 불러일으킬 수도 있다. 그러나 당신은 올바른 독자들, 즉 당신과 당신의 조직이 말해야 하는 것에 흥미를 느끼는 이들에게 가까이 다가가는 것이다.

▶▶블로그 세상에도 규범은 있다

어떤 조직은 직원 블로거들을 위한 공식적인 가이드라인을 만든다. 당신의 조직도 그런 가이드라인을 만들지 결정해야 한다. 그리고 그 결정은 마케팅, 인적 자원, 그리고 다른 부서들로부터 나온 정보를 기초로 해야 한다. 내 생각에는 새로운 매체, 즉 블로그에 초점을 맞추기보다는 구두 커뮤니케이션, 이메일, 채팅 룸 참여 등을 포함하는 모든 커뮤니케이션에 두루 해당하는 정책을 수립하는 것이 훨씬 더 낫다.

회사는 성희롱, 경쟁자 비방, 회사 기밀 누출에 관한 정책을 수립할 수 있고, 그렇게 해야 한다고 생각한다. 그러나 매체별로 다른 정책을 둘 이유는 없다고 본다. 그 정책을 수립하고 직원들이 그것을 따르는 한 그들은 블로그에 글을 마음껏 쓰도록 허용해야 한다. 누가 블로그를 운영해야 하고 원칙이 무엇인지 당신이 어떤 결정을 내렸든, 개인적인 블로그 게재물을 홍보팀 또는 법무팀을 거쳐 통과시키는 것은 피해야 한다. 만약 당신의 블로그 게재물이 실리기 전에 조직 내 다른 이들의 점검을 받아야 한다면, 동료들로 하여금 실제적인 말의 표현보다는 콘텐츠에만 초점을 맞추도록 하라. 솔직하고 열정적인 글쓰기를 조직의 다른 사람들이 경직된 마케팅 어투로 바꾸지 않도록 하라.

잠시 윤리 문제를 언급해보자. 비윤리적인 행동들이 블로그 영역에서 일어난다. 그리고 블로거로서 당신의 행동은 당신 자신 및 조직이 확실하게 책임지도록 해야 한다. 어떤 조직들은 그들의 블로그에서 비윤리적인 책략을 사용하는 데 사로잡혀 기업의 평판에 해를 끼친다. 비윤리적인 개별 행동 사례뿐 아니라 반드시 관심을 기울여야 할 몇몇 이슈를 다음에 소개해놓았다. 여기서 광범위한 목록을 작성하려는 것은 아니다. 그보다는 당신이 윤리에 관해 생각하는 출발점을 제시하려는 것이다.

- 투명성 — 당신이 아닌 다른 누구인 것처럼 속여서는 절대로 안 된다. 예를 들어 당신 자신 또는 그 밖의 사람들의 블로그에 글을 남기기 위해 다른 사람의 이름을 사용하지 말라. 또 당신 회사 출신 중 누군가 그 뒤에 있음을 밝히지 않은 채 당신의 회사에 관해 이야기하는 블로그를 만들지 말라.
- 사생활 — 허락받지 않았다면, 당신에게 폭로된 어떤 것에 관해 블로그에 글을 쓰지 말라. 예를 들어 어떤 사람이 당신에게 보낸 이메일 자료를 허락 없이 블로그에 게재하지 말라.
- 털어놓기 — 블로그 게재물 내용이 그와 관련된 분야나 제품, 회사와 이해관계에 있다고 오해할 만한 것은 미리 모두 털어놓아야 한다. 예를 들어 나는 블로그에 컨설팅 고객들 중 한 회사 제품을 다룰 때 말미에 그 회사와 나의 관계를 털어놓는다.
- 진실성 — 거짓말하지 말라. 그것이 좋은 블로그 콘텐츠를 이룬다고 해서 고객의 이야기를 조작하지 말라.
- 신용 — 당신의 블로그에 사용한 자료의 소유자인 블로거들 그리

고 다른 원천들을 믿어야 한다. 예를 들어 다른 사람의 블로그에 있는 훌륭한 글을 읽고, 그 아이디어를 잡아채 몇몇 단어를 바꾼 다음 당신 자신 것인 양 하지 말라. 선하고 윤리적으로 행동하는 것과 더불어 당신이 이용해온 아이디어의 소유자인 다른 블로거들로 이어지는 링크는 당신의 블로그에 그들을 소개하는 것을 돕고 그들 또한 당신에게 연결하게 해준다.

다시 한 번 말하지만, 이것은 완벽한 목록이 아니다. '국제 입소문마케팅협회(WMMA)'는 '블로거들을 위한 윤리 가이드'[4]를 만들어 왔다. 당신이 그 가이드라인을 읽고 따를 것을 권한다. 그러나 당신은 또한 스스로의 결단력을 따라야 한다. 블로그 게재물을 보내는 것이 불편하게 느껴진다면 그것은 비윤리적일 수 있다. 당신의 어머니가 그 게재물을 보고 뭐라고 말할까? 어머니가 당신에게 그것은 잘못되었다고 말한다면 그것은 당연히 잘못되었을 것이고, 따라서 그것은 보내지 말라. 제발 옳은 일을 하라.

>>우리가 알아두어야 할 블로그 기초

디자인과 HTML 기술을 필요로 하는 웹사이트와 달리 블로그는 사용하기 쉬운 특징을 지닌 기성품 소프트웨어를 이용한다. 이 때문에 블로그는 빠르고 쉽게 만들 수 있다. 몇몇 기초적인 노하우만 익히면 자신의 블로그를 빠르고 쉽게 만들고 고칠 수 있다. 여기 마음속에 새겨야 할 특별한 몇 가지 팁이 있다.

- 시작하기 전에 당신의 블로그 이름 및 그것의 캐치프레이즈를 주의 깊게 생각하라. 그것은 검색 엔진에서 색인으로 분류될 것이다. 일단 구축하고 나면 이 정보를 되돌리거나 바꾸는 것은 몹시 어렵다.

- 사용하기 쉬운 블로그 활동 소프트웨어는 '블로거'[5], '타입패드'[6], '워드프레스'[7] 등에서 이용 가능하다. 이들 서비스 중 일부는 무료이고 어떤 것들은 등록비를 약간 요구한다. 서비스를 조사한 뒤 현명하게 선택하라. 왜냐하면 이미 만들어 놓은 모든 콘텐츠를 잃지 않고 다른 서비스로 옮아가는 것이 어렵기 때문이다. 그리고 당신의 블로그가 검색 엔진들에 의해 색인으로 분류되어 있고, 사람들이 당신의 RSS(맞춤형 정보 구독) 자료 또는 예약된 당신의 URL(인터넷의 www에서 서버가 있는 장소를 지시하는 방법)에 등록해 두었다면 다른 소프트웨어로 바꾸기가 몹시 힘들다.

- 당신의 블로그를 위한 URL을 선택할 수 있을 것이다. 블로그 서비스는 모두 고객별 맞춤형 URL(yourblog.type.pad.com 같은)을 제공한다. 회사 도메인(www.yourcompany.com/yourblog)이나 맞춤형 도메인(www.yourblog.com)에 당신의 블로그를 설계할 수도 있다.

- 블로깅 소프트웨어는 색깔, 디자인, 글자체를 선택하는 일과 텍스트를 기반으로 한 간단한 '운영자 코너'를 만드는 일을 쉽게 해준다. 당신의 운영자 코너로 맞춤형 그래픽 이미지를 사용할 수도 있다. 이것들은 설계하기 쉽고 독자들에게 당신의 블로그가 더 매

력적으로 비치게 해줄 것이다.
- 당신이 블로그를 시작해 디자인을 세밀하게 조정하고 임시로 몇몇 게재물을 시험할 때, 처음 몇 주 동안은 비밀 번호로 보호하는 장치를 사용할 것을 권한다. 그런 방식으로 그것을 세상에 드러내기 전에 몇몇 친구, 동료들과 당신의 블로그를 공유하고 변화를 꾀할 수 있다.
- 블로그에 싣는 의견과 느낌은 기업의 가이드라인을 따를 수 있다. 하지만 같을 필요는 없다. 그 블로그가 기업을 대변하는 것이 아니라 독립적인 목소리라는 신호를 독자들에게 보내기 위해 기업의 의견과 약간 다른 것이 더 낫다.
- 블로그 관련 소프트웨어는 일반적으로 당신으로 하여금 댓글 기능 쪽에 눈길을 돌리게 한다. 이는 방문객들이 당신의 블로그 게재물에 반응할 수 있도록 하기 위해서이다. 당신이 고려할 몇몇 사항이 있다. 어떤 사람들은 독자들의 논평이나 댓글이 전혀 없는 블로그를 선호한다. 그리고 그런 것이 당신에게도 올바른 선택일지 모른다. 그러나 블로그 활동에서 가장 흥미로운 것은 당신이 작성한 글에 독자들이 호응하거나 반박할 때이다. 블로그 관련 소프트웨어를 기초로 공개 댓글 또는 승인 시스템을 선택할 수 있다. 많은 블로거들은 부적절한 댓글이나 논평을 감시하기 위해 승인 기능을 이용한다. 하지만 나는 동의하지 않는 사람들의 그 어떤 댓글이나 논평이라도 허용하기를 권한다. 널리 읽히는 블로그의 특징은 활발한 토론이다. 불행하게도 블로그 영역은 쓰레기 같은 논평과 댓글로 오염되어 있다. 따라서 당신의 블로그를 망쳐

놓는 것으로부터 자동 댓글 프로그램을 보호하기 위해 어떤 시스템은 댓글이나 논평을 달기 전에 간단한 질문에 답하도록 요구한다. 나도 이 방식을 활용하는데, 매우 효과적이다.

- 블로그들 대부분이 트랙백(trackbacks. 블로그 두 개를 서로 연결하는 링크를 만들어주는 것)을 허용하는 특징도 지니고 있다. 그리고 그것은 또 다른 블로거가 당신에게 보내는 메시지이다. 그가 블로그에 어떤 것—당신이 먼저 쓴 글을 참조문으로 인용한—을 게재할 때 보내는 메시지 말이다. 트랙백은 당신의 독자들에게 이렇게 말한다. "이봐, 지금 당신이 원본을 읽고 있다면 또 다른 블로그의 관련 글에도 흥미를 느낄 거야. 그러니 여기를 클릭해봐." 따라서 트랙백은 논평과 유사하다. 그러나 당신의 블로그에 논평을 남기는 대신, 다른 블로거는 그의 블로그에 글을 쓰고 당신에게 트랙백을 보낸다. 그의 블로그가 그곳에 있음을 당신의 독자들이 알 수 있도록 하기 위해서이다. 트랙백이 그곳에 실리기 전에 당신이 그것을 반드시 승인하는 방식으로 블로그를 만들 것을 권한다.

- 당신의 블로그를 위해 선택하는 범주에 세심한 주의를 기울이고, 테크노라티·디그·딜리셔스 같은 서비스 업체들을 겨냥해 글들 각각에 소셜 미디어 꼬리표를 붙여라.(소셜 미디어 꼬리표에 관한 자세한 내용은 14장을 한 번 더 보라.)

- RSS는 당신의 독자들 다수를 위한 표준 전달 형태이다. 당신의 새로운 블로그는 RSS 특징을 지니고 있음을 확실히 하라. 블로그 관련 소프트웨어 서비스들 대부분은 RSS 자료를 기본적인 특징으로 지니고 있다.

- 당신의 사진, 이력, 가입 조건, 그리고 당신의 블로그에 관한 정보를 담은 '소개' 페이지를 추가하라. 사람들은 블로그를 방문할 때면 블로거에 대해서도 알고 싶어 한다. 따라서 배경 정보를 제공하는 것이 중요하다.
- 사람들이 당신을 접촉하도록 부추기고, 온라인상에서 당신에게 접근하기 쉽게 하며, 당신에게 온 애독자 메일을 반드시 개별적으로 처리하라. 사람들이 당신에게 접근하기 쉽게 하려면 많은 조회, 질문, 칭찬, 때로는 비방을 들을 것이다. 스팸 문제 탓에 많은 이들이 이메일 주소를 밝히지 않는다. 그러나 가장 큰 문제는 이메일 주소를 긁어모으는 자동 로봇에 있다. 따라서 사람들이 읽을 수는 있지만 로봇은 그럴 수 없도록 이메일 주소를 작성하라. 예를 들어 내 웹사이트에서 나는 이메일 주소를 'david@DavidMeermanScott.com' 목록에 실어놓고 있다.

>> 그 누구도 아닌 나만의 블로그를

2006년 9월, 내 딸은 8학년(중학교 2학년)을 시작할 때 일주일 내내 학교 바인더(서류철)를 활용하면서 보냈다. 그 또래 아이들은 모두 표준 플라스틱제 세 개짜리 링 바인더 겉면을 사진, 스티커, 음악 가사, 그리고 다른 조각 및 다발들로 장식한다. 딸은 심지어 매일 아침 업데이트하는 그날의 인용문을 위한 특정 공간을 마련했다. 그 바인더 속에는 딸이 개인적인 희망에 맞춘 페이지 가름쪽(디바이더), 펜과 각도기를 지닌 포켓

폴더(끼우개), 그리고 여러 가지 물건이 있다.

  좋은 블로그는 그와 같다고 생각한다. 널리 이용되는 블로그에는 블로거의 개성이 드러난다. 나는 신선한 재료를 많이 갖춘 내 자신의 블로그를 이용해왔다. 맨 위에는 디자이너 친구가 만들어준 '운영자 코너'가 있다. '웹 잉크 나우(Web Ink Now)' 라는 내 블로그를 위해 이용하는 타이프패드에서 당신의 블로그가 전반적으로 가로 800 화소라면, 가로 770 화소인 이미지를 세로 100이나 150 화소로 설계할 수 있게끔 해준다. 타이프패드는 자동으로 경계선을 덧붙이고, 다소 단순해 보이는 운영자 코너를 새로운 디자인으로 대체해준다. 비록 특정한 요구 조건과 수행 방식이 다를지라도, 블로그 소프트웨어 도구들은 또한 매우 잘 묘사된 운영자 코너를 제공해준다.

  내 블로그의 오른쪽과 왼쪽 칼럼에는 내 책 표지 이미지로부터 아마존닷컴으로 이어지는 링크들이 있다. 이들 링크는 나의 아마존 회원 프로그램 계정 중 일부이다. 이 때문에 책이 한 권씩 팔릴 때마다 수수료를 일부 받기도 한다. 물론 이것은 큰돈이 아니지만, 그 수입으로 몇 달에 한 번씩 가족과 근사한 저녁식사를 즐길 수 있다. 나는 또한 내 사이트의 페이지로, 또 아폴로호의 우주 유물 수집에 관한 내 블로그[8], 스퀴두(Squidoo) 렌즈 같은 다양한 내 웹 콘텐츠로 이어지는 링크들을 두고 있다. 또 테크노라티를 통해 나는 다른 블로그들—내 블로그로 연결되는—로 이어지는 링크를 만들어 왔다. 사이사이에 끼워 넣은 링크들을 활용해 나는 《E콘텐츠》에 쓴 글들, 내 블로그를 포함하는 '맞춤용 뉴스텍스 블로그(Newstex Blogs On Demand)' 네트워크에 관한 정보, 그리고 내가 관여된 통합 홈페이지로 사람들을 안내한다. 마지막으로, 나는 등록을 용이하게 하는 링크들을 두고 있다. 인터넷 정보 공급 업체인 '피드버너'[9]를 통해 RSS 예약으로 내 블로그를 보고 싶은 이들을 위해서이다. 역시 인터넷 정보 공급 업체인 '피드블리츠'[10]를 통해 이메일 예약 선택 사항을 보고 싶은 이들을 위해서이기도 하다. 그에 따라 사람들은 이메일 수신함으로 전달된 나의 블로그 게재물들을 각각 받아볼 수 있다.

　블로그에는 부정적인 면도 있다. 가장 최근 것을 맨 꼭대기에 두는 역시간순 배치로 훌륭한 자료—지난달 또는 지난해에 썼을지도 모르는—상당수는 가려져 볼 수 없게 된다. 따라서 나는 내 블로그에 찾기 쉬운 내비게이션 링크를 배치해두고 있다. 좋은 자료를 재빨리 찾을 수 있도록 하기 위해서이다. 예를 들어 나는 매우 인기 있는 몇몇 글들로 이어지는, 또 내 블로그의 최근 논평과 댓글들을 한 줄씩 돌돌 말아주는 (스크롤링) 목록으로, 그리고 게재물의 범주에 따른 내비게이션으로 이어지는 링크를 갖추고 있다.

　당신의 블로그를 십분 이용하는 것은 쉽다. 몇 시간만 수고한다면 심지어 10대인 내 딸도 인정할 정도로 매우 근사한 블로그를 만들 수 있다. 물론 블로그 소프트웨어 공급자가 제공한 표준틀은 처음에는 훌륭하다. 그러나 블로그 활동에 전적으로 몰두한다면 링크, 이미지, 운영자 코너, 사진, 그리고 다른 추가 기능들을 통해 당신의 블로그 개성을 두드러지게 하는 것이 중요하다.

≫ 나만의 블로그, 나만의 고객

처음 몇몇 글들을 게재할 때는 아무 반응도 얻지 못한 채 숨 막히는 침묵과 맞닥뜨릴 수 있다. 당신은 댓글을 기다리겠지만 처음에는 아무도 관심을 보이지 않을 것이다. 사이트 통계치를 점검해보고는 너무나 적은 방문자들 때문에 실망할 것이다. 그래도 낙담하지 말라. 그것이 정상이다! 블로그 독자층을 구축하는 데에는 적지 않은 시간이 걸린다. 당신이 시작하는 바로 그때, 확실하게 거기에 있음을 알리고 그것을 쉽게 찾을 수 있도록 하라! 당신의 홈페이지, 제품 페이지, 온라인 미디어 룸으로부터 당신의 블로그로 이어지는 링크들을 만들어라. 이메일 또는 오프라인 뉴스레터에서 당신의 블로그를 언급하라. 그리고 이메일에 표시하는 한 부분으로 당신의 블로그에 연결되는 링크와 당신의 조직 내 다른 사람들에게 이어지는 링크를 만들어라.

여기 좋은 소식이 있다. 규칙적으로 갱신되는 블로그들이 검색 엔진의 윗순위를 차지한다는 점이다. 왜냐하면 구글, 야후, 그리고 다른 검색 엔진들이 사용하는 알고리즘은 자주 업데이트하는 사이트, 그리고 블로그들에게 보상해준다. 일단 한동안 지속적으로 블로그에 글쓰기를 해오는 중이라면 상당한 검색 엔진 트래픽을 확보하기가 가능할 것이다. 나는 보통 일주일에 서너 번 내 블로그에 글을 게재한다. 그리고 거의 매일 내 블로그에는 검색 엔진을 통해 100명을 웃도는 방문객들이 찾아온다. 고객이 검색할 때 당신의 새로운 블로그를 찾아오도록 하려면 관심 있는 주제와 연관된 글을 써야 한다. 또 사람들이 찾는 중요한 문구들을 사용해야 한다.(고객들이 사용하는 단어와 문구들을 어떻게 확인하는지 다시 점검하고 싶다면 10장을 보라.) 현명한 블로거들은 검색 엔진을 이해하고 고객에게 직접 다가가기 위해 그들의 블로그를 이용한다.

다른 사람들의 블로그―그리고 당신의 블로그로 이어지는 링크를 포함해―에 댓글을 다는 것은 고객층을 구축하는 좋은 방법이다. 당신이 관여하는 것과 똑같은 공간에 있는 블로그들에 댓글을 달다보면―그리고 뒤따라 추적해보면―당신의 새로운 블로그에 오는 방문객들을 얼마나 빨리 확보할 수 있는지 놀랄 것이다. 블로그 세상에서 흥미로운 점은, 오프라인에서는 경쟁을 벌이는 블로거들이 온라인에서는 그들 블로그로부터 앞뒤로 이어지는 링크들을 지닌 채 매우 협조적으로 움직인다는 사실이다. 가까이에 있는 것은 서로에게 좋기 때문에 사람들은 함께 모여 일한다.

당신의 고객, 잠재 고객, 투자자, 직원, 언론 매체들은 모두 블로그를 읽고 있다. 그리고 블로그는 마케팅 담당자들이 고객에게 진실한 이야기를 전해주는 훌륭한 방법이다. 그러나 블로그 고객층을 구축하는 데에는 시간이 걸린다. 블로그 서비스 업체들 대부분은 트래픽 측정을 위한 도구를 제공한다. 어떤 블로그 게재물이 가장 큰 관심을 끄는지 알기 위해 데이터를 이용하라. 그러면 사람들이 당신의 블로그를 방문할 때 어느 사이트를 통해 오는지, 그들이 당신을 찾을 때 어떤 검색 용어를 사용하는지 알 수 있다. 블로그를 지속적으로 개선하기 위해 이 정보를 이용하라.

>> 꼬리표와 고객

현재 전체적으로 블로그 숫자는 수천만 개에 이른다. 따라서 어떤 주제에 관한 틈새 블로그의 이용 가능성을 지닌 것만으로는 블로그 영역에서 길을 잃기 십상이다. 사람들이 관심을 보이는 주제에 관한 블로그 글을 항상 찾을 수 있는 것은 아니다. 이것은 엄연한 현실이다. 최근에 내 동료 한 명은 자동차용 새 타이어가 필요했다. 그 경우 직접 판매점에 가거나 제조업체의 웹사이트를 여기저기 찔러보기 마련이다. 하지만 그는 사람들이 타이어에 관해 무엇을 쓰는지 보기 위해 블로그 검색 엔진에 접속했다. 그는 '타이어'를 입력했다. 그리고 아니나 다를까, 클릭 몇 번 끝에 그는 타이어 구매에 관한 유용한 정보를 담은 몇몇 블로그에 접근했다. 그러나 검색 결과 '타이어'와 연결된 수많은 '공해'와 마주쳐야 했다. 최근 개조 자동차 경주 대회에서 사용된 타이어 분석, 도로 옆에 버려진 타이어를 비롯한 각종 쓰레기들, 심지어 타이어를 두른 것 같은 '중년 남성의 뱃살'에 관한 글 따위였다.

바로 이 문제—중년 남성의 운동 부족이 아닌, 단어와 문구 검색 때의 잘못된 결과—때문에 블로그 검색 엔진 테크노라티는 블로거들이 글을 주제별로 분류할 수 있게 해주는 꼬리표(태그) 달기 기능을 개발했다. 이 기능을 사용하기 위해 블로거는 블로그 게재물 각각을 위한 뒷꼬리표(메타-테크)들의 조합을 단순하게 만든다. 따라서 누가 타이어에 관한 블로그 게재물을 찾고 있다면 그는 테크노라티에 가서 키워드보다는 타이어를 찾는 꼬리표를 검색할 수 있다. 단순한 단어 검색보다는 이런 방식이 검색하고자 하는 방향으로 더 가까이 다가가게 해준다.

블로거 입장에서 볼 때 꼬리표 기능은 별도의 노력을 들여 추가할 가치가 있다. 블로그 게재물의 내용에 관한 정밀도를 높여, 게재물들 각각이 더 많은 사람들에게 다가갈 수 있게 해주기 때문이다. 예를 들어 나는 내가 작성한 블로그 게재물들 각각을 '마케팅', '홍보', '광고' 같은 적절하고 다양한 범주로 지정한다. 새로운 방문자들이 내가 블로그 게재물에 달아 놓은 꼬리표를 검색한 뒤 매일 내 블로그로 다가온다.

>>블로그로 세계를 움직이다

사람들은 다른 나라의 블로그 활동에 관해 자주 묻는다. 내가 밑그림을 그린 마케팅 접근법이 다른 지역에서도 효과적인지 그들은 알고 싶어 한다. 특히 많은 이들은 블로그 활동이 유럽과 아시아에서 마케팅·홍보에 좋은 방법인지 묻는다. 내가 개별 국가에 관한 설명을 일일이 할 수는 없다. 그러나 광범위한 웹 접근권을 갖춘 나라들에서 블로그 활동은 범지구적 현상이며, 다른 나라의 많은 블로거들이 범지구적 블로그 활동 커뮤니티에서 활발하게 움직이고 있다고 말할 수는 있다. 나는 약 40개 국가의 블로거들로부터 링크와 트랙백을 받아왔다. 러시아나 핀란드 또는 태국에 있는 누군가의 댓글 또는 링크가 내 블로그로 이어진다는 것은 얼마나 신선한가.

어느 나라든 블로그 활동이 생생하고 활기차다는 명백한 증거는 또 있다. 타이프패드는 미국뿐 아니라 영국, 일본, 프랑스, 독일, 네덜란드, 스페인, 이탈리아, 핀란드, 벨기에서도 서비스를 제공한다. 그리고 블로그 검색 엔진인 테크노라티는 영국, 프랑스, 독일, 이탈리아, 중국, 한국에 사이트를 두고 있다. 소설, 잡지 기사, 논픽션을 쓰는 내 아내 유카리 와타나베 스코트(Yukari Watanabe Scott)[11]는 독자들에게 다가가기 위해 블로그를 활용하고 있다. 이 기법은 특히 중요하다. 그 독자들이 우리가 사는 보스턴으로부터 세계 곳곳에 널리 퍼져 있기 때문이다.

내가 즐겨 찾는 블로그들 중 하나는 아드리안 네일랜(Adrian Neylan)의 '카블로그'[12]이다. 이 블로그는 오스트레일리아 시드니에서 택시 운전기사로 일하는 아드리안의 삶을 둘러싼 즐거운 이야기 모음집이다. 이 블로그가 다루는 것은 오로지 한 가지이다. 범지구적인 목소리를 보통 사람들에게 전해주면서 매우 희귀한 국제적인 미디어로 자리매김하는 것. 그는 택시 손님들에 관한 흥미로운 이야기를 나눈다. 그리고 자신에 관한 이야기도 약간씩 재미있게 들려준다. 비록 우리들 중 상당수가 멀리 떨어져 있다고 해도 들을 수 있다. 나는 시드니에 스무 번 정도 가본 적이 있다. 그리고 다음 번 사업차 거기에 가면 필요한 곳으로 달려가기 위해 꼭 '네일랜'을 찾아갈 생각이다.

국제적인 블로그 활동으로 성공한, 리투아니아 출신의 마케팅 컨설턴트 리나스 시모니스(Linas Simonis)의 사례를 들어보자. 그는 2005년 4월, 그 나라의 초창기 비즈니스 블로그들 중 하나[13]를 개설했다. 리투아니아 업계는 여기에 즉각 반응을 보였다. "당시 리투아니아 사람들 대부분이 RSS가 무엇인지 몰랐다. 이 때문에 나는 블로그에 이메일 예약 장치를 만들었다"고 그는 말한다. "첫해 연말까지 나는 400명에 이르는 예약자를 확보했다. 당시 리투아니아 인구는 350만 명을 밑돌았다. 따라서 미국에서라면 4만 명에 달하는 예약자를 확보한 것이나 마찬가지였다."

경제 전문지가 여기에 주목했다. "이제 나는 내 블로그 덕분에 포지셔닝(어떤 상품이나 기업을 시장에 자리매김시키는 것) 및 마케팅 전문가로 인용된다"고 그는 말한다. "언론인들은 나를 찾아온다. 내가 그들에게 자료를 제공했기 때문이 아니라 내 블로그 게재물 때문이다. 예전에 나는 많은 자료를 제공했지만 그다지 효과적이지 않았다. 그러나 내 블로그에 실린 뉴스는 언론 매체가 선택해 광범위하게 활용된다. 내 블로그에 실린 글 '리투아니아 시장에서 자리 잡는 방법' 덕분에 나는 메이저 TV 채널의 주요 시간대에 출연했다. 또 이 나라에서 가장 큰 라디오 방송과 인터뷰했고, 인쇄 매체는 10여 차례 나를 다루었다. 이것은 내 쪽에서는 어떤 노력도 없이, 그 어떤 자료 제공도 없이 오직 훌륭한 블로그 콘텐츠 덕분에 이룬 일이다."

정말 괄목할 만한 것은 그의 블로그를 통해 창출된 새로운 사업이다. "한 번도 만난 적 없고 얼굴도 모르는 이들에게 전화로 판매를 권하는 것이 얼마나 곤혹스러운가. 블로그를 시작한 지 석 달 뒤 내 회사는 더 이상 그럴 필요가 없어졌다"고 그는 말한다. "블로그와 회사 웹사이트가 너무나 많은 요청을 받아서 우리는 새로운 고객을 찾아 나설 필요가 없었다. 그들이 알아서 제 발로 우리에게 온다. 블로그 활동을 시작한 직후 나는 심지어 강연회와 세미나에 초빙되기도 했다. 또 대학교 관계자들로부터 재학생들에게 강의해달라는 요청도 받았다." 그는 또한 블로그를 개설하고 싶은 리투아니아의 몇몇 기업 고객을 위한 컨설팅을 시작했다. 그리고 그는 '웹2.0' 세계에서 포지셔닝 전략을 작성하는 공간인 영어 블로그[14]를 운영하고 있다.

>> 지금, 무엇을 기다리는가?

블로그 시작하기에 관해 이야기를 나누어본 사람들은 모두 똑같은 것을 약간씩 다른 방법으로 말했다. 블로그 활동을 시작할 때 모두들 약간씩은 불편해했다. 그들은 자신이 바보 얼간이처럼 느껴졌다고 했다. 왜냐하면 문서화하지 않은 원칙들을 전혀 몰랐기 때문이다. 그들은 심지어 첫 번째 글을 싣는 버튼 누르기를 두려워하기까지 했다. 사실 우리 모두가 그랬다. 블로그에 뛰어들기 전에 편안한 마음을 가지려면 4장을 돌이켜보라.

당신은 우선 해당 분야에서 활발하게 활동하는 블로그들을 뒤따라 가야 한다. 이들 블로그에서 당신은 무엇을 좋아하는가? 무엇이 당신을 성가시게 하는가? 당신은 무엇을 다르게 할 것인가? 그런 다음 자신의 블로그를 만들어, 물에 첨벙 뛰어들기 전에 다른 이들의 블로그에 논평이나 댓글을 남겨봄으로써 발가락을 살짝 담글 수 있다. 자신의 블로그 활동 목소리를 실제로 시험해보라. 최종적으로 그것이 옳다고 느낄 때 자신의 블로그를 시작하라. 그리고 블로그를 시작했을 때, 내가 그것을 점검해볼 수 있도록 당신의 URL을 내게 보내 달라.

18장
팟캐스트와 비디오, 쉽고 잘 만들려면

>> **입체적인 마케팅을 원한다면**

　마케팅과 홍보를 목적으로 오디오 · 비디오 콘텐츠를 만들려면 이 책에서 개략적으로 설명한 다른 기법들처럼 적절한 주제에 주목해야 한다. 그러려면 삶의 한 측면 또는 당면 문제를 중점적으로 다루는 속 깊은 메시지로 개별 고객층들을 각각 표적으로 삼아야 한다. 그렇게 함으로써 당신의 조직을 더불어 일할 수 있는 현명하고 가치 있는 존재로 각인시킨다.

　블로그 활동 또는 보도 자료 보내기 같은 문서 자료에 기초한 콘텐츠와 달리, 소프트웨어뿐 아니라 오디오 및 비디오는 마이크와 비디오카메라 같은 추가적인 하드웨어 투자를 필요로 한다. 당신이 성취하고 싶은 수준까지 파일을 편집할 경우도 있다. 팟캐스팅과 비디오를 위한 실제 과정이 블로그를 시작하는 것보다 약간 더 복잡할지라도, 그것들이 결코 어려운 것만은 아니다.

>> 내가 만드는 팟캐스트 서비스

팟캐스트는 사람들이 정기적인 업데이트 자료를 받을 수 있게 해주는 예약 오디오 콘텐츠의 한 부분이다. 팟캐스트는 라디오 쇼와 같다고 생각하면 이해하기 쉽다. 방송분(에피소드) 각각을 컴퓨터 또는 아이팟(iPod, 디지털 오디오 플레이어) 같은 휴대 장치에 내려 받아 당신 편의대로 들을 수 있다. 팟캐스트 서비스를 시작하기 위해 필요한 장비는 몇 백 달러에서 1,000달러를 웃도는 전문가용도 있다. 덧붙여 외부 서버에 당신의 오디오 파일들을 담아두고 사용하려면 매달 일정한 요금을 내야 한다.

시작은 어떻게 하는가? "가장 중요한 것은 프로그램을 준비하는 것"이라고 존 월(John J. Wall)은 말한다. 그는 10분 뉴스, 대담, 그리고 연예 프로그램인 <엠쇼>[1]의 연출가이다. "당신이 즉흥적으로 말하는 것이 그다지 편하지 않다면 대본이 필요할 것이다. 대본을 준비할 때 그것은 더 세련되게 들릴 것이다." 나는 팟캐스트를 갖고 있지 않다. 하지만 라디오 프로그램과 팟캐스트에 자주 등장하는 게스트로서 그의 말에 동의한다. 좋은 프로그램은 인터뷰어가 다룰 소재를 잘 알고, 미리 준비할 수 있도록 몇몇 질문들을 보내주며, 특정한 부분에 초점을 맞출 때 나온다.

다음은 대본을 작성할 때 팟캐스트를 만드는 과정과 기술적인 이슈들을 소개한 것이다.

- '프로그램 준비'에는 그 프로그램을 위한 아이디어를 모으고 대본을 작성하는 일이 포함된다. 당신의 고객층에 관해, 그리고 당신이 논의할 수 있는 것 중 어떤 것이 그들의 관심을 끌 수 있는지 생각하라. 출연자를 인터뷰할 계획이라면, 그의 이름을 어떻게 발음하는지 확실히 알아두어라. 또 그의 직함, 관계는 물론 다른 정보가 정확한지 확인하라. 그의 사업 내용을 되풀이 선전해주는 것은 일반적인 일이다. 당신이 언급할 URL 또는 제품이 무엇인지 미리 알도록 하기 위해서이다.
- '컴퓨터 근방에 있을 때 기록하기'는 오디오물을 당신의 컴퓨터로 전달해주는 마이크로 수행된다. 당신의 팟캐스트를 만들어 내보이기 위한 접점(인터페이스)으로 캐스트 블래스터(CastBlaster)[2] 같은 팟캐스트 서비스 소프트웨어가 필요하다.
- 당신이 순회 리포터 일을 수행하고, 행사중인 사람들 또는 세계 곳곳에 있는 당신의 직원들을 인터뷰할 예정이라면 '휴대 기록 장치'가 필요할 것이다. 휴대 기록 장치는 '아이리버'[3]를 비롯한 몇몇 회사들이 만들고 있다.
- '전화 인터뷰'는 '텔로스 시스템즈'[4] 제품처럼 전화기로 연결되는 디지털 기록 전환 장치를 필요로 한다.
- '오디오 파일 편집'은 선택 사항이다. 당신은 그 파일들을 기록한 그대로 언제든 전송할 수 있다. 그 파일들을 정돈하려면 소규모―음, 어, 그리고 다른 군말 제거―또는 대규모―예를 들어 인터뷰의 마지막 5분 제거―로 편집할 수 있다. 많은 팟캐스트 운영자들은 다른 시간대에 기록했던 부분들을 한데 모아 편집해 프로그램

을 만들어낸다. 애플컴퓨터의 '개라지밴드'[5]는 전문 라디오 방송국 같은 많은 기능을 포함하고 있어서 편집 과정을 간단하게 해준다.

- '포스트 프로덕션(녹음 뒤 방영까지 이어지는 제작) 편집'은 때때로 배경에 깔린 에어컨 소음 같은 것을 없애기 위한 소음 제거 프로그램 운영 및 다른 시간대와 장소에서 기록된 부분들을 평평하게 골라 균형을 맞추기 위한 음성 압축 과정을 포함한다.

- '오디오물에 꼬리표 붙이기'는 중요한 단계인데, 사람들은 간과하거나 적절한 주의 없이 수행한다. 이 단계는 그 오디오물에 관한 텍스트(문서 자료)를 기반으로 한 정보를 덧붙이는 것을 포함한다. 사람들이 그것을 더 쉽게 찾을 수 있도록 하기 위해서이다. 이 정보는 검색 엔진과, 아이튠즈 같은 오디오물 배급 사이트들에 나타낸다. 당신의 꼬리표는 또한 청취자들의 아이팟 화면에 나타난다. 따라서 이 단계를 무시하거나 얼렁뚱땅 넘기지 말라.

- '운영 및 배급'은 당신의 팟캐스트 프로그램을 쉽게 확보할 수 있도록 하기 위해 필요하다. 팟캐스트 운영 업체인 '리버레이티드 신디케이션'[6] 같은 서비스들은 때때로 매우 거대한 오디오 파일들을 선보이고, 그것들을 아아튠즈 같은 배급망으로 통합한다.

- '프로모션', 즉 판매 촉진은 사람들이 당신의 팟캐스트 내용물을 확실하게 탐색할 수 있도록 하기 위한 필수 사항이다. 훌륭한 콘텐츠를 제공하기 쉬운 방법 중 하나인 인터뷰 프로그램을 제작하면, 모든 출연자들에게 그 프로그램으로 이어지는 링크, 즉 연결점을 꼭 제공하라. 많은 사람들이 자신이 등장한 그 프로그램의

판촉에 도움을 줄 것이다. 같은 영역 안에 있는 다른 팟캐스트들과 네트워크를 형성하고 싶을 수도 있다. 다른 팟캐스트들을 서로 판촉해주는 매우 짧은 무선 광고 방송은 고객층을 구축하기 위한 일반적이고 바람직한 방법이기 때문이다. 당신의 웹사이트에, 당신의 이메일 표시에, 그리고 사업용 명함 및 팸플릿을 포함해 당신의 오프라인 자료들에 당신의 팟캐스트로 이어지는 링크를 두는 것을 잊지 말라.(14장 참조.)

- '캠페인 블로그'는 각 프로그램의 콘텐츠를 논의하기 위해 거의 모든 팟캐스트 운영자들이 사용하는 핵심 요소이다. 캠페인 블로그를 확보하는 중요한 이유는, 그것의 텍스트가 검색 엔진에 의해 색인으로 분류되어 더 많은 사람들을 끌어들이고 그들로 하여금 팟캐스트 자료로 등록하게 한다는 점이다. 블로그는 또한 그 프로그램의 주인이 특정 프로그램의 콘텐츠에 관해 몇몇 단락을 쓰게 한다. 또 곧 등장할 출연자들의 블로그와 웹사이트로 이어지는 링크를 제공해준다. 그에 따라 사람들은 청취 전에 그 프로그램에 관한 분위기를 느낄 수 있다. 팟캐스트 서비스를 마케팅 도구로 이용하는 조직들 대부분은 사람들을 판매 과정으로 이끄는 장소로 팟캐스트 블로그를 또한 이용한다. 이때는 그 회사 사이트 또는 실물 선전이나 시범적인 제안으로 이어지는 링크를 제공하는 방법을 활용한다.

"당신은 채 한 달도 지나지 않아 새로운 팟캐스트를 적극 활용할 수 있다"고 윌은 말한다. "원리는 아주 간단하되, 다양한 하드웨어 및 소프트웨어 요소들을 이해하는 데에는 시간이 좀 걸린다. 하지만 커뮤니티는 매우 유용하다. 다른 팟캐스트 운영자들에게 당신이 새로운 프로그램을 갖고 있다는 사실을 확실하게 알려라. 그들은 발 빠른 무선 광고물과 더불어 서로가 서로를 자주 언급해준다."

>>오디오와 팟캐스트

'학생 대부 네트워크'[7]는 1998년께 생겨난 온라인 학생 대부 업체이다. 이 회사는 해마다 1억 5,000만에서 2억 달러를 빌려준다. 학생 대부 네트워크 사이트는 학생 대부 및 재정 지원으로 안내하는 탁월한 온라인 가이드이다. 그 회사는 재정 지원에 대한 조언과 학생 대부 서비스를 갖추고 학생과 부모들에게 직접 다가간다. 특히 흥미로운 것은 아이튠즈와, 다른 팟캐스트 배급 및 예약 서비스 업체들에서 일주일에 6일 동안 이용할 수 있는 '재정 지원 팟캐스트'[8]이다.

"우리는 언제나 온라인에서 경쟁력을 최우선으로 여긴다"고 크리스토퍼 펜(Christopher S. Penn)은 말한다. 그는 학생 대부 네트워크의 최고 전도사이자 '재정 지원 팟캐스트' 운영자이다. 그의 프로그램은 학생들과 일부 학부모들까지 도와준다. 신용 카드, 학생 관련 국제 이슈, 사적인 학생 대부, 장학금 같은 주제들을 다룬 프로그램을 통해 대학교 생활을 좀더 여유 있게 만들어주는 것이다. 그는 또한 젊은이들의 흥미를 불러일으키는, 재정 지원의 다른 측면들을 담은 방송 프로그램을 만들어낸다. 그 팟캐스트는 재학생에 대한 재정 지원 문제를 다룬 첫 사례이자, 역대 가장 인기 있는 프로그램이다. "현대 미국 사회는 돈을 위주로 움직이기 때문에 그것에 관해 더 많이 알수록 더 많이 보고 더 잘 이해하게 된다"고 그는 말한다. "돈, 경제학, 그 모든 소재는 너무나 중요하고 필수적이어서 반드시 이해해야 한다. 매일매일 팟캐스트 프로그램을 만들도록 나를 몰아대는 것이 바로 그 점이다. 매일 다른 작품이 잇따라 추가된다. 그에 따라 나는 나를 위해, 그리고 청취자들을 위해 세상을 어떻게 움직일지 좀더 잘 알게 된다."

그는 "재정 지원 팟캐스트 청취자는 우선 예비 대학생, 재학생, 졸업생들"이라고 말한다. "대학교 지원을 받는 인구층 모두 아이팟을 갖고 있다. 그리고 그것은 마케팅 도구인 팟캐스트 서비스를 위한 기틀이다." 그는 대부분 젊은 사람들인 고객층을 이해하기 때문에 진정성과 호소력 있는 방식으로 그들과 이야기를 나눌 수 있다. 펜은 그의 고객 인구층을 위해서는 팟캐스트가 가장 적절하다는 짐을 잘 알고 있다. 많은 이들이 이미 오디오 프로그램을 들으며 아이튠즈 계정을 갖고 있기 때문이다.

"팟캐스트 서비스는 블로그 활동처럼 인간적인 목소리를 지니기 때문에 훌륭한 마케팅"이라고 그는 말한다. "팟캐스트 프로그램들 대부분은 홍보 분위기를 띠지 않는다. 따라서 그 프로그램들은 인간적이라는 인상을 풍긴다. 이것이 흥미를 불러일으키는 이유는, 지금 마케팅 전략의 거대한 전환기를 맞고 있다는 사실이다. 1950년대 TV처럼 낡고 전통적인 광고 모델에서는 우리가 선보이고 당신은 '소비' 하는 방식이었다. 하지만 오늘날의 마케팅 모델에서는 우리가 선보이고 당신은 '반응' 한다. 그것은 내게 실제로 중요한 사람들로부터 오는 실질적인 피드백을 제공해준다. 나는 그들과 상호 작용할 수 있다."

펜은 회사의 마케팅과 소비자 서비스 사이에서 나타나는 연결 지점을 잘 알고 있다. 소비자 서비스는 훌륭한 마케팅처럼 실질적이고 진정성을 띠며 인간적인 목소리를 가질 필요가 있다고 그는 권한다. "더 이상 '노선 고수' 같은 것은 없다"고 펜은 말한다. "소비자 서비스는 더 이상 일방적인 질주가 아니라 대화 과정의 일부이다. 이제 블로그 활동과 팟캐스트 서비스에 뛰어들어 소비자들과 상호 작용하는 회사가 아니면 공룡처럼 여겨진다. 예를 들어 부동산 중개업자들이 비디오 팟캐스트를 활용하면 일을 훌륭히 수행할 수 있을 것이다. 하지만 그런 경우는 극히 드물다. 회사에 고객 서비스 부서를 두고 있다면 이런 식으로 마케팅할 필요가 있다."

펜은 그의 청취자에 관한 조사를 벌여 왔고, 그에 맞게 프로그램을 만들어 왔다. "팟캐스트 서비스는 시간에 따라 바뀐다"고 그는 말한다. "당신은 그것을 언제든지 들을 수 있다. 내 프로그램들은 모두 18분 내지 24분짜리이다. 미국인의 평균 통근 시간은 24분이고, 평균적인 미국인의 관심 집중 시간대가 18분이기 때문에 그렇게 맞추었다." 펜은 또한 경쟁에 관해 흥미로운 견해를 갖고 있다. 그는 다른 모든 팟캐스트 운영자들과 경쟁하고 있다고 말한다. 모든 청취자들은 하루 24시간만 갖고 있기 때문이라는 것이다.

펜은 그의 프로그램에서 URL을 언급하는 것이 청취자들을 학생 대부 네트워크 판매 과정으로 이끌어내기에 가장 좋은 방법임을 알게 되었다. 그러나 그 프로그램은 판매 광고 선전물이 아니라고 지적한다. "팟캐스트가 즉각적으로 일거리를 만들어내는 것은 아니다. 우리는 실질적인 도움을 주고 진정성을 띠었다. 우리는 사람들을 돕고 싶었다. 우리는 사람들에게 혜택을 주고 싶었다"고 그는 말한다. 하지만 회사가 해온 판촉 활동을 기초로, 펜은 팟캐스트 프로그램들로부터 직접 1,000만 달러를 웃도는 대부 실적을 올렸다는 사실을 알고 있다. "그것은 술값을 뛰어넘는 범위"라고 그는 말한다.

팟캐스트가 수백만 달러에 이르는 대부 실적을 거두는 데 도움을 줄 것이라고 누가 생각이나 했겠는가. 펜은 그의 고객층인 젊은이들이 활동적인 팟캐스트 청취자라는 사실을 확실히 깨달았다. 재정 지원 팟캐스트를 시작한 그의 결정은 옳았다. 많은 보상을 받은 것이다. 당신은 혹시 이와 비슷한 기회를 놓치고 있는 것은 아닌가?

>> 비디오와 고객들

비디오에 매우 적합한 제품 또는 서비스를 제공하는 조직들은 시장 관련 매체를 적극 활용하고, 그들의 제품에 관한 메시지를 전달한 선도자로 꼽힌다. 예를 들어 상당수 교회들은 늘 주간 예배 장면을 비디오로 촬영한다. 그리고 그것을 누구나 시청할 수 있도록 온라인상에 제공해 더 많은 사람들을 예배당으로 이끈다. 수많은 아마추어 및 프로 스포츠 팀, 음악가, 극단 그룹들 또한 비디오를 마케팅·홍보 도구로 이용한다.

웹 마케팅을 위해 비디오를 활용하는 '회사들'은 여전히 드물다. 비디오에 적합한 서비스를 갖고 있지 못한 조직들에게 비디오물은 블로그와 팟캐스트 서비스의 후순위로 밀려난다. 어떤 회사들은 일반적으로 영상물—보통 유튜브에서 선보이는 것—을 그들의 기존 블로그에 끼워 넣음으로써 실험해보고 있다. 기업 블로그들의 경우, 최고경영자의 연설이나 발 빠른 제품 시연회를 다룬 비디오 단편물이 이제야 간혹 눈에 띈다. 그러나 이런 것은 여전히 드물다. '개라지 테크놀로지 벤처스'의 설립자인 가이 가와사키(Guy Kawasaki)[9]는 그의 블로그에 이따금씩 오르는 비디오 작품을 활용해 훌륭한 효과를 거둔다.

그 같은 일에 새로 참여했든 아니면 몇 년 동안 웹 영상물을 제공해 왔든, 조직들은 여러 가지 방법으로 그들의 영상 콘텐츠를 고객의 컴퓨터 화면, 비디오 아이팟 위로 띄워준다.

- 영상물을 공유하는 사이트들에 우송하기 — 비록 다른 것들이 있지만, '유튜브'[10]는 웹에서 가장 인기 있는 무료 동영상 공유 사이트이다. 조직들은 비디오 콘텐츠를 유튜브에 보내고, 그 콘텐츠로 이어지는 링크를 사람들에게 보낸다. 또는 그것이 전염성을 띠고 퍼져 나가기를 희망한다. 간단한 영상물을 만드는 것은 쉽다. 디지털 비디오카메라 또는 휴대전화 및 유튜브 계정만 있으면 충분하다. 팟캐스트 서비스에서처럼 당신이 영상물을 더 전문적으로 만들기 위해 사용할 수 있는 다양한 질적 제고 및 편집 기법이 있다. 유튜브에서 이용할 수 있는, 감탄할 만한 영상물로 스미르노프(Smirnoff)의 '티파티' 비디오[11]를 예로 들 수 있다. 그것은 몇 대에 걸쳐 재산을 쌓은 뉴잉글랜드 사람들의 랩 같은 특징을 지닌다. 그것은 나와 같이 대학교에 다녔던 이들을 떠올리게 한다. 때문에 나는 그것을 몇 번씩 다시 보곤 했다. IBM은 '판매의 예술'[12]

로 불리는 아주 우스꽝스러운 3부작 연재물을 포함한 '마큐멘터리'(mockumentary. 사실 보도 속에 픽션 요소를 가미한 기록물)로 실험해 왔다. 그것은 〈오피스〉라는 TV 프로그램과 판매 훈련 영상물 사이의 교차로 같았다. 그리고 이들 기업 영상물의 전염성 요소들은 분명한 효과를 거둔다. 내가 여기서 당신과 함께 그 이야기를 나누지 않는가.

- 온라인 비디오 채널 개발하기 — 온라인 영상물 프로그램을 편성하는 회사들은 때때로 독특한 URL을 갖고 자신의 채널을 확보한다. 웨버 그릴스(Weber Grills)의 '웨버네이션' 웹사이트[13]가 그런 예이다.

- 유튜브에 몰래 끼워 넣기 — 어떤 회사들은 기업이 후원하는 영상물을 소비자가 만든 것처럼 가장해 유튜브에 슬쩍 집어넣으려고 한다. 유튜브 커뮤니티는 가짜 영상물을 가려내는 데 탁월한 기술을 갖고 있다. 따라서 이 접근법은 매우 위험하다.

- 블로깅(Vlogging) — '비디오 블로깅(video blogging)'의 약자인 이 용어는 사람들이 비디오 콘텐츠를 블로그에 끼워 넣을 때를 표현하는 말이다. 블로그의 텍스트 부분 콘텐츠를 영상물에 덧붙여 검색 엔진 마케팅을 돕는다.

- 보드캐스팅(Vodcasting) — 보드캐스트는 팟캐스트 같지만 비디오—아이튠즈 및 RSS 자료와 더불어 통합적인 구성 요소에 묶여 있는 비디오 연재물—를 아우른다는 점에서 차이가 있다. 예를 들어 BMW[14]는 주간 BMW에서 진행되는 것에 관한 2, 3분짜리 영상물을 연재한다. 그 회사는 세계 곳곳에서 벌이는 새로운 사업을

발표하기 위해 보드캐스트를 활용한다.
- 영상물을 제출하는 고객 커뮤니티 초청하기 — 이 기법은 멘토스를 비롯한 회사들이 전염성 마케팅에 대한 관심을 이끌어내기 위해 시도한 방법이다. 이들 회사는 소비자들이 단편 영상물을 제출하는 대회를 후원한다. 최고 작품은 보통 그 회사 사이트에 진열되고, 우승자는 상을 받는다. 어떤 경우, 우승한 비디오 작품은 TV에서 '실제' 상업 광고로 방영되기도 한다.

'소셜 미디어' 영상물을 제작하는 회사인 '코브랜디트'의 공동 창업자이자 전략·개발 최고 책임자인 오웬 맥(Owen Mack)[15]은 마케팅과 홍보를 목적으로 비디오를 이용하는 분야에서 개척자로 꼽힌다. 온라인 비디오의 초창기부터 그는 '퓨마'와 '파브스트 브루잉' 같은 회사들이 비디오 전략을 세우는 일을 도와주었다. "비디오는 블로그 활동 정신의 연장선에 있다"고 그는 말한다. "재미있는 이야깃거리를 갖고 있는가? 그렇지 않다면, 재미있는 것을 개발할 수는 있는가? 사람들이 당신에 대해 말하는 것을 알아야 하고, 그것과 어떻게 조화를 이룰 수 있는지 알아내야 한다. 투명성과 솔직함이 요구된다. 적절하게 잘 제작하면 그 영상물은 매우 흥미롭고 유용하다."

>>독창적인 비디오로 경쟁자 따돌리기

맥은 그의 관심과 전문성을 온라인 영상물에 쏟았다. '키친아트'[16]

제품을 홍보하는 비디오 콘텐츠 제작을 도와주기 위해서였다. 보스턴에 있는 키친아트는 그의 가족이 소유한 주방 제품 소매 업체이다. "우리 직원은 단지 네 명밖에 안 되지만, 우리는 블로그(Vlog. 비디오+블로그)를 출범시켰다"고 그는 말한다. "우리는 주방용 칼 사용법 같은, 우리가 판매하는 것들에 관한 시연용 비디오를 촬영한다. 우리가 사용하는 카메라는 300달러짜리다. 그런 다음 우리의 이베이 가게에 연결한다. 사람들은 그곳에서 물건을 구입할 수 있다. 이는 영상물을 이용하는 저렴한 풀뿌리 마케팅이다."

'키친아트를 위한 맥의 비디오'를 활용한 덕분에 그 작은 회사는 큰 업체들이 하지 않는 방법으로 정보를 제공할 수 있다. "우리 경쟁력은 주방용품 유통 업체인 윌리엄스-소노마 같은 곳에서 나온다"고 그는 말한다. "내가 더 나은 웹사이트를 만드는 방식으로 그들과 경쟁할 수는 없다. 그러나 나는 비디오로 일을 더 잘 할 수 있다. 웹에서 회사 기풍을 전달하고, 개성을 보여주며, 우리 제품들에 관한 지식을 알려줄 수 있다. 그것은 기본적으로 홈비디오이다. 그러나 우리는 제품들을 어떻게 사용하는지 보여주고, 그것들을 전시한다. 그에 따라 우리는 큰 업체들과 경쟁한다. 이런 방식은 싸게 먹힌다. 이베이 가게 및 관련 블로그 소프트웨어 비용은 한 달에 약 50달러밖에 안 된다."

키친아트는 온라인에서 100가지에 이르는 다양한 제품을 팔고 있다. 각 제품별 사용법은 비디오로 시연된다. "그것이 두툼한 돈다발을 안겨주지는 않는다. 그러나 비용을 거의 들이지 않는 비디오로 거두어들이는 판매 실적은 우리에게 엄청난 이익을 안겨준다."

맥은 효과적인 '마케팅 믹스'에서 영상물이 매우 중요한 요소라고 생각한다. "그것은 당신을 둘러싼 흥미롭고 매력적인 정보를 내보여준다. 브랜드가 크든 작든 상관없다"고 그는 말한다. "누구라도 그 일을 할 수 있다. 더 큰 회사들은 브랜드 애호가와 지지자들을 위한 브랜드 커뮤니티를 만들 수 있다. 영상물은 이런 방식으로 블로그의 쌍방향 대화를 확장시킨다."

웹에서의 오디오·비디오 콘텐츠는 마케팅·커뮤니케이션 담당자들에게 여전히 낯설다. 그러나 고객들에게 정보를 전달하는 힘은 새롭고 놀라운 매체를 이용할 때 훨씬 더 커진다. 그리고 당신의 라이벌이 여전히 '블로그에 글을 게재하는 것'을 이해하려고 시도하는 동안, 당신은 기존 블로그를 지렛대 삼아 새로운 오디오·비디오 세상 속으로 들어가 경쟁자를 멀리 따돌릴 수 있다.

19장
소셜 네트워킹 사이트와 마케팅

>> **더욱 활발해지는 소셜 네트워킹**

당신은 '인맥 구축', '커뮤니티 네트워크', 또는 '사회적 관계망' 등으로 불리는 '소셜 네트워킹'을 알고 있는가? 당신도 지금 소셜 네트워킹을 하고 있는가? 현재 마이스페이스, 페이스북, 프렌드스터, 쟁가를 포함한 소셜 네트워킹 사이트들의 인기는 놀랄 정도이다.

이들 사이트는 사람들이 자신의 프로필을 만드는 것을 쉽게 해준다. 사람들은 또 그것을 활용해 그들의 오프라인 친구들을 연계한 더 넓은 인적 네트워크를 형성하고, 온라인상에서 새로운 친구들을 만들어낸다. 시장 조사 기관인 '컴스코어 미디어 메트릭스'[1]에 따르면, 2006년 8월 현재 마이스페이스는 5,500만 명, 페이스북은 1,400만 명에 이르는 독특한 방문자들을 확보하고 있다. 물론 이들 사이트에 들어오는 모든 방문자들이 자신의 프로필을 만드는 것은 아니다. 그러나 프로필 하나를 만들어 사진, 일지, 영상물, 음악, 관심사를 친구들의 네트워크와 공유하는 이들이 수억 명에 이른다.

>>마이스페이스에서 나를 점검하라

이들 사이트에서 벌이는 마케팅에서는 신중해야 한다. 인적 네트워크를 형성하는 사이트들의 온라인 커뮤니티는 공개적인 상업성 메시지를 싫어하기 때문이다. 수용 가능한 마케팅·판매 촉진(프로모션) 활동은 보통 온라인상의 추종자를 끌어오고 확장하기 위해 온라인 소셜 네트워킹 형성 사이트에 특정한 페이지를 만드는 오프라인 같은 성격을 띤다. 록 밴드 회원들은 마이스페이스 페이지를 확보하는 것이 보통이다. 예를 들어 보스턴에 뿌리를 둔 록 밴드 '거스터'[2]는 이 책을 쓰고 있는 현재 8만 8,391명에 이르는 인적 네트워크를 지닌 인기 있는 마이스페이스 페이지를 갖고 있다.

독일 자동차 회사인 폭스바겐은 색다른 접근 방식을 써왔다. 폭스바겐의 마케팅 담당자들은 그 회사의 TV 광고 일부에 등장하는 캐릭터 '헬가'[3]를 위한 마이스페이스 프로필 페이지를 만들었다. 방문자들은 헬가가 좋아하는 것들—가솔린 냄새, 회전하는 기어, 기름이 타는 것, 요동치는 뱃속, 빨리 가거나 집으로 가는 것, 효율성—과 싫어하는 것들—얻어 타기, 속도 제한 장치, 주변 분위기를 파악하지 못한 채 반대 차선으로 달리는 사람들, 교통 체증—을 알게 된다. 사용자들은 헬가의 울리는 음색, 이미지, 강한 독일어 악센트로 만든 단편 영상 작품들을 내려 받을 수 있다. 헬가 마이스페이스 페이지는 매우 효과적이다. 헬가는 매우 뚜렷한 개성을 지닌 캐릭터이고 재미를 안겨 준다. 그렇다. 이것은 광고이다. 그러나 효과적이다. 그녀에게는 친구가 8,632명이나 있다. 헬가는 흥미롭고, 약간 엉뚱한—비록 꾸며낸 것임에도—온라인 캐릭터이기 때문이다.

현명한 비영리 조직들이 이용하는 또 다른 전술이 있다. 직원들이 개인 페이지를 구축해 자신들이 지지하는 주장의 세부 내용을 거기에 담아 퍼뜨리도록 자극하는 방법이다. 정치 후보 지지자들 또한 소셜 네트워킹 형성 사이트들에 특정 페이지를 만든다. 다른 모든 바람직한 마케팅 전략에서처럼 가까이 다가가고 싶은 사람들에게 맞는 올바른 콘텐츠를 만드는 것이 중요하다. 그리고 프로필을 담은 소셜 네트워킹 사이트를 선택하는 것을 출발점으로 삼는 것 또한 중요하다.

일부 사람들은 모든 소셜 네트워킹 사이트들에 페이지를 만들고 싶을지 몰라도, 이것은 필요하지 않을 것이다. 페이지들 각각에 맞는 사용자들이 따로 있을 것이기 때문이다. "훌륭한 소셜 네트워킹 사이트는 일반적으로 다른 사이트와 직접 경쟁하는 것처럼 보인다. 하지만 우리가 분석한 결과 사이트들 각각은 약간씩 다른 틈새를 차지하고 있다"고 컴스코어 미디어 메트릭스의 총괄 부사장인 잭 플래내건(Jack Flanagan)은 말한다. "마이스페이스닷컴은 전체 연령대에 걸쳐 매우 폭넓은 호소력을 띤다. 페이스북닷컴은 대학생들 사이에 틈새시장을 형성해왔다. 프렌드스터닷컴은 어른들에게 매력적인 편이다. 그리고 쟁가닷컴은 10대 젊은이들 사이에 특히 인기가 높다. 소셜 네트워킹 사이트는 10대들만을 위한 공간이라고 생각하는 것은 오해이다. 분석 결과는 소셜 네트워킹 사이트들의 호소력이 대단히 넓다는 것을 분명하게 보여준다."

　마케팅·홍보 목적으로 당신 자신을 거기에 드러내고 자신을 소셜 네트워킹 사이트에 선보이는 전략을 감안할 때, 진정성과 투명성이 중요함을 반드시 명심하라. 그 커뮤니티가 해당 페이지를 본래의 것과 다른 어떤 것으로 여기도록 속이려 하지 말라.(윤리에 관한 논의를 다룬 17장을 다시 읽어보는 것도 좋다.) 이들 커뮤니티 안에서는 돌발 사건들이 자주 일어난다. 예컨대 회원들이 판촉 활동을 하는 이들에게 거짓 프로필을 만들어주는 부류의 사기 행각을 폭로할 때이다. 당신은 추종자를 만들기 위해 마이스페이스 같은 커뮤니티 사이트들을 활용할 수 있다. 그러나 거스터 같은 밴드들과 폭스바겐 같은 회사들이 택했던 접근법이 가장 효과적이다. 당신의 제품을 쓰고 있을 사람들을 위한 얄팍한 거짓 프로필은 피하는 것이 좋을 것이다.

>> 지금 스퀴두를 하고 있는가?

　'스퀴두'[4]라는 또 다른 소셜 네트워킹 사이트는 개인들의 사적 프로필이 아닌, 틈새 주제에 관한 사람들의 전문성을 기초로 하고 있다. 스퀴두는 마케팅 담당자들이 온라인상의 존재를 쉽게 무료로 만드는 또 다른 길이다. 세스 고딘[5]이 주도한 스퀴두는 '온라인 렌즈'(전문적인 주제를 다루는 일종의 블로그) 주변에 개설되었다. 세스 고딘은 '요요단'—1998년 야후에 매각한—의 창업자이자 네트워크상의 1 대 1 마케팅인 '퍼미션 마케팅(Permission Marketing)' 창안자로 유명하다. 특히 그는 마케팅 분야의 베스트셀러인 《보랏빛 소가 온다(Purple Cow)》와 《작은 것이 위대하다(Small Is the New Big)》의 저자이기도 하다. 스퀴두는 한 주제에 대한 사람들의 전문성을 걸러내어 한 페이지 속에 집어넣는 통로이다. 흥미를 느낀 사람들은 특정한 주제를 다룬 렌즈를 점검해 재빨리 유용한 웹사이트들로 향한다. 렌즈를 만든 사람은 렌즈마스터이며, 그는 전후 맥락을 제공하기 위해 렌즈를 이용한다. "모두가 전문가"라고 스퀴두 사이트는 말한다. 그리고 스퀴두는 모든 이들로 하여금 그 전문성을 세상과 공유하도록 돕는다.

 렌즈는 도착지가 아니다. 그보다는 방문자들을 다른 장소로 데려다주는 가이드와 같다. 스퀴두의 '자주 하는 질문들(FAQ)'는 "그것은 시작하는 장소일 뿐 끝내는 장소가 아니다"고 말한다. 렌즈들은 한 주제에 관한 세부 내용을 제공하고, 블로그, 좋아하는 링크, RSS 자료, 사진 공유 사이트인 플리커 사진, 구글 지도, 또는 아마존 책 같은 다른 콘텐츠 쪽을 지목한다. 나는 이 책을 쓰는 지금까지 렌즈 다섯 개를 만들었다. 그러나 나 같은 렌즈 마스터에게 그 정도는 많은 것이 아니다. 각각의 렌즈를 만드는 데에는 두세 시간밖에 걸리지 않는다. 내 렌즈들은 내 블로그와 웹사이트로 이어지는 상위 다섯 개 참고 사이트에 여전히 올라 있다. 오로지 구글 같은 검색 엔진과, 내가 글을 기고한 잡지 및 마케팅 사이트들이 나를 위해 더 많은 트래픽을 발생시킨다.

 30년 경력을 자랑하는 자동차 전문 기술자 빈스 키울라(Vince Ciulla)는 '자동차 수리 · 고장 사냥터'[6]라고 불리는 인기 있는 스퀴두 렌즈를 개설했다. 이는 그의 메인 사이트[7]에 있는 콘텐츠로 안내해준다. '네트워크에 관한 모든 정보'의 일부인 이 메인 사이트는 9,000건에 이르는 질의응담을 포함해 2만 페이지를 웃도는 자동차 수리 콘텐츠를 제공한다. "많은 사람들이 스스로 수리하고자 한다. 그런데 웹사이트에서 특정 자동차에 관한 정보를 검색하기는 어렵다"고 그는 말한다. "자신의 자동차를 고치는 것은 사실 쉽다. 문제는 무엇이 잘못되었는지 알아내기가 어렵다는 것이다. 내 스쿼두로부터 이어지는 웹사이트와 링크는 사람들이 필요로 하는 정보를 무료로 제공한다. 예를 들어 브레이크 마스터 실린더를 어떻게 교체하느냐 같은 것이 있다. 나는 또한 크루즈 컨트롤, 즉 정속 주행 장치가 어떻게 작동하는지와 같은 것들을 설명해준다."

키울라의 사이트로 이어지는 트래픽 대부분은 검색 엔진들에서 비롯된다. 그러나 방문자들은 또한 스쿼두로부터도 온다. "최근에 점검한 결과, 내 홈페이지를 가리키는 검색 용어가 21만 개에 이르렀다"고 그는 말한다. 키울라는 그의 사이트에 실리는 광고로 돈을 번다. 특정한 자동차 수리 문제들을 그와 의논하고 싶은 이들을 전화로 상담해주는 일로도 돈을 번다. 그는 2,500건에 이르는 전화 유료 상담을 수행해왔다. 사람들이 온라인에서 그를 찾고 그의 전문적인 도움을 받은 데 따른 결과였다. "내 콘텐츠로 향하는 이용자를 더 많이 확보하기 위해 나는 통합 라디오 프로그램인 〈미국 자동차 쇼〉[8]에 고정 게스트로 출연한다. 그리고 나는 스쿼두 렌즈를 갖고 있다. 이것을 이용해 사람들을 '사이트에 관한 모든 정보' 코너로 끌어 모은다. 스쿼두 유지비는 그리 많이 들지 않고, 그것은 트래픽을 유발한다. 따라서 그것은 할 만한 가치가 있다. 나는 또한 자동차 수리 렌즈를 갖고 있는 다른 이들과 함께 스쿼두 그룹[9]을 꾸렸다. 우리들 중에는 하이브리드 자동차에 관한 정보를 제공하는 이들도 있다."

스퀴두는 일반 회사나 독립적인 컨설턴트들에게만 쓸모 있는 것이 아니다. 극빈자 구호 활동을 벌이는 젊은 전문가들이 시작한 비영리 조직인 '범지구행동재단' 사례를 보자. 이 재단은 다이아몬드 광산을 차지하려는 내전으로 인해 팔다리가 절단된 아프리카 시에라리온 사람들의 수술, 그들의 가족을 후원하기도 한다. 이를 위해 스퀴두 렌즈[10]의 도움을 받는다. 이뿐만이 아니다. 그 렌즈에는 이 재단의 도움으로 없애고자 하는 극빈자들 사진, 이 재단의 추진력인 젊은 의대생 존 다니엘 켈리(John Daniel Kelly)의 블로그로 이어지는 링크, 온라인 기부금을 끌어오기 위한 링크들이 포함되어 있다. 이 렌즈는 광범위한 콘텐츠를 통해 이 단체의 활동을 자세하게 알려준다. 그리고 그것은 사람들의 기부를 촉진시킨다.

≫소셜 네트워킹 페이지를 최적화하려면

마이스페이스, 스퀴두, 그리고 다른 소셜 네트워킹 사이트들에 특정한 페이지들을 만들었는가? 10장에서 얼개를 그려본 설계 과정을 따라오고 있는가? 그렇다면 이제 고객에게 직접 다가가고 목표를 달성하는데 도와주는 콘텐츠를 만들 차례이다. 이들 사이트들은 광고물이 아니다. 하지만 그 사이트들을 이용해 사람들을 구매 과정으로 이끌 수 있다. 예를 들어 거스터는 그 밴드의 최신 앨범, 순회공연 일정, 온라인 티켓 구매 방법으로 이어지는 링크를 갖고 있다. 다른 자동차 제조업체 사이트들로 이어지는 폭스바겐 링크, 광범위한 콘텐츠 페이지들의 조합으로 이어지는 빈스 키울라 링크, 방문자들이 기부할 수 있는 곳으로 연결되는 범지구행동재단 링크가 그런 예이다.

다음은 소셜 네트워킹 사이트들을 활용해 마케팅 효과를 최대한 끌어올리기 위한 몇 가지 아이디어들이다.

- 특정한 고객층을 표적으로 삼아라. 조직에 중요한 고객층에게 가까이 다가가는 페이지를 만들어라. 일반적으로 표적을 삼을 틈새시장을 먼저 생각하는 것이 더 낫다. 예를 들어 스스로 자동차를 수리하고 싶지만 무엇이 잘못되었는지 모르는 이들을 표적으로 삼을 수 있다.

- 선도 역량가가 되어라. 살펴보고 싶은 가치 있고 흥미로운 정보를 제공하라. 11장의 내용을 기억하겠지만, 당신의 제품들에 관해 주절거리는 것보다 시장 또는 고객 문제에 관한 당신의 전문성을 보여주는 것이 더 낫다.

- 진정성을 띠고 투명해져라. 다른 것을 흉내 내지 말라. 그것은 허울일 뿐이어서 거기에 빠져들면 당신 조직의 명성에 막대한 피해를 끼칠 수 있다. 당신의 어머니가 그것이 잘못이라고 말하면 아마 그럴 것이다.

- 많은 링크들을 만들어라. 자신의 사이트 및 블로그, 그리고 해당 분야 및 네트워크에 있는 다른 이들의 사이트로 연결하라. 모든 사람들은 연결되는 것을 좋아한다. 그것은 웹을 웹답게 만든다. 인적 네트워크를 형성하는 사이트로부터 자신의 자료로 확실하게 이어지게 해야 한다. 또한 다른 사람들의 사이트와 해당 시장의

콘텐츠로도 연결해야 한다.
- 당신과 접촉하도록 사람들을 자극하라. 온라인에서 사람들이 당신에게 접근하는 것을 쉽게 하라. 당신의 팬 메일을 개인적으로 쉽게 접촉할 수 있게 하라.
- 참여하라. 그룹을 만들어 온라인 토론에 참여하라. 온라인 조직가와 리더가 되어라.
- 당신을 찾는 일을 쉽게 만들어라. 당신의 페이지에 꼬리표를 달고 주제 디렉토리(자료방)에 당신의 페이지를 추가하라. 다른 사람들이 '딜리셔스'와 '디그'로 당신의 페이지를 웹 브라우저에 등록해 두도록 부추겨라.
- 실험. 당신이 새로운 것들을 시도할 수 있기 때문에 이들 사이트는 훌륭하다. 그것이 효과적이지 않다면 미세하게 조정하라. 또는 그 노력을 포기하고 새로운 것을 시도하라. 인적 네트워크를 형성하는 데 전문가는 따로 없다. 쉽게 말해 우리 모두는 지금 한창 배우는 중이다!

>>가상 세계의 마케팅, 세컨드 라이프

내가 웹 마케팅을 좋아하는 이유는 도구, 기법, 콘텐츠가 항상 진화하고 있다는 점이다. 이것은 과학이라기보다 예술이다. 또 고객들은 온라인에서 벌어지는 다양한 노력들에 즉각 반응함으로써 창조성을 덧붙여준다. 웹은 매우 빨리 변한다. 당신이 블로그에 글을 올리는 행위를 알게 되는 바로 그때 팟캐스트 서비스와 유튜브가 곧이어 등장한다. 그러나 새로운 일을 시도하는 데 열린 마음을 갖는다면 해당 분야에서 고객과 소통하기 위해 새로운 무엇인가를 이용하는 선도자가 될 수 있다. 바로 그 선두권에 선 블로그들은 틈새시장에서 여전히 큰 인기를 누리고 있다. 블로거들은 인기와 더불어 통찰력을 얻게 된다.

연구 조사 작업을 하고 이 책을 쓰는 과정에서 나는 온라인 가상 세계인 '세컨드 라이프'[11]에 매혹되었다. 세컨드 라이프는 거기에 온전히 거주하는 이들이 세우고 소유하는 3차원 세계이다. 하지만 이것은 게임이 아니다. 목표가 없고, 아무도 점수를 매기지 않기 때문이다. 여기에서는 매달 수백만 달러가 거래된다. 세컨드 라이프 세계에는 자체 생성되는, 내부 세계의 아바타를 이용하는 사람들이 늘고 있다. 물건을 구매하고, 판매하고, 다른 거주자들과 거래하며, 떼를 지어 돌아다니거나 채팅함으로써 사람들과 서로 영향을 주고받는다. 당신은 땅을 사서 가게나 회사를 차려 돈을 벌 수 있다. 이 글을 쓰는 현재 섬 하나에 1,200달러이지만 그 커뮤니티에는 땅값이 곧 오를 것이라는 소문이 돌고 있다. 사람들은 아바타용 옷, 가정 및 사업체용 예술품과 가구, 그리고 기본적으로 현실 세계에서 필요로 하는 것을 판매한다. 심지어 저속한 세계까지 있다는 점도 그다지 놀랄 일이 아니다. 당신은 반드시 상거래를 할 필요는 없다. 그저 여기저기 돌아다니거나 자주 출입하기만 할 수도 있다. 세컨드 라이프를 자세히 파악하는 가장 좋은 방법은 거주자가 되어 보는 것이다. 그것은 무료이다.

"3차원 웹 페이지인 세컨드 라이프를 상상해보라"고 챔프먼(C. C. Chapman)[12]은 말한다. 그는 세컨드 라이프에서 활동하는 마케팅 대행사

'크레용'의 마케팅 담당 부사장이다. "그것은 가상 세계이다. 많은 사람들이 그것을 보고 비디오 게임 같다고 말한다. 개인들은 자신을 대표하는 삼차원의 대리인을 창조한다. 당신은 집과 대학교 및 다른 현실 세계에 있는 것들의 복사판을 만들 수 있다. 마케팅 전략이라는 입장에서 볼 때 웹 페이지가 진화한 그 다음 단계이다. 그리고 사람들과 관계를 맺고 싶은 어떤 제품이나 서비스 또는 회사는 현실 세계와 더불어 세컨드 라이프에도 있어야만 한다. 예를 들어 캐나다 무선 통신 회사인 텔러스는 당신의 아바타를 위한 가상 휴대 전화를 판매함으로써 거기에 실재하고 있다. 할리우드 메이저 영화사인 유니버설은 뉴욕시의 주요한 상업 지구인 맨해튼의 고층 건물 꼭대기 층처럼 보이는 곳에서 연주회를 열었다. 당신은 유니버설 꼭대기 층에 가서 벽장 안의 생생한 자료를 보고 여기저기 거닐며 그 음악에 관해 다른 이들과 이야기 나눌 수 있다. 그리고 심지어 그 음악을 구입할 수도 있다. 그러나 음악 자료는 초기 화면에만 있다. 많은 브랜드들이 세컨드 라이프로 진입하고 있다. 많은 회사들은 단지 광고판에 자료를 올려놓은 채 내버려두는데, 그러지 말고, 여기저기 찔러보고 그 커뮤니티와 더불어 성장했으면 한다."

이 책을 쓰고 있는 지금은 세컨드 라이프가 여전히 낯설고 잘 알려져 있지 않지만 성장 속도는 괄목할 만하다. 이 글을 쓰는 시점과, 이 책이 서점에 깔리는 시점 사이에 그 인구가 네 배로 불어난다고 해도 놀랄 일이 아니다. 나는 단지 몇 달 동안 그 세계의 거주자로 살아왔다. 그 내부 세계에서 내 이름은 미어먼 헨리(Meerman Henry)이다. 당신이 우연히 나와 마주치면 "헤이!"라고 말하라. 이제 나는 신출내기라고 생각하지 않는다. 온라인 마케팅 담당자인 내게 절대적으로 매혹적인 것은 세컨

라이프에서 개업한 회사들이 급속하게 성장하고 있다는 사실이다. 세컨드 라이프에 있는 한 흥미로운 기업의 전진 기지에는 다음과 같은 것들이 포함되어 있다.

- 쌍방향 언론 매체인 시네트는 샌프란시스코에 있는 것과 같은 사무실을 세컨드 라이프에 열었다.
- 선마이크로시스템즈는 그들의 게임 개발자들과 더불어 일하는 공간을 확보하고 있다.
- 수잔느 베가(Suzanne Vega)는 세컨드 라이프에서 라이브 연주회를 열었고 다른 주요한 레코드 아티스트들이 이를 따랐다.
- 정신 건강 프로그램 '인피니트 마인드'[13]를 주도적으로 이끄는 존 호켄베리(John Hockenberry)는 세컨드 라이프에서 작가인 쿠르트 본네거트(Kurt Vonnegut)를 인터뷰했다.

현실 세계에서 기술력 뛰어난 사업체들이 선두로 뛰어들었다. 예를 들어 IT 기업들을 뒷받침하는 홍보 대행사 '텍스트100'[14]은 세컨드 라이프에 홍보 사무실을 갖고 있다. 그리고 고객들을 위해 기자 회견을 생중계한다. "우리는 가상 세계를 블로그, 위키, 소셜 네트워킹, 그리고 다른 온라인 모임들 같은 P2P(인터넷상 개인과 개인 간 파일 공유) 매체의 진화에서 나타날 다음 단계로 본다"고 게오르그 콜릅(Georg Kolb)은 말한다. 이사인 그는 텍스트100에서 P2P 매체 운영을 이끄는 지도자이다.

세계적인 통신사인 '로이터'[15]는 세컨드 라이프에 세계 처음으로 가상 편집국을 개설했다. 세컨드 라이프에서 '애덤 로이터(Adam Reuters)'

로 알려진 애덤 파식(Adam Pasick) 로이터 기자는 가상 사무소의 책임자로 일한다. "여느 기자처럼 나는 세컨드 라이프 사건들을 다루고, 거주자들을 인터뷰하며, 흥미로운 이야기들을 보도할 것"이라고 그는 말한다. "뉴스와 금융 보도에서 쌓은 로이터의 역량과 경험은, 세컨드 라이프에서 사업체를 어떻게 운영할지 의사 결정을 내려야 하는 수천 명에게 매우 높은 가치를 지닐 것이다. 그 뉴스가 무엇이든 로이터는 거기에 있으면서 그것을 다룰 것이다."

세컨드 라이프가 성장함에 따라, 점점 더 많은 마케팅·홍보 담당자들이 이 온라인 가상 세계가 그들의 조직에 어떤 의미를 지니는지 생각하게 될 것이다. "세컨드 라이프는 모든 사람들에게 새로운 것"이라고 카미 왓슨 휘세(Kami Watson Huyse)[16]는 말한다. 그는 온라인 홍보 대행사인 '마이 PR 프로' 사장으로, 매달 두 번째 목요일에 세컨드 라이프에서 만나는 커뮤니케이션 담당자들의 모임을 만들었다. "우리가 처음 만난 것은 비록 몇 개월밖에 되지 않았지만, 이전에는 세컨드 라이프에 없었던 것을 점검하기 위해 오는 많은 새로운 사람들로 항상 붐빈다. 우리는 그런 모임에 오는 기자들을 또한 확보하고 있다. 세컨드 라이프에 사는 사람들은 더 흥미로운 경험을 하고자 한다는 사실을 우리는 안다. 따라서 그런 경험을 늘려줄 수 있는 회사들이 성공할 것이다. 라이브 콘서트를 하는 팝그룹 '듀란 듀란'은 새롭고 신선하다. 그러나 그 밴드가 클럽을 열고 그 다음 그들의 로커 친구들이 한 달에 한 번씩 들어와 콘서트를 한다면 어떨까?"

인구 통계학상 세컨드 라이프의 초기 거주자들이 마케팅 담당자들에게는 꿈같은 존재이다. "자유주의 견해를 가진 독립적인 사상가에,

고등 교육을 받은 창조적이고 혁신적인 사람들이 있다"고 휘세는 말한다. "하지만 그것은 마케팅·홍보 전략과는 생소한 종류이다. 당신은 누구에게 팔고 있는가? 세컨드 라이프 아바타 또는 그 뒤에 숨어 있는 사람?" 다른 인종, 성, 그리고 나이 등등 당신의 아바타를 원하는 모양으로 만들 수 있는 세계에서 누구에게 판매하느냐는 무척 흥미로운 질문이다. 이 책을 읽어감에 따라 일반 대중은 세컨드 라이프에 관해 훨씬 더 많이 알게 될 것이다. 주요 경제 잡지들이 세컨드 라이프를 커버스토리로 다룬다고 해도 놀랄 일이 아니다. 블로그들이 경제 잡지의 표지에 올랐던 2005년을 기억해보라.

확실한 것은, 웹에서의 마케팅·홍보가 계속 빠르게 진화할 것이라는 사실이다. 성공은 실험에서 비롯된다. 세컨드 라이프—또는 그 다음 것이 무엇이든—같은 사이트들에서 볼 수 있듯이 처음에는 아무도 새로운 흐름을 알 수 없다. 현명한 마케팅 담당자들은 오직 직접 시도해봄으로써 성공을 거둔다. 예를 들어 로이터는 세컨드 라이프에 가상의 뉴스 사무소를 열었을 때 많은 기사들을 작성해 주류 언론과 블로그들에 공급했다. 그들은 단지 시험해보기 위한 수많은 이야깃거리를 갖고 있다. 어떤 새로운 매체로 성공을 거두는 비결은 거기에 참여하는 것이다. 행동하라! 당신이 어떤 소셜 네트워킹 사이트를 선택했든, 주저 없이 뛰어들어 자신이 할 수 있는 것을 찾아보라.

20장
주목받는 검색 엔진 마케팅

>> **검색 엔진에서 길을 찾다**

검색 엔진 마케팅은 주목할 만하다. 다른 형태의 마케팅과 달리 그것은 가로막기 기법에 의존하지 않는다. 내가 '낡은 원칙'의 마케팅이라고 불렀던 것과 가로막기를 기초로 한 광고 기법들을 떠올려보자. 앞에서 논의한 바와 같이, 낡은 원칙들은 TV 시청자들을 방해하도록 강요하고, 그들이 다른 채널로 옮겨 가지 않기를 바란다. 또는 사람들이 이메일을 분류할 때 자신의 메시지가 스팸 메일 박스로 가지 않았으면 하고 바란다. 잡지를 읽는 독자들을 방해하고, 그들이 향수 샘플에서 잠시 멈추기를 바란다. 요즘 광고는 고속도로를 따라 늘어선 표지판, 할인 매장의 쇼핑카트, 엘리베이터 안을 비롯해 어디에든 있다. 이런 가로막기 행태들은 소비자를 성가시게 할 뿐 아니라 지나치면 브랜드에 해를 끼치기까지 한다. 그것들은 점점 더 효과를 거두지 못하고 있다.

이제 검색 엔진을 이용하는 방법을 생각해보라. 이것은 표적 없이 무차별적으로 뿌리며, 가로막기를 기초로 한 광고와는 전혀 다르다. 당신이 어떤 문구를 집어넣은 뒤 검색 엔진에 나타나는 정보는 당신이 실제 보고자 하는 콘텐츠이다. 당신은 실제로 그것을 찾고 있다. 이는 마케팅 담당자들의 꿈을 현실화하는 것임에 틀림없다.

한번쯤 진지하게 생각해야 할 중요한 것이 있다. 이 책 전체는 검색 엔진 마케팅을 다루고 있다. 잠시 멈추어 그 점을 곰곰이 생각해보라. 이 책에서 윤곽을 그린 마케팅·홍보의 새로운 원칙들을 꾸준히 따라오면서, 당신은 환상적인 검색 엔진 마케팅 프로그램을 구축할 수 있게 되었다! 당신은 자신의 고객층들과 더불어 시작했다. 그 다음 특히 고객들이 사용하는 단어와 문구 속에서 그들이 직면한 문제를 언급하는, 고객들을 위한 콘텐츠를 구축했다. 그 다음 당신은 그들이 좋아하는 팟캐스트, 블로그, 전자책, 웹사이트 등 온라인 포럼들에 실려 있는 콘텐츠를 제공했다. 고객들을 위해 특별하게 설계한 이 훌륭한 콘텐츠는 검색 엔진들에 의해 색인으로 분류될 것이다. 그리고 그것으로 끝이다. 당신은 이미 훌륭한 검색 엔진 마케팅 프로그램을 확보한 것이다!

이 장에서 검색 엔진 마케팅 전략을 더 발전시키고 개선하는 방법을 설명할 것이다. 우선 기본적인 몇몇 정의부터 시작해보자.

- '검색 엔진 마케팅'은 고객에게 직접 다가가기 위해 검색 엔진을 이용함을 뜻한다. 여기서 검색 엔진은 해당 분야 또는 자신이 접근중인 사람들에 한정된 시장의 검색 엔진뿐 아니라 구글과 야후 같은 일반적인 검색 엔진들을 포함한다.

- '검색 엔진 최적화'는 예술이자 과학이다. 당신의 사이트, 블로그, 그리고 다른 온라인 콘텐츠에 있는 단어와 문구들이 검색 엔진들에 의해 검색되면 당신의 사이트가 검색 결과들에서 가능한 한 최고 순위를 받도록 해준다.
- '검색 엔진 광고'는, 사용자가 구매해온 품목의 특정 문구를 집어넣을 때 검색 엔진에서 광고를 볼 수 있도록 마케팅 담당자가 돈을 '지불하는' 것이다. 보통 이 광고는 특정한 검색 용어에 따라 자연스러운 검색 결과들 다음에 나타나는 작은 문서 광고 형태를 띤다. '구글 애드워즈'[1]와 '야후 검색 마케팅'[2]은 가장 널리 알려진 검색 엔진 광고 프로그램이다. 마케팅 담당자들은 키워드와 특정 문구들을 기초로 그들의 광고물이 나타나도록 노력한다. 그러면서 똑같은 일을 하는 다른 이들과 경쟁을 벌인다. 당신의 광고물은, 두 가지 주요한 요소를 고려하는 검색 엔진의 공식을 기초로 한 광고물 항목 속 어딘가에는 나타날 것이다. 두 요소 중 하나는 그 광고를 클릭하는 사람들 각각을 위해 입찰금을 얼마나 써낼지에 관한 것이고, 다른 하나는 당신의 '노출 대비 클릭 수'이다.

>> 검색 엔진을 최적화하라

내 경험으로 볼 때 사람들은 검색 엔진 마케팅을 자꾸 오해한다. 그것이 너무나 복잡한 것인 양 만드는 많은 검색 최적화 업체들이 있기 때문이다. 전부는 아니지만, 많은 관련 업체들이 문제를 키운다. 당신의 사이트 위에서 단지 키워드를 조작했을 뿐이면서 그로 인한 결과를 대단한 양 떠벌린다. 당신은 이들 허풍쟁이 판매원이 보낸 스팸 메일의 메시지들을 보았을 것이다. 나는 "최고 검색 엔진 순위 보장!" 같은 제목을 단 허황된 이메일 메시지를 수백 통이나 보아왔다.

많은 검색 엔진 마케팅 업체들은 좋은 평을 듣고 있다. 또 마케팅 프로그램들에 큰 가치를 추가해준다. 하지만 검색 엔진 마케팅을 개선하기 위한 가장 좋은 방안은 고객들을 위한 훌륭한 콘텐츠를 구축하는 데 초점을 맞추는 것이다. 검색 엔진 마케팅은 불가사의한 것이 아니고, 더구나 속임수는 절대 아니다.

검색 엔진 마케팅을 훌륭하게 만들 수 있는 많은 복잡한 작업들과 미묘한 뉘앙스는 여기서 다루기에 벅차다. 검색 엔진 마케팅을 수월하게 할 수 있도록 도와주는 훌륭한 도구들이 많이 있다. 특히 당신이 사용하는 URL, 당신의 콘텐츠 안에 있는 특정 단어들의 배치, 꼬리표, 메타데이터(다른 데이터를 설명해주는 데이터), 내부로 들어오는 링크, 그리고 다른 세부 사항들 같은 검색 엔진 알고리즘 요소들에 관해 알 수 있게 해준다. 이들 도구는 또한 10장에서 적절한 단어와 문구를 확인하는 방법에 관한 논의를 더욱 활발하게 해준다. 검색 엔진 최적화를 수월하게 이해하기 위한 첫 단계는 '검색 엔진 워치'[3]이다. 당신은 여기서 탐색할 만한 도구 및 활발한 온라인 모임들을 만나게 될 것이다. 아울러 나는 마이크 모란(Mike Moran)과 빌 헌트(Bill Hunt)가 공동 집필한 《검색 엔진 마케팅(Search Engine Marketing)》을 권한다. 검색 엔진 광고에 대해 더 배우려면 구글 애드워즈와 야후의 검색 마케팅 사이트들의 지침서와 FAQ 페이지들에서 시작하라.

≫고객을 감동시키는 검색의 롱 테일

　당신은 이미 검색 엔진 마케팅을 시도해보았을 것이다. 많은 마케팅 담당자들이 그랬다. 많은 조직들과 더불어 같이 일해 본 내 경험 속에서 볼 때 검색 엔진 마케팅 프로그램들은 자주 실패한다. 마케팅 담당자들이 표적으로 삼은 결과들을 충분히 만들지 않는 일반적인 키워드와 문구들을 믿고 낙관하기 때문이다.

　예를 들어 여행 사업에 종사하는 사람은 '여행'과 '휴가' 같은 단어들만으로 검색될 것이라고 낙관할지도 모른다. 내가 구글에 '여행'만 입력하면 1억 2,400만 건에 이르는 검색 결과를 만나게 된다. '여행' 같은 일반적인 단어와 문구들로는 그 엄청난 무더기에서 꼭대기에 오르기가 사실상 불가능하다. 그리고 설사 당신이 꼭대기에 올랐다고 해도 그것은 사람들이 찾고자 하는 것이 아니다. '광범위하고 일반적인 검색 용어들로 고객들에게 다가가려는 것은 비효율적이다.'

　검색 엔진 마케팅 프로그램을 만들 때 선택 사항이 있다. 한 가지 방법은 광범위하게 표적을 삼는 적은 숫자의 단어와 문구들에 낙관하고 그냥 그것으로 광고하는 것이다. 엄청나게 많은 클릭을 만들어내는 것을 시도하기 위해서이다. 이 접근법은 큰 그물을 싣고 바다를 항해하는, 물고기 한 종류만 찾는 데 쓰이는 예인 고기잡이배와 같다. 물론 한 번에 물고기 수천 마리를 잡지만 그것들 대부분은 버려진다. 그것은 매우 비싼 방법이다.

　진정한 성공은 고객이 찾는 콘텐츠로 직접 그들을 끌어오는 것에서 비롯된다. 몇 년 전, 나는 가족과 함께 코스타리카로 휴가를 가고 싶어 구글에 접속한 다음 '코스타리카 모험 여행'이라는 검색어를 입력했다. 나는 검색 결과들—자연스러운 검색 결과들과 광고물 양쪽 다—중 윗부분에 뜬 많은 사이트들을 점검했다. 그리고 호소력 있는 것으로 여겨지는 하나를 선택했다. 여행 일정을 설계하기 위한 몇몇 이메일을 주고받은 뒤 나는 수천 달러짜리 여행 상품을 예약했다. 몇 달 뒤 나는 열대우림 속에 사는 원숭이들을 구경하고 있었다. 이것이 사람들이 '실제로' 검색하는 방식이다.

혹시 당신은 코스타리카 모험 여행을 안내하는 사업에 종사하고 있는가? 그렇다면 '여행'이라는 일반적인 용어에 낙관하며 자원을 낭비하지 말라. 대신 '코스타리카 생태 여행', '코스타리카 열대우림 여행' 같은 검색 엔진 마케팅 프로그램을 운영하라.

가장 좋은 접근법은 사람들이 실제로 검색할 것 같은 수십, 수백, 심지어 수천 개의 '특정한' 검색 용어들로 구분된 검색 엔진 마케팅 프로그램을 만드는 것이다. 이 접근법은 개별적인 갈고리 수백만 개로, 당신이 찾는 다양한 고기를 잡기 위해 정확히 바로 그 시각에 표적을 겨냥한 미끼를 내미는 것과 같다. 당신은 갈고리들마다 고기를 잡지는 못할 것이다. 하지만 그렇게 많은 미끼를 단 갈고리들에 힘입어 질 좋은 고기를 많이 잡을 수 있을 것이다.

〉〉 나만의 검색 엔진 영역을 구축하라

지금까지 거의 논의되지 않았지만 매우 중요한 검색 엔진 마케팅의 또 다른 면이 있다. 그것은 검색 엔진을 통해 웹에서 찾기 쉽도록 상품과 회사 이름을 정하는 일이다. 새로운 회사의 이름, 제품, 책, 록 밴드, 또는 웹에서 사람들이 찾아보려는 또 다른 것을 고려할 때, 당신은 아이디어를 떠올리는 전형적인 과정을 거칠 것이다. 이들 이름이 듣기에 좋은지를 생각해보고, 그런 다음 그 아이디어를 저작권 및 상표권으로 보호할 수 있는지 알아볼 것이다. 나는 한 가지 더 중요한 단계를 제안하고자 한다. 고안된 이름으로 무엇이 떠오르는지 알아보기 위해 웹을 검색해야 한다. 비슷한 이름을 가진 경쟁 상대가 얼마나 있는지, 비슷한 이름을 가진 경쟁자가 다른 분야에 있는지 찾아보라. 누군가 당신의 책이나 밴드 또는 제품의 이름을 집어넣을 때, 원하는 정보에 곧바로 접근할 수 있어야만 한다.

예를 들어 나는 책 제목을 정하기 전에 그것이 다른 곳에서 사용하지 않는다는 사실을 웹에서 확인한다. 검색 엔진들에서 내 타이틀을 '확보하는 것'은 내게 중요하다. 《안구 전쟁(Eyeball Wars)》, 《콘텐츠로 돈 벌기(Cashing in with Contents)》, 지금 읽고 있는 이 책에 관해 검색하는 것은 내 책 또는 다시보기, 글, 그리고 그것들에 관한 논의를 진전시킨다.

많은 이들이 내게 이렇게 묻곤 한다. 내가 왜 전문적인 작품들에 내 중간 이름을 사용하는가? 사람들이 내게 허세를 부린다며 비난하도록 왜 자초했느냐는 것이다. 솔직히 나는 다소 허세를 부린다. 하지만 그것이 내가 중간 이름인 미어먼을 사용하는 이유는 아니다. 이유는 간단하다. 너무나 많은 '데이비드 스코트들'이 곳곳에 있다. 한 데이비드 스코트는 아폴로 15호의 주역으로 달 위를 걸었다. 철인 삼종 경기에서 여섯 번이나 우승한 데이비드 스코트도 있다. 또 다른 데이비드 스코트는 조지아 주 13번가 출신의 국회의원이다. 검색 엔진 최적화와 명료화라는 목적을 위해 나는 데이비드 미어먼 스코트가 됨으로써 수많은 데이비드 스코트들 중에서 두드러지게 드러나는 쪽을 택했다.

여기서 배울 점이 있다. 웹에서 검색되기를 원한다면 당신 자신, 당신의 제품, 당신의 회사를 위한 독특한 정체성이 필요하다. 무리에서 우뚝 서고 검색 엔진에서 두드러져 보이기 위해서이다. 마케팅에 써먹을 이름을 고려할 때, 검색 엔진에서 먼저 그것을 테스트해보라. 그리고 당신만이 가질 수 있는 뚜렷한 어떤 것을 확보하라.

>> 행동을 이끌어내기 위한 웹 랜딩 페이지

검색 엔진 마케팅에 관한 상세한 모든 것들을 다루지는 않을 것이다. 하지만 검색 엔진 마케팅 담당자들이 저지르는 흔한 실수 한 가지는 간단하게라도 반드시 다루고자 한다. 사람들 대부분은 엄청나게 많은 시간을 키워드와 문구 선택에 집중한다. 그것은 좋은 일이다!

그들은 또한 그 사이트를 최적화함으로써, 또는 검색 엔진 광고를 구매함으로써 그들의 조직이 그 문구들의 검색 결과에서 높은 순위를 차지하도록 뒷받침한다. 이 역시 좋은 일이다. 그러나 조직들 대부분은 랜딩 페이지를 구축하는 데 서툴다.

마지막에 든 사례를 다시 생각해보자. 내가 코스타리카 휴가를 계획할 때, 내가 입력한 문구에 따라 높은 순위를 차지한 많은 사이트들은 일종의 '미끼 상술'이었다. 나는 코스타리카 여행에 초점을 맞춘 정보를 얻고 싶었다. 그런데 대형 여행사, 항공사, 호텔의 일반적인 랜딩 페이지로 안내되었다. 고마운 일이지만 사양한다. 나는 그런 데 흥미를 느끼지 않는다. 나는 항공 노선이나 호텔 체인이 아니라 코스타리카에 대한 정보를 원했다. 따라서 단 1초 만에 빠져나왔다. 코스타리카 모험 여행에 관한 정보를 원했기 때문에 '코스타리카 탐험'[4]이라는 회사를 찾았다. 그리고 그 회사에서, 내게 유용한 정보를 담은 랜딩 페이지를 선택했다. 이는 훌륭한 검색 엔진 마케팅 프로그램을 실행하려면 랜딩 페이지가 수십 또는 수백 개 필요하다는 것을 뜻한다.

검색 엔진으로부터 당신의 사이트로 클릭해 들어온 사람들에게 정보를 주고 가르치는 특정 콘텐츠를 담은 랜딩 페이지를 구축해야 한다.

랜딩 페이지를 갖춘 마케팅은 표적 시장에서 읽히는 메시지를 갖춘 효율적인 방법이다. 더구나 아주 쉽고, 비용 면에서도 매우 경제적이다. 그리고 그것은 판매 사이클을 통해 움직이는 고객들을 잡기 위한 훌륭한 도구이기도 하다. 랜딩 페이지는 판매 대상으로 삼고 있는 특정 인구층에 맞게 '표적을 맞춘 메시지'를 펴내는 장소이다. 그리고 그것은 검색 엔진 마케팅에만 머무는 것이 아니라 다른 웹 마케팅 프로그램에서도 사용된다.

예컨대 랜딩 페이지는 웹사이트에서 언급된 특별한 제안들, 블로그 또는 전자책 같은 다른 콘텐츠 페이지에 실린 행동 지침들을 묘사하기에 안성맞춤이다. 랜딩 페이지는 또한 특정한 표적 시장에 대한 한 조직의 이야기를 전하는 데 매우 효과적이다. 신제품 판촉 활동을 하거나,

보도 자료로 사람들에게 더 많은 정보를 제공하는 데에도 효과적이다. 검색 엔진 최적화 같은 마케팅 프로그램은 단골손님이 될 듯한 사람의 주의를 끌도록 설계된다. 랜딩 페이지는 그 다음 단계에 있다. 고객의 주의를 끌어왔다면, 고객의 관심과 확신을 불러일으키고 발전시켜라. 판매 팀이 탁월한 판매 실적을 거둘 수 있도록 준비해 확실히 앞서가도록 하기 위해서이다. 제품을 곧바로 사도록 사람들을 전자 상거래 페이지로 향하게 하기 위해서이기도 하다.

짐작했겠지만, 효과적인 랜딩 페이지 광고 문안은 고객 입장에서 작성된다. 랜딩 페이지는 검색자들에게 추가적인 정보, 그 제안에 기초한 정보, 또는 그들이 클릭해 입력했던 키워드를 제공해야 한다. 성공을 거두는 많은 조직들은 랜딩 페이지를 수백 개나 확보하고 있다. 각 페이지는 관련 검색 엔진 마케팅 용어들의 특정한 조합에 잘 맞도록 되어 있다.

많은 조직들이 키워드를 구매하는 방식으로 검색 엔진 광고 프로그램에 엄청난 돈을 투자함으로써 모든 트래픽을 당신의 홈페이지로 보내는 실수를 하지 말라. 홈페이지는 많은 다양한 고객층을 섬기기 위해 필요하다. 이 때문에 거기에는 개별 검색 용어를 위한 충분한 정보가 있을 수 없다. 그 대신 다음과 같은 랜딩 페이지 가이드라인을 마음속에 새겨 두어라.

- '랜딩 페이지 카피는 짧게, 그래픽은 간단명료하게 만들어라.' 랜딩 페이지는 간단명료한 메시지를 전달하는 장소이다. 또 잠재 고객이 당신의 제안에 응답하도록 하는 곳이기도 하다. 너무 많은

것을 시도하지 말라.

- '당신 회사의 시선, 느낌, 분위기가 가득 풍기는 페이지를 만들어라.' 랜딩 페이지는 회사 브랜드의 연장이자 브랜드 자체이기도 하다. 따라서 그것은 사이트의 다른 부문들과 같은 목소리, 분위기, 스타일을 채택해야 한다.
- '잠재 고객의 시선으로 생각하고 작성하라.' 누가 그 랜딩 페이지를 찾아올지 주의 깊게 생각하고, 그 인구층에 맞는 광고 문안을 작성하라. 방문자들이 그 페이지에 대해 그들의 문제를 말하고, 또 문제 해법을 갖고 있다고 그들이 느끼기를 원한다.
- '랜딩 페이지는 광고가 아니라 소통이다.' 랜딩 페이지는 가치 있는 정보를 주고받는 장소이다. 광고는 사람이 랜딩 페이지를 클릭하게 한다. 하지만 일단 잠재 고객이 거기에 있으면, 랜딩 페이지는 고객에게 제안한 것의 가치를 주고받는 데 초점을 맞추어야 한다.
- '만족한 고객으로부터 따온 인용문을 제공하라.' 랜딩 페이지에 실린 간단한 감사장은 사람들에게 다른 이들이 당신의 제품 덕분에 기뻐한다는 것을 보여주는 데 매우 효과적이다. 감사장을 보낸 고객들의 이름, 적절하다면 그 이유까지 덧붙인 한 두 문장이면 충분하다.
- '랜딩 페이지를 독립적인 단위로 만들어라.' 랜딩 페이지의 목적은 잠재 고객으로 하여금 당신의 제안에 반응하게끔 하는 것이다. 그들에게 당신의 제품과 서비스를 팔기 위해서이다. 랜딩 페이지에서 트래픽을 잃어버리면 그런 반응을 결코 얻을 수 없을 것이

다. 따라서 랜딩 페이지를 웹의 특이한 장소로 만들고 중심을 이루는 웹사이트로 이어지는 링크를 제공하지 않는 것이 때로는 더 낫다.

- '행동에 대한 요청은 명료하게, 그리고 반응하기 쉽게 만들어라.' 앞으로 한 발 더 나아가기를 원하는 사람들을 위해 명료한 반응 메커니즘을 제공하고 있음을 확실히 하라. 등록하거나, 관심을 보이거나, 무엇인가 구입하는 일을 쉽게 만들어라.

- '행동을 이끌어내는 다양한 방식을 활용하라.' 특정인에게 어떤 제안이 호소력을 지닐지 미리 알 수는 없다. 따라서 한 가지 이상을 사용하는 것을 감안하라. B2B(기업 간 전자 상거래) 세계에서 당신은 똑같은 랜딩 페이지 위에 백서, 투자 수익률 계산표, 가격 인용 문구를 제안할 수도 있다.

- '오로지 필요한 정보만 요청하라.' 당신의 잠재 고객들에게 많은 자료를 요구하는 등록 방식은 사용하지 말라. 사람들은 그런 방식을 싫어해 지레 포기할 것이다. 최소한만 요청하라. 가능하면 이름과 이메일 주소 정도면 된다. 추가적인 정보를 요구하는 것은 응답 비율을 떨어뜨릴 것이다.

- '계속 추적하는 것을 잊지 말라.' 그렇다. 이제 행동으로 이어질 효과적인 요구 장치를 갖춘 훌륭한 랜딩 페이지를 갖게 되었다. 그리고 선도자들이 여기로 들어오고 있다. 바로 그것이다! 이제 기회를 놓치지 말라. 가능한 한 빨리 각각의 반응들을 지속적으로 추적하라.

>> 스칼라가 검색 엔진으로 성공한 비결

웹 전용 서버 솔루션인 '스칼라'[5]가 참여하는 시장은 너무 파편화되어 있다. 때문에 사람들은 심지어 그 제품의 범주를 무엇으로 부를지조차 의견이 분분하다. '디지털 도로 표지', '디지털 인스토어(점포 안의 점포) 판촉', '전자 디스플레이 네트워크', '전자 빌보드'를 비롯해 수십 개가 쓰인다. 그리고 이 시장의 잠재 고객들은 어떤 한 전시회, 잡지, 웹 포털에 모이지 않아 마케팅하기가 더욱 어렵다. 그런데 스칼라의 사장이자 최고경영자인 제라드 부카스(Gerad Bucas)는 바로 그 점을 좋아한다.

그는 고객들에게 가까이 다가가기 위해 검색 엔진 마케팅을 이용한다. "우리는 디지털 도로 표지 산업을 개척했다"고 그는 말한다. "우리가 제공하는 서비스는 소매점, 기업 커뮤니케이션, 공장 바닥, 그리고 다른 많은 다양한 사업을 지원하는 데 사용된다." 스칼라는 다양한 시장에서 대단히 많은 고객을 대상으로 삼기 때문에 명확한 의사 결정자가 없다. 소매점에서는 그것이 바로 마케팅 부문이다. 기업 내부의 커뮤니케이션에서 그것은 때때로 최고경영자 또는 인적 자원 부문이다. 그리고 그 회사는 크루즈선, 카지노 같은 많은 수직 계열 업체들과 거래한다. "이렇게 다양한 사람들에게 다가가기 위해 그 많은 곳들에 모두 광고할 수는 없다. 이 때문에 우리는 검색 엔진 마케팅에 집중적으로 초점을 맞춘 훌륭한 웹사이트에 의존한다."

똑같은 용어를 사용하고, 적절한 스칼라 페이지로 이어지는 산업적인 용어들을 포함하는 것이 중요하다고 부카스는 말한다. "사람들이 인터넷상에서 우리를 검색할 때, 우리는 그들이 찾고 있는 상위 검색 용어 30개 내지 40개를 지속적으로 점검한다"고 그는 말한다. "새로운 용어를 찾으면 우리는 이들 용어를 통합하는 콘텐츠를 작성한다. 그리고 그 용어가 더 중요해짐에 따라 우리는 콘텐츠 덕에 성장한다."

그에게 효과적인 검색 엔진 마케팅은 고객을 이해하고, 중요한 키워드와 문구들을 이용하는 필수적인 콘텐츠를 만드는 것이다. 그런 다음 검색 엔진들에 의해 색인으로 분류된 것들을 확보함을 뜻한다. "예를 들어 '디지털 도로 표지'는 우리의 검색 용어 중 하나"라고 그는 말한다. "우리는 그 결과물 중 꼭대기에 자리 잡기를 원한다. 우리는 또한 '디지털 표시' 같은 비슷한 문구들을 고민한다. 용어들 각각에 따라 다른 결과가 나타난다. 내게는 그것이 놀랍다."

스칼라 사이트에는 상세한 제품 콘텐츠, 고객 사례 연구, 디지털 도로 표지가 다른 분야에서는 어떻게 이용되는지에 관한 정보가 담겨 있다. "정식 보도 자료와 사례 연구들은 모두 검색 엔진들을 우리에게 연결시켜줄 것"이라고 그는 말한다. "사례 연구 및 보도 자료와 더불어 우리가 자주 사용하지 않는 어떤 문구들을 시장에 주입하고 있다. 그리고 그것이 검색 엔진과 더불어 부분적으로 롱 테일 결과를 불러일으킨다." 그는 검색 엔진을 사용하는 '선도 세대' 시스템을 갖고 있다. 고객을 랜딩 페이지로 이끌기 위해서이다. 그곳에서 트래픽은 그 회사의 재판매에 호응하는 선도자들로 이어진다. 이 시스템에서 그 회사는 무료 시제품 DVD[6] 같은 제안품을 통해 각 랜딩 페이지에 이름을 모은다. "우리가 지속적으로 새로운 선도자들을 주입시켜주기 때문에 재판매자들은 우리를 좋아한다"고 부카스는 말한다. "우리는 그들이 사업을 창출하도록 효과적으로 돕는다. 따라서 그들은 우리를 더없이 신뢰한다. 우리 파트너들은 선도 세대의 가치를 안다."

그에 따르면 4,000명을 웃도는 판매 선도자들을 항상 관리하는 선도 시스템은 잠재 고객들에게 이메일을 보냄으로써 판매 과정 안의 특정 지점들 간 소통을 자동화한다.

스칼라의 성공 사례는 제대로 실행된 웹에서의 콘텐츠 전략이 실제 어떤 제품을 찾고 있는 고객들을 랜딩 페이지로 이끌어올 것임을 잘 보여준다. "우리는 아주 빠르게 성장하고 있다"고 부카스는 말한다. "그리고 사업의 막대한 비중이 웹 선도자들로부터 비롯된다. 확실히 우리 사업의 50퍼센트 이상은 웹에서 나온다."

이 책에 제시된 아이디어들을 실행할 계획을 세운다면, 당신은 검색 엔진 마케팅을 하고 있는 것과 마찬가지이다. 고객을 이해하고, 특별히 그들을 위한 훌륭한, 색인으로 분류할 수 있는 웹 콘텐츠를 곧 만들 것이다. 최고의 검색 엔진 마케팅은 고객들에게 주의를 기울이고 그들을 이해하는 데에서 오는 것이지 의도적으로 조작하고 그들을 속이는 데에서 오는 것이 아니다.

당신이 훌륭한 콘텐츠 전략을 수립했다면, 효과적인 랜딩 페이지를 덧붙이고 검색 용어들의 롱 테일에 초점을 맞추어라. 그러면 다가올 몇 달 또는 몇 년 뒤에 좋은 결과를 만드는 훨씬 더 강력한 마케팅 자산을 확보할 것이다.

21장
지금 당장 시작하라

>> 온라인 마케팅, 나를 광고하라

여기까지 읽어준 데에 감사드린다. 내가 '마케팅과 홍보에 관한 새로운 원칙들'에 관한 세미나들을 주관할 때, 많은 사람들을 흥분시켜 거기에 나오게 하고 일을 키운 핵심 배경은 이렇다. 그들은 곧바로 블로그를 시작하거나 어떤 보도 자료들을 만들기를 원한다. 또는 그것들을 활용해 풍부한 콘텐츠를 갖춘 웹사이트를 만들 마케팅·홍보 계획을 작성하기 위해 고객층을 조사하고자 한다. 당신이 그렇다면 정말 훌륭하다!

하지만 내 세미나와 연설회에 참석한 청중들 중에는 늘 나와 성향이 다른 사람들이 있다. 그들은 다소 압도당한 듯한 느낌을 갖고 있다. 너무나 많은 정보, 더구나 날마다 새롭게 바뀌고, 그래서 더욱 낯설게 느껴진다고 그들은 말한다. 당신 역시 이 범주에 들어 있다면 이렇게 생각할지도 모르겠다. 이 책에 소개된 사람들은 너무나 복잡하고 시간을 잡아먹는, 당신이 열심히 달라붙는 것들을 잘 이해하고 있다고. 특히 매우 바쁜 일정이 있다면 더 그럴 것이다.

사실 우리 모두는 이미 재료를 갖고 있다. 이 책에 제시된 아이디어들을 실행하는 것은 일 부담을 늘리는 것을 의미하기도 한다. 하지만 여기 '마케팅과 홍보의 새로운 원칙들'에 관해서는 매우 훌륭한 점이 한 가지 있다. 이런 아이디어들을 부분적으로 실행할 수도 있다! 사실 누구도 여기에 있는 모든 아이디어를 실행할 수 있으리라고 기대하지 않는다. 나 또한 그 많은 것들을 실행할 수 있다고 생각하지 않는다. 그렇다. 나는 블로그를 갖고 있다. 또 그것은 내게 더없이 중요하다. 하지만 팟캐스트를 갖고 있지는 못하다. 또 원본 비디오물을 만들어 그것을 유튜브에 싣지는 못했다. 나는 단지 내가 할 수 있는 것과 내게 효과적인 일만 한다. 당신 또한 그렇게 하는 것이 좋다.

오프라인 마케팅 캠페인은 중대 발표를 하는 날짜로 이어지는 체계적이고 단계적인 접근법을 취한다. 따라서 직선 모양이다. 이와 달리 인터넷 웹은 거미줄(웹)이다. 당신은 웹에 언제든 추가할 수 있다. 그것은 반복적이지 직선이 아니기 때문이다.

당신 또는 당신의 조직 내 다른 사람들이 가장 최근에 했던 인쇄 광고물을 생각해보자. 모든 것이 완벽해야 한다. 철저한 교정은 물론 당신의 동료 또는 당신의 배우자로부터 전폭적인 승인을 받아야 한다. 또 광고 대행사와 인쇄업자, 그리고 무엇보다 많은 자금이 한데 뭉친 오랜 상담이 필요하다. 실패하면 목을 걸어야 했다. 따라서 세부 사항들에 사로잡힌다.

온라인 마케팅은 그와 전혀 다르게 수행해야 한다. 빠르게 실행할 수 있는 웹 콘텐츠 주도권과 더불어 사람들이 실시간으로 점검하도록 하라. 또 부단히 변화를 꾀하라. 온라인 프로그램을 만드는 것이 스트레스를 훨씬 덜 받는다. 당신에게 효과적이지 않은 웹 페이지를 만들었다면 그것을 바로 지워버릴 수 있다. 인쇄 광고나 다이렉트 메일 캠페인으로는 그것을 할 수 없다. 따라서 그 모든 것을 조정하고 모든 것이 첫 번째로 올라가도록 꾀하는 데 초조해 하기보다는, 이들 페이지에 있는 아이디어들을 '선택적으로' 실행하는 방법을 생각하는 것이 중요하다.

나와 같이 일했던 많은 조직들이 우선 고객층을 조사하는 것이 훌륭한 접근법임을 알게 되었다. 당신의 고객들이 읽는 발간물들을 읽고, 그들이 참여하는 웨비나에 참여하고, 인터넷 공간의 몇몇 블로그들을 읽고, 몇몇 고객을 인터뷰함으로써 당신에게 가장 적절한 웹을 기반으로 한 마케팅·홍보 주도권을 장악해 그들을 설득할 수 있을 것이다.

또 다른 어떤 이들은 중요한 시장을 겨냥해 표적을 맞춘 선도 역량 콘텐츠를 담은 몇몇 페이지들을 기존 웹사이트—홈페이지에서 비롯된 연결점과 더불어—에 덧붙이는 것이 가장 좋은 출발 자세라고 생각한다. 이 접근법은 사이트를 다시 설계할 필요가 없다는 강점이 있다. 표적을 맞춘 콘텐츠를 이미 갖고 있는 어떤 것에 '덧붙이는' 일로 충분하다. 쉽다. 그렇지 않은가.

여전히 남아 있는 또 다른 주요 단계는 해당 시장에 있는 블로그들을 읽고, 마음을 터놓으며, 자신만의 블로그 목소리를 이끌어내기 위해 그것들에 논평이나 댓글을 다는 일이다. 일단 편안하게 느껴진다면 그때 자신의 블로그를 만듦으로써 뛰어들 수 있다.

여기 좋은 소식이 있다. 당신은 곧바로 그 블로그 세계를 보여줄 필요가 없다. 당신은 암호로 그것을 보호할 수 있고, 우선은 몇몇 동료들과 그것을 공유할 수도 있다. 그런 다음 접근법을 살짝 바꾸어 최종적으로 암호 장치를 제거할 수 있고, 당신은 한발 떨어져 나온다. 중요한 것은 거기로 나아가는 것이다. 웹에서 당신이 보여주는 그것이 바로 당신 자신임을 잊지 말라.

>>웹은 누구에게나 효과적이다

당신이 가장 편하게 대할 수 있는 것이라면 어떤 형태든 당신의 조직은 웹 콘텐츠를 만드는 것으로 분명히 혜택을 보게 된다. 하지만 당신이 누구든 어떤 일을 하고 있든 전문적이고 개인적인 삶 또한 틀림없이 개선될 것이다. 이 책에 있는 아이디어들과 함께 행동하는 혁신가라면 틀림없이 확실하게 인정받을 것이다. 그리고 내가 알고 있는 많은 블로거와 팟캐스트 운영자들처럼 건강을 유지하는 혜택을 누릴 수도 있다. 블로그와 팟캐스트를 운영하는 것은 재미있는 일이다. 그리고 그것은 당신에게 기분 좋은 일이고, 당신의 아이디어를 세상에 선보일 수 있게 한다.

당신이 나와 같다면 오디오 또는 비디오 콘텐츠를 만드는 것보다 문서 작성을 더 좋아할 것이다. 하지만 문서 작성을 싫어해서, 고객들에게 직접 다가가기 위한 방편으로 훌륭한 팟캐스트나 보드캐스트를 만들어 온 사람들도 많다. 그리고 그것은 기업, 비영리 조직, 록 밴드, 정치 모임을 비롯해 모든 조직들에게 효과적이다. 당신이 종교인이거나 화가, 법률가, 또는 상담원, 아니면 판매 담당자나 부동산 중개업자라면 이렇게 말할 것이다. "내 일은 웹과는 아무런 관련도 없지 않은가. 그런데도 왜 내가 블로그 활동을 하고 팟캐스트를 만들어야 하지?" 내 대답은 이렇다. 당신은 표적을 맞춘 콘텐츠로 고객들에게 직접 가까이 다가갈 뿐 아니라 재미를 느낄 것이다. 웹은 모든 사람들을 위한 것이다. 단지 거대 회사들만을 위한 것이 아니다. 사실 내가 늘 좋아하는, 마케팅과 홍보의 새로운 원칙에 따른 성공 사례들 중 매우 이례적인 마케팅 담당자는 워싱턴 시에 있는 한 목사이다.

그의 교회는 전형적인 교회와는 거리가 멀다. 그는 교회 건물을 갖고 있지 않다. 대신에 그는 비디오 기술, 블로그, 팟캐스트, 웹을 이용해 온·오프라인 양쪽에 이야기를 풀어놓고 정신적인 공동체를 구축한다.

"교회는 사람들에게 다가가기 위해 기술을 활용해야 한다. 그것은 15세기에 구텐베르크가 인쇄기로 했던 일이기도 하다"라고 마크 배터슨(Mark Batterson)은 말한다. 그는 다기능 사이트 교회인 '전국 공동체 교회'의 선임 목사이다. '극장교회닷컴'으로도 알려져 있는 이 교회는 전통적인 예배당과는 전혀 다른 곳에서 일주일에 다섯 번씩 예배를 한다. "교회들 대부분은 자체 건물을 갖고 있다. 그런데 어떤 사람에게는 그것이 장애물일 수 있다고 생각한다. 그래서 우리는 극장에서 예배를 한다. 그리고 워싱턴 시 지역에 가장 큰 커피 하우스를 지었다."

이 교회가 두드러진 것은 배터슨이 기술과 웹 마케팅을 적극 수용하고 그것을 교회에 적용시키는 데에서 비롯된다. 극장교회닷컴 사이트[1]에는 풍부한 콘텐츠를 갖춘 웹사이트, 주간 예배 팟캐스트, 동기 부여 웹캐스트 시리즈, 비디오, 이메일 뉴스레터, 그리고 매우 인기 있는 배터슨의 '이보셔널 블로그'²가 포함되어 있다. "가장 훌륭한 메시지가 가장 훌륭한 마케팅을 이끌어낸다"고 그는 말한다. "나는 미국의 광고 거리인 매디슨 가와 할리우드가 메시지를 전달하는 데 매우 탁월하다는 점에 자극을 받았다. 우리도 설교 메시지를 전달하는 방법에서 똑같이 탁월해질 필요가 있다고 생각한다."

이 교회 참가자는 주말에만 평균 성인 1,000명을 웃돈다. 그들 중 70퍼센트는 20대 독신자들이다. "우리 교회는 20대에게 적합하기 때문에 20대를 끌어당기고 있다"고 그는 말한다. "우리의 핵심적인 가치는 진정성과 창조성이다. 우리가 예배를 보는 방식 속에서 그것은 자연스럽게 드러난다. 교회는 지구상에서 가장 창조적인 장소여야 한다고 생각한다. 중세 교회는 교회에 오는 이들―대체로 글자를 읽지 못하는―에게 복음 이야기를 전해주는 스테인드글라스를 갖고 있었다. 우리는 사람들에게 그 복음 이야기를 전해주기 위해 영화 스튜디오를 활용한다. 우리가 하는 일에 색을 덧붙이고 맛을 더하기 위해 비디오를 이용한다. 예수가 당대에 비디오를 갖고 있었다면 단편 영화를 만들었을 것이라고 나는 생각한다."

웹사이트, 팟캐스트, 온라인 비디오―예배 때 활용된 비디오뿐 아니라―에 대한 배터슨의 초점은 전국 공동체 교회 직원들이 '매체 목사', '디지털 목사', '소문 조정자'를 포함해 독특한 직업 타이틀을 갖고 있음을 의미한다. "우리는 진실로 올바른 목적을 위해 기술을 이용하려고 한다"고 배터슨은 말한다. "우리 웹사이트와 내 블로그는 이 교회로 이어지는 현관문이다. 그 사이트는 어떤 의미에서 가상의 장소이다. 우리는 예배당에 나오는 이들보다 팟캐스트를 듣고 웹 캐스트를 시청하는 이들을 더 많이 확보하고 있다. 따라서 그것은 사람들을 위한 훌륭한 시험 운행이다. 그들은 실제로 교회에 나오기 전에 교회에 와 있는 느낌을 가질 수 있다."

그는 워싱턴 시 지역을 훌쩍 넘어 여러 곳에서 온라인 명성을 누리고 있다. 전 세계 수만 명에 이르는 독자들이 그의 블로그를 따라온다. 그리고 그의 팟캐스트는 미국에서 가장 빨리 성장하는 교회 팟캐스트이다. 그는 2006년 10월에 《눈 내리는 날, 사자 굴에서(In a Pit with a Lion on a Snowy Day)》라는 책을 펴냈다. "나는 내 청중이 오스트레일리아에 있는 또 다른 목사, 인디애나에 있는 가정주부, 내 친구들, 그리고 워싱턴 시에 있는 사람들임을 글로 써서 알린다"고 그는 말한다. "내 블로그를 통한 마케팅은 강력하다. 예를 들어 지난주 나는 내 책에 관한 글을 블로그에 올려 내 블로깅 친구들에게 그에 관한 글을 게재하도록 요청했다. 책은 아마존 베스트셀러 44위에 올랐다. 그리고 아마존은 그날 그 책을 다 팔았다. 그들은 곧바로 1,000권을 더 주문했다."

교회들이 웹을 활용하는 방법에 관한 배터슨의 열정은 그의 블로그를 따르는 다른 교회 지도자들의 주목을 끌었다. "가장 강력한 마케팅은 '입소문(word of mouth)'과 '온라인 입소문(word of mouse)'이다. 감리교회를 설립한 존 웨슬리(John Wesley)는 말을 타고 40만 킬로미터를 여행했다. 그리고 설교를 대략 4만 번 정도 했다. 팟캐스트 덕분에 나는 마우스 클릭 한 번으로 그 많은 설교를 해낸다. 그것이 '온라인 입소문'이다. 그것은 웹의 독특한 매개체들을 뒷받침하는 일이다. 메시지는 변하지 않지만 매체는 변해왔다. 우리는 메시지를 내보내는 새로운 매개체를 지속적으로 찾아야 한다."

>> 이제, 당신이 나설 차례이다

웹 콘텐츠와 새로운 마케팅·홍보 원칙의 힘이 대단하지 않은가? 배터슨은 자체 건물 없이 블로그, 팟캐스트, 그리고 일부 비디오를 혁신적으로 활용해 유명한 종교 지도자가 되었다. 그는 베스트셀러를 펴냈으며, 수만 명에 이르는 헌신적인 온라인 추종자들을 거느리고 있다. 당신이 기독교를 믿든 그렇지 않든 상관없다. 다만 당신은 배터슨의 사업 수완, 그리고 고객들이 가까이 다가오게끔 하는 그의 방식에 많은 것을 배워야 한다.

당신 또한 그렇게 할 수 있다. 어떤 작업 라인에 있는지, 어떤 그룹에 다가가려는지 그것은 중요하지 않다. 표적 고객층에게 직접 다가가기 위해 웹의 힘을 이용할 수 있기 때문이다.

수많은 독자들, 컨설팅 고객, 그리고 내 세미나에 참석했던 이들은 여전히 예전의 원칙이 옳다고 말한다. 광고에 많은 돈을 쓸 필요가 있다고 그들은 말한다. 그들은 유일한 홍보 방법은 언론 매체에서 당신에 관해 기사를 쓰도록 하는 것이라고 말한다. 이제 그들이 틀렸음을 알았을 것이다. 혹시 이 글이 아직 당신에게 믿음을 주지 못했는가? 그렇다면 이 책에서 소개한 50여 명의 혁신가들이 당신에게 확신을 줄 것이다. 계속 앞으로 나아가라. 이 책에서 만났던 이들처럼 직접 한 발 앞으로 나아가 그런 일을 하라!

주석

1장

1 http://www.fordvehicles.com/
2 http://www.chrysler.com/
3 http://www.gmbuypower.com/
4 http://www.askdrz.com/
5 http://www.carspace.com/
6 http://sethgodin.typepad.com/seths_blog/2006/01/nonlinear_media.html

2장

1 http://www.cervelo.com/
2 http://www.vortexracing.com/
3 http://www.thelongtail.com/about.html
4 http://www.concretenetwork.com/
5 http://www.concretenetwork.com/contractors/
6 http:// http:www.concretenetwork.com/photo_library/patios.htm

3장

1 http://www.futurenowinc.com/
2 http://www.cattobark.com/
3 http://persuasion.typepad.com/architect/
4 http://www.grokdotcom.com/
5 http://www.prweb.com/
6 http://www.seroundtable.com/archives/004013.html
7 http://www.cre8pc.com/blog/2006/06/do-we-even-want-to-persuade-website.html
8 http://www.ducttapemarketing.com/weblog.php?id=P639
9 http://www.mikegrehan.com/2006/05/emetrics-summit-2006-one-of.html
10 http://www.golf-trainer.com/
11 http://www.performbettergolf.com/blog/
12 http://www.golfonline.com/golfonline/fitness
13 http://wine-storage.blogspot.com/
14 http://www.le-cache.com/about-le-cache/le-cache-restaurants.cfm

15 http://dat.erobertparker.com/entrance.asp

4장

1 http://www.webinknow.com/
2 http://www.freerepublic.com/focus/f-news/1210662/posts?page=47#47
3 http://littlegreenfootballs.com/weblog/?entry=12526
4 http://www.powerlineblog.com/
5 http://fannick.blogspot.com/
6 http://technorati.com/
7 http://draftmarkwarner.com/
8 http://www.draftmarkwarner.com/blog.html/
9 http://groups.yahoo.com/group/DraftMarkWarner/
10 http://draftmarkwarner.meetup.com/
11 http://www.epolitics.com/
12 http://csr.blogs.mcdonalds.com/default.asp
13 http://www.swaynewilson.com/wordpress/
14 http://www.alacrablog.com/

5장

1 http://www.micropersuasion.com/2006/01/directtoconsume.html
2 http://www.prsa.org/
3 http://www.onlinecommunicators.org/
4 http://www.iaocblog.com/blog
5 http://www.smpevent.com/
6 http://Webex.com/Webex/press-Webex.html
7 http://news.google.com/
8 http://www.prnewswire.com/
9 http://www.Weboffice.com/go/bigdig/

6장

1 http://www.eclecticmix.com/
2 http://musicface.com/uncleseth/
3 http://www.jambands.ca/
4 http://digg.com/
5 http://revision3.com/diggnation

7장

1 http://www.sysinternals.com/blog/2005/10/sony-rootkits-and-digital-

rights.html
2 http://it.slashdot.org/article.pl?sid=05/10/31/2016223&tid=172&tid=158
3 http://www.npr.org/templates/story/story.php?storyId=4989260
4 http://blog.sonymusic.com/sonybmg/archives/111505.html
5 http://www.sonysuit.com/
6 http://www.nikonians.org/dcforum/DCForumID202/15453.html#1
7 http://forums.dpreview.com/forums/readflat.asp?forum=1021&thread=16962271&page=1
8 http://www.collectspace.com/
9 http://www.abanet.org/soloseznet/
10 http://www.wikipedia.org/
11 http://www.alacrawiki.com/

8장

1 http://eepybird.com/
2 http://www.alexa.com/
3 http://us.mentos.com/
4 http://www.goldenpalaceevents.com/auctions
5 http://www.outsellinc.com/
6 http://www.warnerpr.com/

9장

1 http://www.nrdc.org/
2 http://www.nrdc.org/badges/biofuels.asp
3 http://www.squidoo.com/globalwarmingprimer
4 http://www.nrdc.org/wildlife/marine/sonar.asp
5 http://www.nrdc.org/onearth/shared/podcast.asp
6 http://www.textron.com/
7 http://www.bellhelicopter.textron.com/
8 http://www.cessna.com/

10장

1 http://www.buyerpersona.com/
2 http://www360.shareholder.com/home/Solutions/Whistleblower.cfm
3 http://www.gatorade.com/
4 http://www.pleoworld.com/
5 http://www.demo.com/demonstrators/demo2006/63039.php
6 http://www.shiftcomm.com/

7 http://www.engadget.com/2006/02/06/ugobes-pleo-dino-bot/
8 http://mypleo.blogspot.com/
9 http://pleobot.com/
10 http://www.pleo-toy.co.uk/

11장

1 http://www.strategycentral.org/
2 http://www.writingwhitepapers.com/
3 http://www.techtarget.com/
4 http://www.knowledgestorm.com/
5 http://www.ecnext.com/
6 http://pbwiki.com/
7 http://www.internetviz-newsletters.com/cincom/
8 http://www.pragmaticmarketing.com/Blogs/index.asp
9 http://www.pragmaticmarketing.com/productmarketing/survey/2006/index.asp

12장

1 http://www.factiva.com/
2 http://corporate.disney.go.com/corporate/overview.html
3 http://www.Webinknow.com/2006/10/the_gobbledygoo.html

13장

1 http://www.nypl.org/
2 http://www.demop.com/
3 http://www.google.com/intl/xx-elmer/
4 http://www.accenture.com/
5 http://www.netflix.com/RSSFeeds
6 http://www.sugarcrm.com/crm/
7 http://www.sugarforge.org/
8 http://www.sugarcrm.com/forums/
9 http://www.sugarcrm.com/wiki/

14장

1 http://www.dbadirect.com/
2 http://www.ccnmattews.com/
3 http://www.cruisecompete.com/
4 http://www.cruisecompete.com/specials/holiday/chrismas_cruises/1

5 http://www.allisonandtaylor.com/
6 www.pr-squared.com

15장

1 http://www.thefuelteam.com/
2 http://www.mediaroom.com/
3 http://www.intel.com/intel/rss.htm

16장

1 http://www.newstex.com/
2 http://gizmodo.com/
3 http://www.shore.com/

17장

1 http://www.thecorporatebloggingbook.com/
2 http://www.kansasfamilylawblog.com/
3 http://technorati.com/weblog/2006/11/161.html
4 http://www.womma.org/blogger/
5 http://www.blogger.com/start
6 http://www.typepad.com/
7 http://wordpress.org/
8 http://www.apolloartifacts.com/
9 http://www.feedburner.com/fb/a/home
10 http://www.feedblitz.com/
11 http://watanabeyukari.weblogs.jp/
12 http://www.cablog.com.au/
13 http://www.pozicionavimas.lt/
14 http://www.positioningstrategy.com/

18장

1 http://www.themshow.com/
2 http://www.castblaster.com/
3 http://www.iriver.com/
4 http://www.telos-systems.com/
5 http://www.apple.com/ilife/garageband/
6 http://www.libsyn.com/
7 http://www.studentloannetwork.com/
8 http://www.FinancialAidPodcast.com/

9 http://blog.guykawasaki.com/
10 http://www.youtube.com/
11 http://www.youtube.com/watch?v=4y4-5Zouvjs
12 http://www.youtube.com/watch?v=MSqXKp-00hM
13 http://www.webernation.com/default.aspx
14 http://vodcast.bmw.com/
15 http://cobrandit.com/
16 http://www.kitchenarts.biz/

19장

1 http://www.comscore.com/
2 http://www.myspace.com/guster
3 http://www.myspace.com/misshelga
4 http://www.squidoo.com/
5 http://sethgodin.typepad.com/
6 http://www.squidoo.com/autorepair_diagnostics/
7 http://www.allinfoaboutautorepairs.com/Home.html
8 http://www.americascarshow.com/
9 http://www.squidoo.com/groups/Auto_Repair
10 http://www.squidoo.com/GlobalAction/hq
11 http://secondlife.com/
12 http://www.cc-chapman.com/
13 http://theinfinitemind.com/
14 http://www.text100.com/
15 http://www.reuters.com/
16 http://overtonecomm.blogspot.com/

20장

1 http://adwords.google.com/
2 http://searchmarketing.yahoo.com/
3 http://searchenginewatch.com/
4 http://www.costaricaexpeditions.com/
5 http://www.scala.com/
6 http://www.scala.com/demodvd/

21장

1 http://theaterchurch.com/
2 http://www.evotional.com/

감사의 말 >>>

우선 솔직하게 털어놓을 것이 있다. 나는 컨설팅 일을 하고, 그와 관련된 세미나를 주관하며, 내가 책으로 출간할 세계적인 유료 강연회를 주관한다. 이 때문에 불가피하게 이해 충돌이 발생한다. 내 블로그와 강연회뿐 아니라 이 책에서 논의한 일부 조직에도 내 친구들이 있다. 또 나는 세미나를 주관하거나 이 책에서 언급한 몇몇 회사들을 위해 상담을 벌여 왔다.

다음에 열거하는 이들에게 특별히 깊은 감사의 뜻을 전하고 싶다.

- 팟테크닷넷의 매체 개발 담당 부사장이자 《솔직한 대화》의 공동 저자인 로버트 스코블(Robert Scoble, http://scobleizer.com/).

- 《E콘텐츠》(http://www.econtentma.com/)의 편집인인 미첼 매너피(Michelle Manafy)의 지성과 유머에 감사드린다. 그는 내 저작을 고무시키고 그것을 다양한 방식으로 개선시켜주었다.

- 고객층 분석 분야의 세계적인 전문가인 아델르 레벨라(Adele Revella, http://www.buyerpersona.com/). 그는 판매자가 아닌 소비자 입장에서 전개하는 마케팅 방법과 관련해 내게 많은 조언을 아끼지 않았다.

- 창조적인 글쓰기를 할 수 있는 곳으로 보스턴의 독립 센터인 그럽 스트리트(http://grubstreet.org/). 이곳은 내게 든든한 지원 공간(커뮤니티)을 제공해주었다.

- 이 책에서 내가 시도하고자 한 것을 즉각 이해해준 워터사이드 프로덕션(http://www.waterside.com/), 내 대행사의 빌 글래드스톤(Bill Gladstone)과 밍 러셀(Ming Russell).

- 웹 세계의 책 발간 사업에 관한 애트 윌리(At Wiley, http://www.wiley.com/)와 조 위커트(Joe Wikert, http://jwikert.typepad.com/)의 충고에 감사한다. 로리 세이드-머턴스(Lori Sayde-Mehrtens)는 마케팅과 홍보의 새로운 원칙들이 발행인과 저자들에게 어떤 혜택을 줄지 비전을 제시해주었다. 그 프로젝트에 관한 매트 홀트(Matt Holt)와 그의 동료들의 끊임없는 열정에 경의를 표한다.

- 카일 매튜 올리버(Kyle Matthew Oliver)는 초안 상태에서 단어 하나하나를 읽고 세심한 충고와 실질적인 제안으로 그것을 다듬어주었다.

- 리안 패치(Ryan Patch)는 이 책에 나오는 많은 흥미로운 사례 연구들을 확인하는 데 도움을 주었다.

- 마케팅 교육에 대한 상식적인 접근법을 보여준 스티브 존슨(Steve Johnson), 필 마이어스(Phil Myers), 프래그매틱 마케팅 팀(http://www.pragmaticmarketing.com/)에 감사한다.

- 데이비드 맥기니스(David McInnis, http://www.davidunleashed.com/). PR웹의 최고경영자인 그는 그 세계에서 고객에게 직접 다가가는 보도 자료의 힘을 이해한 초창기 멤버였다. 강력한 이 마케팅 도구를 사람들에게 교육시키기 위해 나와 함께 일했다.

- 마크 레비(Mark Levy, http://www.levyinnovation.com/)는 선도 역량 전략가는 무엇을 하는지 내게 보여주었다.

- 핸리 우드 마케팅(http://www.hanleywood.com/)의 빈스 지오르지(Vince Giorgi). 콘텐츠 마케팅에 관한 그의 열정에 경의를 표한다.

- 지원, 대화는 물론 아이디어를 제공해준 미디어블로거협회, 소셜미디어클럽, 국제온라인커뮤니케이터협회, 전국대변인협회, 그리고 소프트웨어 · 정보산업협회 회원들에게 감사드린다.

다음에 소개하는 사람들은 내 질문에 친절하게 답해주었다. 그리고 이들의 생각은 이 책에 반영되었다.

- 데이비드 햄(David Hamm), http://marcommsblog.com/

- 마이크 레빈(Mike Levin), http://www.hittail.com/blog/

- 토드 반 후시어(Todd Van Hoosear), http://topazpartners.blogspot.com/

- 마크 에핀저(Mark Effinger), http://www.richcontent.com/

- 데이브 아몬(Dave Armon), http://www.prnewswire.com/

- 브리튼 매내스코(Briton Manasco), http://www.brittonmanasco.com/

- 조던 베핸(Jordan Behan), http://www.telltenfriends.com/blog/

- 네티 하트삭(Nettie Hartsock), http://www.allbusiness.com/marketing/public-relations/2975292-1.html

- 존 해븐즈(John Havens), http://podcasting.about.com/

- 스티브 스미스(Steve Smith), http://www.minonline.com/

- 멜라니 서플라이스(Melanie Surplice), http://surpliceofspin.blogspot.com/

- 네이트 윌콕스(Nate Wilcox), http://www.forwardtogetherblog.com/

- 이안 윌커(Ian Wilker), http://www.nrdc.org

- 빅토리아 캠벨(Victoria Campbell), http://www.auroraauctions.com/

- 코디 베이커(Cody Baker), http://choosemyname.blogspot.com/

- 다이애너 허프(Dianna Huff), http://www.marcom-writer-blog.com/

- 브라이언 캐롤(Brian Carroll), http://blog.startwithalead.com/

- 켄 닥터(Ken Doctor), http://contentbridges.typepad.com/

- 조나단 크랜츠(Jonathan Kranz), http://www.kranzcom.com/kranzblog.html

- 배리 그라우바트(Barry Graubart), http://www.contentmatters.info/content_matters/

- 스티브 오키프(Steve O'Keefe), http://www.patronsaintpr.com/

- 테드 데몬포울로스(Ted Demonpoulos), http://www.demop.com/thetedrap/

- 데비 웨일(Debbie Weil), http://www.blogwriteforceos.com/

- 폴 길린(Paul Gillin), http://www.paulgillin.com/

- 매트 로흐만(Matt Lohman), http://www.knowledgestorm.com/

나는 또한 수백만에 이르는 블로거들에게 진심으로 감사드린다. 그들은 블로그에 글을 쓰거나 내 블로그에 지적이고 글을 남겨줌으로써 마케팅과 홍보의 새로운 원칙들에 관한 대화를 풍성하게 해주었다. 특히 다음에 열거한 블로그의 글들은 이 책의 집필 과정을 수월하게 해주었다. 이들 블로그는 감동적이었다. 이 블로그들을 살펴볼 것을 권한다.

- 세스 고딘(Seth Godin), http://sethgodin.typepad.com/

- 롭 오리건(Rob O'Regan), http://magnostic.wordpress.com/

- 스티브 루벨(Steve Rubel), http://www.micropersuasion.com/

- 폴 길린(Paul Gillin), http://www.paulgillin.com/

- 존 스튜어트(Joan Stewart), http://www.publicityhound.net/

- 아만다 채플(Amanda Chapel), http://strumpette.com/

- 제니퍼 바이텐하이머(Jennifer Veitenheimer), http://reinventjen.com/

- 모티 실러(Morty Schiller), http://wordrider.blogspot.com/

- 매티어스 호프먼(Matthias Hoffmann), http://hoffmann.typepad.com/blog/

- 에린 콜드웰(Erin Caldwell), http://erin.prblogs.org/

- 글렌 니콜라스(Glenn Nicholas), http://www.smallbusinessinspiration.com.au/

- 맥 매킨토시(Mac Macintosh), http://www.sales-lead-experts.com/

- 질 콘라스(Jill Konrath), http://sellingtobigcompanies.blogs.com/selling/

- 가이 가와사키(Guy Kawasaki), http://blog.guykawasaki.com/

- 코트 보비(Court Bovee)와 존 실(John Thill), http://www.businesscommunicationblog.com/

- 로빈 크럼비(Robin Crumby), http://www.melcrumblog.com/

- 짐 피크(Jim Peake), http://www.mysuccessgateway.com/

- 엘리 싱어(Eli Singer), http://www.singer.to/

- 듀언 브라운(Duane Brown), http://www.creativetraction.com/blog/

- 스코트 몬티(Scott Monty), http://www.scottmonty.com/

- 이안 라몬트(Ian Lamont), http://ilamont.blogspot.com/

- http://blogcampaigning.com/

- http://copywriteink.blogspot.com/

- 존 루스티나(John Lustina), http://seoblog.intrapromote.com/

- 애덤 틴워스(Adam Tinworth), http://www.onemanandhisblog.com/

- 스코트 클라크(Scott Clark), http://www.sitecreations.com/blog/

- 파렐 크레이머(Farrell Kramer), http://farrellkramer.com/talkingcommunications/

- 애니타 캠벨(Anita Campbell), http://www.sellingtosmallbusinesses.com/

- 루그제프(Rugjeff), http://rugjeff.com/

- 칼 리바스(Karl Ribas), http://blog.karlribas.com/

- 토니 D. 베이커(Tony D. Baker), http://www.xeal.com/blog/

- 톰 피크(Tom Pick), http://webmarketcentral.blogspot.com/

- 티나 랑-스튜어트(Tina Lang-Stuart), http://tinals.vox.com/

- 브라이언(Bryan)·제프리 아이젠버그(Jeffrey Eisenberg) 형제와 로버트 고렐(Robert Gorell) 그리고 그록닷컴 팀의 나머지 사람들, http://www.grokdotcom.com/

- 미셸 밀러(Michele Miller), http://michelemiller.blogs.com/

- http://www.publicityship.com.au/

- http://www.themediaslut.com/

- 브래드 쇼어(Brad Shorr), http://in-sidemarketing.blogspot.com/

- 사샤(Sasha), http://www.werebu.com/

- 엘르 시모어(Ellee Seymour), http://elleeseymour.com/

- 크리스 켄튼(Chris Kenton), http://unicashare.typepad.com/share/

- 바이 론 밀러(By Ron Miller), http://byronmiller.typepad.com/byronmiller/

- 제임스 D. 브라우시(James D. Brausch), http://www.jamesbrausch.com/

- 앤드류 B. 스미스(Andrew B. Smith), http://objecttowers.typepad.com/the_new_view_from_object_/

- 크리스티안 메자이(Cristian Mezei), http://www.seopedia.org/

- 짐 나일(Jim Nail), http://www.cymfony.blogs.com/

- 데니스 웨이크맨(Denise Wakeman)과 패트시 크라코프(Patsi Krakoff), http://www.blogsquad.biz/

- http://www.forward-moving.com/blog/

- 제인 사프리트(Zane Safrit), http://life.ducttapemarketing.com/

- 윌 매키네스(Will Mcinnes), http://blog.willmcinnes.co.uk/blog/

- 로빈 스테이프(Robbin Steif), http://www.lunametrics.com/blog/

- 마이크 보스(Mike Boss), http://bluelinegrassroots.com/

- 마크 건(Marc Gunn), http://www.bardscrier.com/musicbiz/

- 낸시 E. 슈바르츠(Nancy E. Schwartz), http://www.gettingattention.org/

- 카미 왓슨 휘세(Kami Watson Huyse), http://overtonecomm.blogspot.com/

- 미첼 스텔저(Michael Stelzer), http://www.writingwhitepapers.com/blog/

- 글렌 팬니크(Glenn Fannick), http://fannick.blogspot.com/

- 오웬 라이스트럽(Owen Lystrup), http://intopr.prblogs.org/

- 모건 맥린틱(Morgan McLintic), http://www.morganmclintic.com/pr/

- 제이 코펠트(Jay Coffelt), http://www.jaycoffelt.com/

- 존 리처드슨(John Richardson), http://successbeginstoday.org/wordpress/

- 로빈 굿(Robin Good), http://www.masternewmedia.org/

- 쉘 이스라엘(Shel Israel), http://redcouch.typepad.com/

- 로버트 J. 리치(Robert J. Ricci), http://son-of-a-pitch.blogspot.com/

- 마이크 시거스(Mike Sigers), http://www.simplenomics.com/

- 댄 그린필드(Dan Greenfield), http://bernaisesource.blog.com/

- 브라이언 클라크(Brian Clark), http://www.copyblogger.com/

- 리 오덴(Lee Odden), http://www.toprankblog.com/

- 데이비드 와인버거(David Weinberger), http://www.hyperorg.com/blogger/index.php

- 카슨 맥코마스(Carson McComas), http://workhappy.net/

- 존 브래들리 잭슨(John Bradley Jackson), http://firstbestordifferent.com/blog/

- 바버라 로츠고니(Barbara Rozgonyi), http://barbararozgonyi.wordpress.com/

- 마크 고렌(Mark Goren), http://transmissionmarketing.ca/

- 존 월(John Wall), http://themshow.com/wordpress/

- 스티브 존슨(Steve Johnson), http://www.pragmaticmarketing.com/Blogs/index.asp/

- http://www.mpdailyfix.com/

- 존 코에처(John Koetsier), http://www.sparkplug9.com/bizhack/

- 스티브 카이저(Steve Kayser), http://www.cincomsmalltalk.com/blog/blogView

- 데일 울프(Dale Wolf), http://contextrules.typepad.com/transformer/

- 스코트 셀호르스트(Scott Sehlhorst), http://tynerblain.com/blog/

- http://seedsofgrowth.com/

- 휴고 E. 마틴(Hugo E. Martin), http://hemartin.blogspot.com/
- 데이비드 필립스(David Phillips), http://leverwealth.blogspot.com/
- 테리(Terry), http://superaff.com/
- 가빈 히튼(Gavin Heaton), http://servantofchaos.typepad.com/soc/
- 마크 화이트(Mark White), http://www.betterbusinessblogging.com/
- 에릭 에거트슨(Eric Eggertson), http://www.commonsensepr.com/
- 미첼 골든(Michelle Golden), http://goldenmarketing.typepad.com/webblog/
- 리즈 스트라우스(Liz Strauss), http://lizstrauss.com/
- 토니 발레(Tony Valle), http://www.greatbigpodcast.com/
- 크리스 호이어(Chris Heuer), http://www.chrisheuer.com/
- 데이비드 에반스(David Evans), http://theprogressbar.com/
- 토드 안드를리크(Todd Andrlik), http://toddand.com/
- http://www.thenewpr.com/wiki/pmwiki.php
- 펠레 브라엔드가드(Pelle Braendgaard), http://stakeventures.com/
- 리사 방크스(Lisa Banks), http://www.seo-e.com/
- 크리스 브라운(Chris Brown), http://brandandmarket.blogspot.com/
- 그래미 티킨스(Graeme Thickins), http://graemethickins.typepad.com/
- 아다스 알비(Ardath Albee), http://marketinginteractions.typepad.com/marketing_interactions/
- 로렌 바거스(Lauren Vargas), http://12commanonymous.typepad.com/my_weblog/
- 로리 그랜트(Lori Grant), http://www.smartLemming.com/blog/

- 데인 모건(Dane Morgan), http://danemorgan.com/

- 제이슨 라이스터(Jason Leister), http://computersuperguy.com/blog

- 빌 트립(Bill Trippe), http://billtrippe.com/

- 제이슨 아이즈먼(Jason Eiseman), http://www.jasoneiseman.com/blog/

- 뤼벤 스타이거(Reuben Steiger), http://www.millionsofus.com/blog/

- 타란 램퍼사드(Taran Rampersad), http://www.knowprose.com/

- 존 리처드슨(John Richardson), http://successbeginstoday.org/wordpress/

- 발렌틴 퍼트시야(Valentin Pertsiya), http://blogbrandaid.com/

- 빌 벨루(Bill Belew), http://risingsunofnihon.com/

- 조 뷸로리어(Joe Beaulaurier), http://beaulaurier.net/

- 데이비드 쿠프먼스(David Koopmans), http://www.mokummarketing.com/blog/

- 로저 C. 파커(Roger C. Parker), http://www.designtosellonline.com/

옮긴이의 말

지인을 통해 출판사의 번역 의뢰를 받고서, 책을 펴드는 순간 갑갑함을 지울 수 없었다. 'The New Rules of Marketing & PR'이라는, 전공 서적 같은 책제목 때문에 기부터 질렸다. '마케팅과 홍보에 승부를 걸어야 할 사람들이 몇이나 된다고…….' 시장성에 대한 의구심도 없지 않았다.

더욱이 10년 넘게 기자 생활만 해온 역자에게 마케팅은 각별하게 여겨지지 않았다. 홍보 역시 '받는' 처지였지 '하는' 입장이 아닌 까닭에 주된 관심사가 되기도 어려웠다. 하지만 페이지를 넘기면서 첫인상에서 비롯된 갑갑함은 풀리기 시작했다. 이는 두 가지 이유 때문이었다.

《E콘텐츠》라는 잡지의 편집장이기도 한 저자의 경험담이 태평양 건너에서 기자 생활을 하는 역자에게 공감을 준 것이 그 하나였다. 저자는 광범위하게 배포되는 이메일 보도 자료를 매주 수백 건, 지난 5년간 거의 2만 5,000건이나 받았다. 하지만 저자는 결코 그 회사들과 관련된 기사를 한 줄도 쓰지 않았다. 쓸 거리를 찾는 데 목마른 그에게 무차별적으로 배포되는 일방적인 홍보 자료는 아무런 쓸모가 없었다.

역자가 맞닥뜨려 있는 한국 사회의 사정도 이와 비슷해 절로 쓴웃음이 났다. 이 글을 쓰는 지금도 그렇다. "○○은행 외화 정기 예금 보도 자료를 이메일로 보냈습니다", "△△ 관련 홍보 자료 확인 부탁드립니다" 따위의 메시지가 휴대전화에 쏟아진다. 내용을 열어보지도 않고 바로 삭제될 것들이다. 저자의 지적처럼 마케팅·홍보 지대에 잘못되어도 한참 잘못된 일들이 지금도 버젓이 벌어지고 있는 것이다.

첫인상의 갑갑함을 풀어준 다른 하나는 다양하고 흥미로운 사례들이었다. 마케팅과 홍보라는 주제를 다루고 있음에도 영리가 우선인 기업에 머물지 않고, 정치 및 환경 단체 같은 비영리 조직들의 활동까지 두루 포괄하고 있다. 그 중에서도 대표적인 예가 에디 래틀리프이다. 그는 버지니아 주지사를 지낸 마크 워너로 하여금 2008년 대통령 선거에 나서도록 촉구하는 온라인 조직을 이끌며 만만치 않은 세를 과시했다. 그의 활동은 정치적인 전문성을 갖추지 않은 사람이라도 콘텐츠가 탄탄한 웹사이트와 블로그를 통해 정치 공간에서 강력한 영향력을 끼칠 수 있음을 생생하게 보여주었다.

캐나다 토론토 지역의 밴드인 '엉클 세스'의 음악가 제이 무나의 경우도 흥미롭다. 엉클 세스는 팟캐스트를 활용해 음악 팬들을 모으고 음반 계약을 따냈다. 미국 전역에서 가장 영향력 있는 환경 운동 조직인 '자연자원보호위원회'는 온라인 활동을 통해 120만 명에 이르는 회원 및 블로거들의 지지를 끌어내고 있다. 이 단체는 다양한 온라인 서비스를 통해 자연에 대한 일반인들의 경각심을 일깨우고 행동을 유도한다. 사람들은 이 단체 사이트를 통해 정치인들에게 메시지를 보내고, 돈을 기부하며, 지인들에게 온라인 우편엽서를 띄워 공감대를 넓혀간다.

저자는 자신의 영역과는 멀리 있는 낯선 시장, 분야, 또는 조직에서 배울 것이 더 많다고 말한다. 비영리 조직은 기업의 경험에서, 컨설턴트는 록밴드의 성공에서 '통찰력'을 얻을 수 있다는 것이다. 캔자스 주의 가정·이혼 분야 전문 변호사인 그랜트 그리피스의 블로그 활동, 워싱턴 시의 목사 마크 배터슨의 새로운 교회 운동 같은 혁신적인 예들을 소개하는 것은 그런 맥락에서이다.

이 책에서 저자는 기업뿐 아니라 종교 단체·학교 같은 다양한 비영리 조직들의 마케팅·홍보도 판매자 중심의 일방주의에서 크게 벗어나지 못하고 있다고 지적한다. 아울러 이는 그들이 목표를 잘못 설정하는 데에서 비롯된다고 진단한다. 축구 경기에서 공을 따라 거대한 유기체처럼 몰려다니지만 진정한 목표인 '골'이 아니라 잘못된 목표인 '공'만 따라다니는 어린아이들처럼 말이다.

마침내 저자는 고객들의 문제를 어떻게 풀어줄지에 중심을 둔 웹 콘텐츠를 구축함으로써만이 돌파구를 열 수 있다고 강조한다. 전통적인 낡은 방식의 마케팅이나 홍보, 광고에 의존하기보다는 웹에 적절한 콘텐츠를 마련해 고객들에게 직접 다가가는 전략이 훨씬 저렴하면서도 더없이 효과적이라는 것이다. 블로그나 팟캐스트 등은 그 대표적인 수단들이다.

이 책에서 소개한 다양한 온라인 활동들을 현장에서 당장 모두 활용하기는 어려울지 모른다. 하지만 적어도 당신과 당신의 조직이 하는 일이 무엇이고, 진정한 목표가 무엇인지 돌아보는 계기로 삼을 수 있을 것이다. 어쩌면 자신이 처한 문제를 해결하는 실마리를 찾을 수 있으리라.

투박하기만 한 상태로 넘겨진 원고를 정성스럽게 다듬어준 조일동 팀장을 비롯한 이실MBA 편집부 직원들에게 감사를 표한다. 아울러 번역에 따른 오류는 모두 옮긴이의 책임임을 밝힌다.